JN085788

改訂版

文化心理学

理論・各論・方法論

木戸彩恵／サトウタツヤ [編]

ちとせプレス

CULTURAL PSYCHOLOGY

は じ め に

　本書は，文化心理学をはじめて学びたい，研究してみたいと思う人のための大学の教科書，文化心理学の入門書として企画したものです。改訂版には，初版の執筆時からの理論的な発展，新型コロナウイルスの流行による社会状況の変化，そして執筆者らが大学生に文化心理学の知識を教授しそこから得た気づきや，執筆者ら自身の発達が反映されています。

　ここで本書の内容を簡単に解説しておきます。まず，第1部に理論を取り上げました。文化と共に生きる人を理解するためには，特定の社会・文化的文脈を生き，そこで何かに成る過程（becoming）にある人とその人をガイドする記号（sign）を理解する心理学の理論が必要と考えたからです。第2部では各論としてより広いトピックを扱いました。文化と人の関係はあらゆる人の営みに潜んでいます。文化心理学では研究の焦点の当て方により「これって心理学なのかな？」と心理学を少し知っている人なら不思議に思うようなトピックも扱うことができます。本書でお示ししたトピックは文化心理学の一部にすぎませんが，複雑な社会・文化的文脈が絡み合うなかで起こる現象をできるだけ広く，多く扱うよう試みました。そして，第3部では，実際に調査や研究をしてみようとする読者のために，文化心理学でよく使われる方法論を扱いました。本書は文化心理学を理解し実践するために必要な知識や考え方をコンパクトにまとめてあります。もっとくわしく学びたい，という人はぜひそれぞれの執筆者の書籍や論文などを手にとって，さらに学びを深めてみてください。

　本書の出版に関しては，7年ほど前に共編者・サトウタツヤ先生が企画を提案してくださりました。サトウタツヤ先生は，私にとって恩師であり，日本の文化心理学の第一人者であるとともに，ヤーン・ヴァルシナー教授とともに世界の文化心理学を牽引し続けている力強い存在です。また，ちとせプレスの櫻井堂雄さんとは，何度も打ち合わせを重ねましたが，いつも親身に本書に対する提案をしてくださりました。このお二人が要所要所でしっかりと支えてくれたからこそ，本書は日の目を見ることができました。お二人にまず感謝の気持

ちをお伝えしたいと思います。続いて，分担執筆者として参加してくださった先生方に感謝申し上げます。先生方は時には編者の無茶な要求に応えつつ，なるべく読みものとして理解しやすいようにと工夫をこらして執筆をしてくださりました。みなさまに，心からのお礼を申し上げます。

　今年は文化心理学において TEA（複線径路等至性アプローチ）が誕生して 20 年目を迎える記念すべき年となりました。本書の初版ができた 2019 年にはじめての TEA の国際的な集会が開催され TEA の世界的なネットワークの広がりが確認されました。さらに，近年では心理学の枠組みを超えて，保育学，応用言語学，社会学，社会福祉学，教育学，経営学などの学問分野でも広く用いられるようになりました。このような流れを受けて，2022 年には TEA と質的探究学会が発足し，学問分野を超えたネットワークが形成されはじめています。この 20 年の TEA の進展は文化心理学の展開という意味で大きなインパクトをもつものといえるでしょう。

　今後はさらに文化心理学のネットワークやそれに基づく研究が広がり，理論的な展開も加速度を増すことが予想されます。本書は読者のみなさんを，私たちのネットワークにご招待するために書かれたものです。本書を端緒として文化心理学の考え方を社会に活かしてくれる人や，「さらに学びたい！」「自分で研究してみたい！」という意欲をもとに私たちのネットワークに参加し，文化心理学の新たな展開を生み出す原動力となってくれる人が出てくれば編者としてこの上ない幸せです。次の 20 年で文化心理学をもとに展開されるネットワークがどのような姿に変容していくのか，遠い未来の話と思いますが，いまからとても楽しみです。

　　2023 年 1 月

編者を代表して　木戸 彩恵

目　次

執筆者紹介

木戸 彩恵（きどあやえ）　　　　　　編者，第1部第1章，第6章，第2部第1章①②，第2章①
関西大学文学部教授
主要著作：『化粧を語る・化粧で語る —— 社会・文化的文脈と個人の関係性』（ナカニシヤ出版，2015年），『社会と向き合う心理学』（新曜社，2012年，共編）

サトウタツヤ　　　　　　　　　　　　編者，第1部第2章～第5章，第2部第6章①
立命館大学総合心理学部教授
主要著作：*Making of the future: The Trajectory Equifinality Approach in cultural psychology*（Information Age Publishing，2016年，共編），『心理学の名著30』（筑摩書房，2015年）

上村 晃弘（うえむら あきひろ）　　　　　　　第2部第2章②，第3部第1章⑤
大学非常勤講師
主要著作：『社会と向き合う心理学』（新曜社，2012年，分担執筆），「東金女児遺棄事件に関するブログ記事の分析」（『立命館人間科学研究』21，173-183，2010年，共著）

山田 嘉徳（やまだ よしのり）　　　　　　　　　　第2部第3章①
関西大学教育推進部教育開発支援センター准教授
主要著作：「ペア制度を用いた大学ゼミにおける文化的実践の継承過程」（『教育心理学研究』60，1-14，2012年），『大学卒業研究ゼミの質的研究 —— 先輩－後輩関係がつくる学びの文化への状況的学習論からのアプローチ』（ナカニシヤ出版，2019年）

神崎 真実（かんざき まみ）　　　　　　　　　　　第2部第3章②
立命館大学立命館グローバル・イノベーション研究機構助教
主要著作：『不登校経験者受け入れ高校のエスノグラフィー —— 生徒全体を支える場のデザイン』（ナカニシヤ出版，2018年）

滑田 明暢（なめだ あきのぶ）　　　　　　　　　　第2部第4章①
静岡大学大学教育センター講師
主要著作：『TEA 実践編 —— 複線径路等至性アプローチを活用する』（新曜社，2015年，共編）

番田 清美（ばんだ きよみ）　　　　　　　　　　　第2部第4章②
人間環境大学総合心理学部准教授
主要著作：『詳解 大学生のキャリアガイダンス論 —— キャリア心理学に基づく理論と実践』（金子書房，2012年，分担執筆），『TEA 実践編 —— 複線径路等至性アプローチを活用する』（新曜社，2015年，分担執筆）

中田 友貴（なかた ゆうき）　　　　　　　　　　　第2部第5章①
立命館大学立命館グローバル・イノベーション研究機構専門研究員
主要著作：『刑事司法制度改革についての法心理学的研究 —— 裁判員制度，取調べ可視化制度，司法取引制度を中心に』（ナカニシヤ出版，2022年）

山田 早紀（やまだ さき）　　　　　　　　　　　　　　第 2 部第 5 章②
　立命館大学衣笠総合研究機構研究員
　主要著作：『TEA 実践編 —— 複線径路等至性アプローチを活用する』（新曜社，2015 年，分
　　担執筆）

日 髙 友 郎（ひだか ともお）　　　　　　　　　　　　　第 2 部第 6 章②
　福島県立医科大学医学部講師
　主要著作：『コミュニケーション支援のフィールドワーク —— 神経難病者への文化心理学的
　　アプローチ』（ナカニシヤ出版，2018 年）

木 下 寛 子（きのした ひろこ）　　　　　　　　　　　　第 3 部第 1 章①
　九州大学大学院人間環境学研究院准教授
　主要著作：『出会いと雰囲気の解釈学 —— 小学校のフィールドから』（九州大学出版会，2020
　　年）

土 元 哲 平（つちもと てっぺい）　　　　　　　　　　　第 3 部第 1 章②
　日本学術振興会特別研究員 PD（大阪大学人文学研究科）
　主要著作：『転機におけるキャリア支援のオートエスノグラフィー』（ナカニシヤ出版，2022
　　年），Career decision-making as dynamic semiosis: Autoethnographic trajectory equifinality
　　modeling（*Culture & Psychology*, OnlineFirst, 2022 年，共著）

川 本 静 香（かわもと しずか）　　　　　　　　　　　　第 3 部第 1 章③
　京都精華大学共通教育機構准教授
　主要著作：『社会と向き合う心理学』（新曜社，2012 年，分担執筆），『学校における自殺予
　　防教育プログラム GRIP —— 5 時間の授業で支えあえるクラスをめざす』（新曜社，2018 年，
　　分担執筆）

福 田 茉 莉（ふくだ まり）　　　　　　　　　　　　　　第 3 部第 1 章④
　岡山大学学術研究院医歯薬学域助教
　主要著作：『TEA 理論編 —— 複線径路等至性アプローチの基礎を学ぶ』（新曜社，2015 年，
　　分担執筆），『TEA 実践編 —— 複線径路等至性アプローチを活用する』（新曜社，2015 年，
　　分担執筆）

春 日 秀 朗（かすが ひであき）　　　　　　　　　　　　第 3 部第 1 章⑥
　福島県立医科大学医学部助教
　主要著作：『社会と向き合う心理学』（新曜社，2012 年，分担執筆），『親の期待に対する大
　　学生の適応について —— 期待を記号としたモデルの提案』（ナカニシヤ出版，2022 年）

渡 邉 卓 也（わたなべ たくや）　　　　　　　　　　　　第 3 部第 2 章
　京都大学医学部附属病院倫理支援部特定講師
　主要著作：「非医学系研究の倫理審査に関する情報公開」（『対人援助学研究』7，37-43，
　　2018 年），『心理調査の基礎 —— 心理学方法論を社会で活用するために』（有斐閣，2017 年，
　　分担執筆）

第1部

理　　論

第1部で学ぶこと

　文化を捉えるための心理学は，新しくて古い心理学です。古くは「心理学の父」として有名なヴントが民族心理学（文化心理学）を構想しました。しかし，科学としての心理学の発展過程の中では，近年まで文化心理学が日の目を見ることは多くありませんでした。心理学に少しくわしい人は，文化の比較を行う比較文化心理学という考え方にはなじみがあるかもしれません。これに対して本書で扱う文化心理学は，先に挙げたヴントの考えやロシアの心理学者ヴィゴーツキーの考えに基づいて発展してきたものです。

　文化心理学が他の心理学と大きく異なるのは，人間と文化の捉え方です。伝統的な心理学とそれに基づく文化を捉えるための心理学では，人間を静的な存在として，文化を固定された容器として扱います。一方で文化心理学は，人間を動的な存在として，文化を個人と相互作用し変容する記号として扱います。

　そのため，心理学の考え方にすでになじんでいる人にとっては，この本の文化心理学の理論枠組みは少し違和感があるかもしれません。文化心理学の理論枠組みをしっかりと把握してもらうために第1部は次のように構成されています。文化心理学の基本的射程（第1章）を識ることで文化心理学という学問の全体の見取り図を得て，歴史の中の文化心理学（第2章）を識ることで，なぜ文化心理学が必要とされるようになったか，そしてこれからどうなっていくかの見通しを得ることができます。それから，文化心理学の基本にある理論として，記号と心理学（第3章，第4章，第5章）について理解し，ライフ（生命，生活，人生）に選択肢が立ち現れたときに重要な役割を果たすイマジネーション（第6章）について識ることで，ライフと記号の関わり方のダイナミズムを理解し，自分なりに文化心理学的な思考を試みることができるようになるはずです。

　少し難しい言葉やなじみのない考え方から始まるので，読んでいて難しく感じる部分もあるかもしれません。第1部がもし難しすぎてよく理解できないという人は，無理に読み進めようとせず，第2部の各論で自分自身の関心に近いトピックに目を通し，第1部に戻ってきてください。具体的なトピックが，抽象的な理論の理解を助けてくれるでしょう。

　本も私たちに記号を発生させる文化的道具の1つです。本書を読んでいるあなたにも道具をうまく使いこなしながら学ぶ方法を文化心理学を学ぶと同時に身につけ，基礎的な学びの姿勢を身につけてほしいと思っています。

第1章

文化心理学の基本的射程

木戸彩恵

　みなさんは，文化をどのようなものと認識していますか？　文化心理学を学ぶ前に，文化とは何かについて，みなさんと理解を共有しておく必要があります。なぜなら，多くの人は文化を伝統的なもの，あるいは普遍的なものに限定して認識しがちだからです。

　心理学や周辺の社会科学を扱う研究の中で，文化の定義は数えきれないほど存在します。これについて池田（2015）は，文化の定義を考える試みそのものが，人間の創造的営みの意義とその多様性について考えることだと述べています。それは，文化の定義に関して，絶対にこれが「正解」といえるものがないからです。

　本書では，文化を「記号の配置」（Valsiner, 2007）として説明していきます。私たちが生きる世界には，人の行為を導くための記号がさまざまに付置されており，私たちはそれを選び取りながら生活をしているのです。記号として文化を読み解くことで，新しいものの見方が可能になるという理論的見解は，文化心理学の中心的な考え方です。第1部では，文化心理学の基本となる考え方について，文化とは何か，文化心理学とはどのような学問なのかを中心に説明します。

1　文化とは

　「文化」という言葉を聞いたときに，みなさんはどのようなイメージをもつでしょうか？　思い浮かべやすいのは，古くから継承されてきた文化なのではないでしょうか。これは，文化の分類の中で，メインカルチャーと呼ばれる文

化です。ファッションを例にすると，男性のスーツに代表されるトラディショナル・スタイルと呼ばれる装いがこれにあたります。メインカルチャーは，もともとは上流階級の文化として発展してきたものであることから，ハイカルチャーと呼ばれることもあります。

　メインカルチャーの下位的な文化の分類として，サブカルチャーと呼ばれる小さな文化もあります。サブカルチャーは，大きな文化の流れの中にありつつもメインカルチャーとは異なる表現様式をもつのが特徴です。クールジャパンの代名詞ともなっているアニメキャラクターのコスプレもサブカルチャーの1つです。近年では，サブカルチャーをメインカルチャーの下位文化として位置づけるのではなく，併存する文化とする見方もあります。一方で，メインカルチャーの支配的な体制に対する反発をもとに発生する文化をカウンターカルチャーといいます。カウンターカルチャーの代表的な例として，1960年代の反ベトナム戦争をきっかけとするヒッピーファッションがあります。ヒッピーとは，1960年代後半アメリカの若者たちの間に生まれ，世界の先進国家に浸透していった若者のライフスタイルで，既存の価値や社会体制に対する強烈な異議申し立てを行い「ラブ＆ピース」という理想を掲げていました。当時，ヒッピーを自認する若者は，みずからの反戦・反体制のイデオロギーをエスニックスタイルやジーンズの着用などによって主張してきました。一部にはドラッグ（麻薬）を好む者もありました。なお，青年が独自に作り出す文化としてのユースカルチャーは，サブカルチャーとカウンターカルチャーの両方の側面をもちます。ユースカルチャーには，それを構成するグループ独自の新たな価値を築くという，青年期特有の発生の過程が認められます（ハラジュク系やギャル系など）。なお，ハラジュク系とは，ポップで奇抜なカラーやデザインを取り入れた衣服のアイテムやトータルコーディネーションのことです。

　ここまで，ファッションの文化を例にしながら文化の種類について述べてきました。しかし，現代社会に生きるみなさんにとって，こうした文化の区分はあまりピンとこないかもしれません。それは読者のみなさんが，メインカルチャーを作ってきたハイカルチャーとボーカロイドやゲームといったサブカルチャーの融合した世界や，ハイカルチャーとストリートブランドとのコラボレーションのような融合した文化の世界に，当然のようになじんでしまっているか

らかもしれません。なお，ボーカロイドとはサンプリングした人間の音声を利用してコンピュータ歌声を合成するソフトウエアのことで，「初音ミク」で知られています（ちなみに，ボーカロイドはヤマハが商標をもっています）。

　さらに，青年期と成人期以降のライフステージの境界の曖昧化も文化の境界に対する認識を薄れさせています。近代以降の世界では，それ以前の時代において，上位／下位，政治性／反政治性のように分類されることの多かった文化の隔たりを意識する必要性が少なくなりました。こうした時代を生きる私たちは，文化に対する認識を常に更新しながら生きるチャンスを得ています。なぜなら，メインカルチャーとサブカルチャーやカウンターカルチャーの融合は，互いの文化をより身近に感じる新しいきっかけになっているからです。かつてはメインカルチャーに対して私たちは近寄りがたいものという認識をもちがちでした。また，サブカルチャーやカウンターカルチャーについても，同様の認識がありました。

　なお，例に挙げたファッションは文化の一例にすぎません。ここでファッションを取り上げたのは，表面的には衣服や流行を指す言葉として用いられますが，「政治性」を示す言葉でもあるからです。つまり，ファッションとは個人の社会に対する態度を示すものなのです。ファッションには，模倣の対象となるファッションモデルや規範となるドレスコードが存在します。それは，常に構築されますし，一方で脱構築されます。「TPOに合わせた装いができる」ということは，私たちが文化を認識したうえでそれにふさわしい行為をしているからに他なりません。一方で，サブカルチャーやカウンターカルチャーの要素を「外し」や「遊び」として取り入れることで，私たちは新しい文化を創り出すことができているのです。

　ファッション以外の領域でも，文化の融合は起きています。私たちは日常生活においてさまざまな種類の食べ物を口にしますが，さまざまな国や地域の食べ物が融合したものも少なくありません。たとえば，カツ丼やあんパンは日本に入ってきた洋食が日本の食べ物と融合した食べ物です。一方，お寿司のカリフォルニアロールやウラマキは，日本の食べ物が他国に入っていき実現した文化融合の例といえます。ここまで，ファッションと食べ物を例に挙げてきましたが，これらに共通するのは，本来ならば異なる文脈に置かれているはずの文

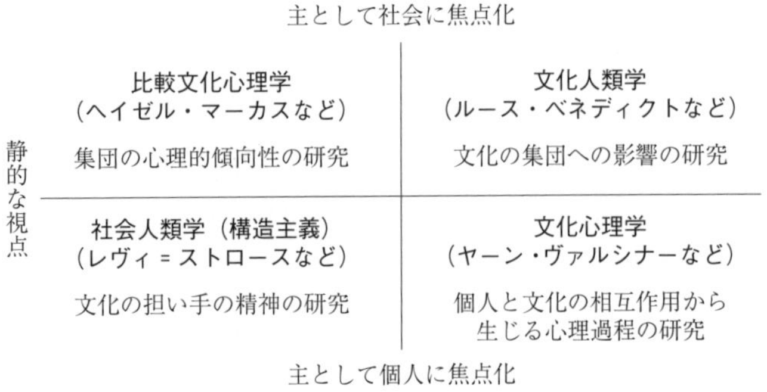

主として社会に焦点化

比較文化心理学 （ヘイゼル・マーカスなど） 集団の心理的傾向性の研究	文化人類学 （ルース・ベネディクトなど） 文化の集団への影響の研究
社会人類学（構造主義） （レヴィ゠ストロースなど） 文化の担い手の精神の研究	文化心理学 （ヤーン・ヴァルシナーなど） 個人と文化の相互作用から 生じる心理過程の研究

静的な視点　　　　　　　　　　　　　　　　　　　動的な視点

主として個人に焦点化

図1　文化概念の類型

（出典）　Valsiner（2014）に基づき作成。

化が身近なものとなり，融合することで，新たな文化は創出されるのです。さらにそれが次の新しい文化へと継承されていき，歴史ができます。こうした現実世界の文化の様相を踏まえたうえで，「文化心理学」について考えてみましょう。

2 文化心理学の範囲

　文化を扱う心理学の関心は，大きく2つの問いに分かれて研究されてきました（箕浦，1997）。

　1つは，人間がいかにして文化的存在になるのか，たとえば，集団的自己（セルフ）や相互依存的自己はどのようにして形成されるのかなど，特定の人としてのあり方が決定されるプロセスそのものを考える研究です。もう1つは，文化を比較することに関心を寄せる立場です。特定の社会，たとえば，自己について独立性を重視する前提をもつ文化と協調性を重視する文化では，人々の社会行動がどのように違うのか，そして，そのような差は，他の社会現象や社会行動にどのように影響するかを考える研究です。

　なお，文化に関わる学問領域は多岐にわたります。ヴァルシナーは図1のように，個人＜対＞社会，動的＜対＞静的という2軸に基づき，大きく4つの分類としてまとめました（図1）。ヴァルシナー（Valsiner, 2014）の分類と箕浦（1997）の言及を対応させると，箕浦の言及における前者はヴァルシナーの分

類では右下の個人を捉える動的な視点にあたります。これは，文化心理学の特徴といえます。一方，後者は左上の社会を捉える静的な視点にあたります。これは，比較文化心理学の特徴といえます。本書で扱う文化心理学に対する理解を深めるために，次節では，文化心理学と比較文化心理学の特徴についてよりくわしく説明を行います。

3 文化心理学と比較文化心理学

ここでは，はじめに集団の心理的傾向性を捉える比較文化心理学の特徴と考え方について述べ，ついで個人と文化の相互作用とそこに見られる心理過程を捉える文化心理学について述べていきます。

[1] 比較文化心理学の特徴

比較文化心理学（cross cultural psychology）の特徴は，人が文化の中にいる（person in the culture）とする考え方にあります（図2）。比較文化心理学では，国や地域が文化の範囲として設定され，人は属する文化から影響を受ける存在と見なされます。人の心理的傾向性は，ある文化からの影響により決定されると考えます。つまり，人は文化という容器の中に生きていると考えられます。

比較文化心理学のアプローチにおいては，人の心の基礎的なプロセスが普遍的であることを実証することがその最終的な目的であるとされます。また，そうした心の基礎的なプロセスが人類に普遍的に備わっているという前提に立ちます（北山，1997）。そのため，比較文化心理学的な研究において文化は，独立変数の1つとして扱われます。つまり，比較文化心理学の研究対象は人の心の普遍性であって，文化はそれを説明する変数として扱われるのです。比較文化心理学は，おもに欧米で発展しました。そのため，実験パラダイムや測定尺度が欧米の文化的習慣や暗黙知を反映している可能性があることに対する批判が向けられてきました。[1]

---

1) 北山とマーカスの研究で有名な文化心理学は，そうした批判に基づき発生しました。ただし，比較を必要不可欠であるとし，二分法的立場に立つ比較文化心理学をさらに二分法的に「慣習と意味の構造」と「心のプロセスと意味の構造」に分け，その相互構成

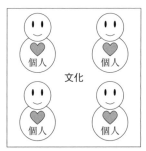

図2　比較文化心理学における文化と個人（person in the culture）

　比較文化心理学では，特定の文化に浸り，その中で生きる人に焦点化して研究が進められます。先に，特徴として「人が文化の中にいる」と述べたように「文化の中で生きる個人」を対象として研究が進められており，国や地域が文化の単位と見なされます。そのため，国や地域という枠組みが人の特性に影響を与えるという前提のもと，比較対象を位置づけることで文化の影響を見出そうとすることになります。

　より具体的に比較文化心理学を知るために，代表的な研究として知られている文化的自己観について見てみましょう。文化的自己観とは，ある文化において歴史的に形成され，社会的に共有された自己，あるいは人一般についてのモデル，通念，あるいは前提のことです。文化的自己観は，集合的，歴史的，発達的に形成されるものであり，社会的現実と人の心理を構成する一要因のことをいいます（北山，1997：図3参照）。文化的自己観の理論では，アメリカを含む欧米圏の文化のもとでは相互独立的自己観が優勢と考えられており，それに対して，日本を含むアジア圏の文化のもとでは相互協調的自己観が優勢だと考えられています。相互独立的自己観が支配的な文化では，自分の内面に望ましい属性を見出し，それを確認することが，人々の自己定義そのものに関わります。それは，文化的に自己とは他の人やまわりのこととは区別され，切り離された実態であるとする西洋的な人間観の前提に由来します。相互独立的自己観が支配的な文化では自分の望ましい属性に注意を向け，それについて考えをめ

　的関係について考えるとする北山らの文化心理学は，相対的に捉えると比較文化心理学に近い立場であると判断し，ここでは比較文化心理学の文脈に位置づけています。

日本における自己と文化の相互構成システム

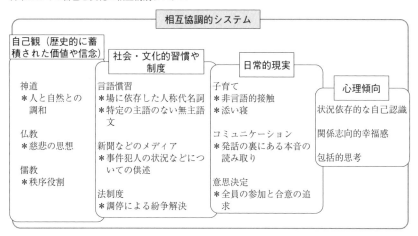

欧米における自己と文化の相互構成システム

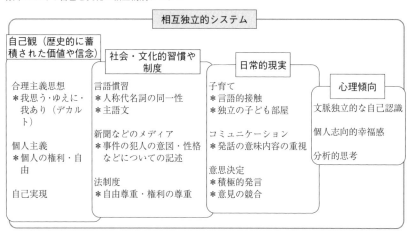

図3　欧米と日本の自己と文化の相互構成システム

（出典）　北山・宮本（2000）に基づき作成。

ぐらし，表出するというような心理的慣習が成立します。

　一方で，相互協調的自己観が支配的な文化では，意味ある社会的関係の中に
適応的にみずからをはめ込んでいくことが，自己定義そのものに関わります。
相互協調的自己観とは，自己とは他の人やまわりのことと結びついていて高次

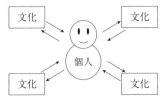

図4　文化心理学における文化と個人（culture belongs to the person）

の社会ユニットの構成要素となる，そのため本質的に自己は関係志向的実体を
もつという東洋的な人間観の前提があります（北山，1997）。相互協調的自己観
が支配的な文化では，他者の期待に応え，役割を果たし，和を保つことを目指
す傾向性が見られます。

　集団としての文化に差を見出すことによって比較文化心理学は，心の文化差
があることを明らかにしてきました。文化差を見出すことは，人の心に共通す
る普遍的知見を一般化可能性という立場から追求しようとしてきた心理学の
研究に疑問を投げかけると同時に新しい可能性を切り拓くものです。たとえ
ば欧米で行われた研究では，自己高揚傾向（self enhancement tendency）―― 自分
の望ましい特性を見出し肯定的に評価しようとする傾向 ―― について，一般
的な傾向性として見出される人の心理的特徴の1つとされています。ところが，
日本では自分の望ましくない属性に注意を向ける自己批判傾向（self criticizing
tendency）が認められました。これにより，ポジティブな成功体験が人の成功
や動機づけにつながると考えられてきた欧米の研究知見が日本人にはあてはま
らないこともあるということ，そして，日本人の場合には，ネガティブな失敗
体験を克服することこそが人の成功や動機づけにつながるということが明らか
になりました。

[2]　文化心理学の特徴

　文化心理学（cultural psychology）は，文化が人に属する（culture belongs to the
person）と考えます。文化が人に寄り添うといってもいいかもしれません。自
己形成の背景に文化的な要因があるのではなく，自己と文化とが相互に関係し
ながら個人が文化を創り上げると考えます（図4）。文化心理学の特徴は，第1
に比較しなくても文化は理解可能だと考える点，第2に文化とともに変容して

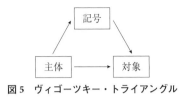

図5 ヴィゴーツキー・トライアングル

いく人を捉える点にあります。文化心理学においては，個人が用いる「記号」
（sign）や「道具」（tool）として文化を捉え，文化との関わりが個人の心性を創
出すると考えます。

　文化心理学を理解する基礎となるのは，発達心理学者としても知られるロシ
アの心理学者・ヴィゴーツキーの「記号の心理学」です。ヴィゴーツキーの記
号の心理学はヴィゴーツキー・トライアングルという概念図で説明されます
（図5）。私たちが他者や社会と接するときには，対象に対して直接的に働きか
けるのではなく記号を媒介した働きかけをします。ヴィゴーツキーは，言葉や
教育，そして芸術などを記号として考え，理論を発展させました（上村，2000）。

　私たちが他者とコミュニケーションをとる場合のことを考えてみましょう。
お世話になった方に感謝を伝えたい場合，あなたはどのような行為をします
か？　多くの場合，「ありがとう」という言葉や贈り物などを媒介に自分の気
持ちを伝えると思います。媒介を通じて他者へ働きかける行動と認識に関わる
基本の図式こそがヴィゴーツキー・トライアングルなのです。さらに先のコミ
ュニケーションについて考えると，あなたが感謝を伝えた相手の方は，あなた
からの働きかけを受けて自分が感謝されていることを認識するでしょう。そし
て，あなたに対してさらによく接してくれるようになることでしょう。他者
（対象）への働きかけは，あなたの生きる文脈を形成し社会的な関係性までを
も変容させていくのです。

　おもに二者間あるいは小さな集団の理解のために用いられていたヴィゴーツ
キー・トライアングル（図5）の基本枠組みを応用し拡張することから，現代
の文化心理学のアプローチが生まれました。くわしい歴史的展開については次
章で言及しますが，文化心理学のアプローチの最大の特徴は，行動ではなく
「行為」に注目することといえます。

4 ま と め

　伝統的な心理学の方法論では，人の行動を基本的な分析単位としてきたの[2]に対して，文化心理学の研究では社会・文化的な文脈や状況を個体と切り離すのではなく，その中で生起する人の行為を構成する記号と意味，そしてその変容に関心を向けてきました。

　文化心理学は文化が人に寄り添うものと考えます。このアプローチを用いるうえで留意しておかなければならないのは，前節で説明した「記号」は常に同じなのではなく，個人の認識や置かれた文脈によって常にその意味を変容させるということです。これは，ヴァルシナーが提案した文化を自己（主体としての私＜＞客体としての私）と世界やそこにいる人との関係性の過程として扱うモデルにも反映されています（図6）。

　ヴァルシナーは，文化心理学を考えていくためには，以下の3つの観点に基づくアプローチが大切であると述べています。第1に，共同構築され，伝達されるものとして文化を扱うこと。文化は，双方向のコミュニケーション行為の過程を通じて，世代間，同世代の人々の間で新たな形に再構築されます。第2に，文化の内化／外化を考えること。個人は記号を媒介したコミュニケーションからそこに含まれるメッセージを能動的に分解し，記号の意味を読み取ります。それを新たな（精神内の）パターンに再構成し，それらのパターンを他者と共有します。

　第3に，文化をコーディネートされるものと考え，人間の経験における個人領域と社会領域の発達を扱うことです。異なる主体性や社会的背景をもつ者同士が，お互いの経験を調整し合う際の，その境界の曖昧さも文化心理学の対象となります。

　文化心理学が挑戦しているのは，「個体内で生起する微細な変化」から「個人が具体的な社会集団の実践に参加することで生起するダイナミックな変化」へと心理学の範囲を拡張することです（柴山，2000）。つまり，文化心理学の試

2）　心理学では，個体の行動を記述し，それを解釈，説明することに関心をもち，社会や
　　文化などは，外から個体に影響を与える環境要因として規定されてきました。

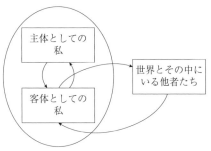

図6　関係性のプロセスとしての文化

（出典）　Valsiner（2014）より。

みは，人間のライフ（生命，生活，人生）そのものにアプローチしようとする1つの方法として，心理学の中に位置づけられるのです。

●文　　献

池田光穂 (2015).「「文化」概念の検討 —— 連続講義」 http://www.cscd.osaka-u.ac.jp/user/rosaldo/def-cul.html

北山忍 (1997).「文化心理学とは何か」柏木惠子・北山忍・東洋編『文化心理学 —— 理論と実証』東京大学出版会，pp. 17-43.

北山忍・宮本百合 (2000).「文化心理学と洋の東西の巨視的比較 —— 現代的意義と実証的知見」『心理学評論』**43**, 57-81.

箕浦康子 (1997).「文化心理学における〈意味〉」柏木惠子・北山忍・東洋編『文化心理学 —— 理論と実証』東京大学出版会，pp. 44-63.

柴山真琴 (2000).「社会文化的アプローチからの示唆 —— 上村論文に対するコメント」『心理学評論』**43**, 40-51.

上村佳世子 (2000).「子どもの認識形成への社会文化的アプローチ」『心理学評論』**43**, 27-39.

Valsiner, J. (2007). *Culture in minds and societies: Foundations of cultural psychology*. Sage.（サトウタツヤ監訳，2013『新しい文化心理学の構築 ——〈心と社会〉の中の文化』新曜社）

Valsiner, J. (2014). *An invitation to cultural psychology*. Sage.

第2章

文化心理学の歴史

サトウタツヤ

1 文化心理学の歴史の意味とその概観

　文化に関する心理学は，人間がいかにして文化的存在になるのかに関心を寄せる立場と，文化を比較することに関心を寄せる立場があります（箕浦，1997）。第1章で説明があったように，本書で主題としている文化心理学は，文化を比較することが目的ではありません。したがって文化心理学は差異を説明するための体系ではなく，基礎心理学／一般心理学の一部門として人間の心理の基本メカニズムを明らかにするものです。

　一般に心理学は人間の心に関する普遍的な法則を発見すること，また，その一般原理を利用して社会問題を解決すること，を目的としています。普遍的な法則を発見するためには，ヒトが種として普遍である以上，理想的にはその行動にはバラツキがあっては困るのです。知覚心理学がヒトにおける知覚のメカニズムを，認知心理学がヒトにおける認知のメカニズムを明らかにするのと同じように，文化心理学はヒトにおける文化のメカニズムを明らかにするのです。つまり文化心理学は，人間が生まれ落ちてからその環境と関わりながら，また，文化を移動したときには新しい文化に適応しながら，それぞれ人間らしくなっていくその普遍的なメカニズムを知ろうとする心理学です。

　一方で，比較文化心理学はそのように考えるのではありません。人間は普遍的な性質をもっているのに，文化があるために，さまざまな違いが現れるのでその差異を理解しよう，というのが比較文化心理学の考え方です。つまり比較文化心理学は，文化を媒介変数として扱うのです。心理学が対象とする現象は

ヒトとして普遍であるから，バラツキはないはずです。ところが，心理学が対象とする現象のバラツキ（分散）が大きい場合があります。そうした際に，心理学では媒介変数を用意して，そのバラツキを説明しようとすることがあります。たとえば年齢（発達段階）とか，性格（特性や類型）などです。文化をこのような媒介変数の1つとして扱うのが比較文化心理学という考え方であり，したがって差異心理学の1つということになります。

　ヒトにおける文化のメカニズムの基本は記号とその作用にあります。何のための作用かといえば，ヒトがそのライフ（生命，生活，人生）を全うできるように保護を行うという側面と，ライフ（生命，生活，人生）が十全に保護されている前提でバリエーションをもつという側面があるように思われます。文化心理学は，ヒトという種が，広義の環境とトランス・アクション（行為の融合）していく，その基本的メカニズムを明らかにしようとするものであり，その基本的なメカニズムとして記号の作用を位置づけているのです。だからこそ，（文化の）差異を説明しようとする差異心理学の一種なのではなく人間について一般的な知識を得ようとする一般心理学の一種なのです。なお，知覚心理学や認知心理学のように個人のメカニズムを知ろうとする分野と違って，文化心理学の場合は，メンバーシップ（成員）や一体感やメンバーの範囲の問題も扱う必要があります。

　本章では文化心理学の歴史について学びます。歴史を学ぶのは面倒だと思う人もいるでしょうが，それは中学や高校の「暗記主義的な歴史」の悪い影響が残っているからでしょう。しかし，心理学の中に出てくる歴史は「△△年に◇◇が起きた」というような年代の暗記ではありません。何かをよりよく知るときには歴史的経緯が重要だという立場から歴史を学んでいきましょう。

　みなさんも，新入生歓迎行事や合コンなどで，「中学のときどこに住んでいて，何か部活をやっていた？」みたいなことをお互いに尋ねると思いますが，それは，相手を知るために過去の出来事を知ろうとしているわけですから，じつは，歴史的思考なのです。相手の歴史を知ることが相手をよりよく知ることになるのです。

　図1を見てください。何に見えますか？

図1　何に見える？

読者のみなさんはこの図を見て，一生懸命，何に見えるかを考えていると思います。

では図2を見てみてください。真ん中に書いてあるのは何ですか？

おそらく自信をもって「B」だと答えると思います。

図1の図形を見ただけでは，それがどのような意味なのかはわからなくても，図2のように文脈（コンテキスト）と一緒であれば，意味づけが簡単になることがわかってもらえたでしょうか。つまり，歴史的経緯を知ることも（時間的）文脈を知ることにつながることがわかると思います。

図2　真ん中は何？

2　文化心理学の前史・源流

まず，簡単な見取り図を書いておくと，現在につながる文化心理学の発端を作ったのはロシアの心理学者・ヴィゴーツキー（Vygotsky, L. S.）です。ただし，ヴィゴーツキー以前の歴史（前史）を知ることも重要なので，まずそこから始めましょう（前史を知ることは，たとえていえば，好きな人のお父さんやお母さんがどこの出身なのかを聞くようなものです）。

ヴィゴーツキー

文化心理学の源流は3つあります（Valsiner, 2004）。民族心理学，ヴュルツブルク学派，全体性（ガンツハイト）心理学，です。こうした考え方のもと，ヴィゴーツキーが20世紀に文化心理学の礎を築くのです。そして，その後，さまざまな展開を見せ，20世紀後半には，ブルーナー（Bruner, J.），コール（Cole, M.），ワーチ（Wertsch, J. V.），エンゲストローム（Engeström, Y.），ヴァルシナー（Valsiner, J.）たちが活躍するようになります。

3 文化心理学の3つの源流

[1] 民族心理学の伝統

1860年に，ドイツで『民族心理学と言語学雑誌』が創刊されました。この学術雑誌を発刊したラツァルス（Lazarus, M.）とシュタインタール（Steinthal, H.）は，人種学的な興味から民族心理学の発足と発展とに多大な貢献をしました。ラツァルスは，民族は固有の精神（民族精神）をもち，それが生活や文化として現れると考えました。

この民族心理学に影響を受けたのがヴント（Wundt, W.）です。ヴントは1879年にドイツのライプツィヒ大学に心理学実験室を設立して，近代心理学を打ち立てた心理学史上の偉人の1人ですが，彼は実験心理学だけで十分だと考えていたのではなく，民族心理学を重視することで，文化が人間に及ぼす影響について考えていたのです。

ヴントは，人の低次な精神作用は実験心理学的な研究で明らかにできると考えましたが，高次な心理機能はそうはいかないと考えていました。なお，人の心理機能（心の働き）を低次と高次に分けるのは哲学の考え方に由来しています。何かがあることを知ること，それが何であるかがわかること（＝感覚・知覚など）が低次の心理機能であり，何かを覚えたり思い出したり，何かを考えたり，良い悪いを判断する（＝記憶・思考・判断など）が高次の心理機能であるとされました（低級・高級という価値の反映ではないことに注意しましょう）。

ヴントは高次の心理機能には社会生活の影響が大きいと考えられるため，過去の人の残した文化（高次の心理機能の結果としての「心的産物」ともいえるもの）を材料として研究すべきだと考えたのです。彼は1900年から20年の歳月をかけて『民族心理学』全10巻を執筆・完成させました。その概略は表1のような構成でした（今田，1962，pp. 173-219）。

第1・2巻に言語が入っていることから，ヴントは言語が人間の心理に及ぼす影響が大きいと考えていたといえます。また，第9巻に法律が入っているのは，法律が文化を文章にしたものだという側面があるからです。いまでも，各国の法律を見れば，それがそれぞれの国の文化と不可分であることがわかると

ヴント

表1　ヴントの『民族心理学』の内容

第1・2巻	言語
第3巻	芸術
第4・5・6巻	神話と宗教
第7・8巻	社会
第9巻	法律
第10巻	文化および歴史

思います。夫婦が同じ姓を名乗ることは，日本では法律で定められていますが，韓国ではそうではありません。また，生まれた家の名字（ファミリーネーム）をミドルネームとして組み込んでいくスタイルが許される国（たとえばアメリカ）もありますが，日本でそのようなことは法律的に許されていません。このほか，印鑑とサインのどちらを重用するかも文化的な差異があり，それが法律にも反映されています。

[2]　ヴュルツブルク学派

キュルペ

　ヴュルツブルク学派は，ライプツィヒ大学のヴントの研究室で助手を務めていたキュルペ（Külpe, O.；1862-1915）がヴュルツブルク大学に新しい心理学の研究室を創設した（1896年）ことから始まった学派です。キュルペは（高次心理機能は実験できないと考えたヴントとは違って）思考のような高次心理機能も実験的に検討できるのではないかと考えました。具体的には，実験者の与える課題（自由連想や形而上学的命題への議論）において，思いつくことを何でも報告するという方法を開発したのです。この方法は，研究者が第三者の立場で課題を与えるスタイルであり，現在の心理学では主流となる方法が開発されたことになります。

　キュルペの初期の弟子・ビューラー（Bühler, K.；1879-1963）は，思考過程を詳細に報告していく課題を行っている被験者の観察と解釈の方法の発展に寄与しました。また，ビューラーは記号はすべて場依存的（fieldable）であると指摘

しました。つまり，その記号が置かれた状況と無関係に記号が存在できるわけではないということを主張しました（Bühler, 1934；Valsiner, 2014）。

ビューラー

　たとえば音符（♪）という記号があります。これは，五線譜の上に描かれるから，意味をもつのです。地図の上に「♪」が描かれていても，それが何を意味するかはわかりません。その一方で最近では，SNS のツイッターやインスタグラムなどで「仲のいい友達の誕生日でサプライズパーティ♪」などと表現することがありますが，これは「音を出す」という記号ではなく「鼻歌でも歌いたい良い気分」を表している記号だと思われます。五線譜の上と SNS の上では「♪」という記号の意味が違っている（つまり場依存的）だということがわかります。

　ここで，場（field）とはどのような意味でしょうか？　ビューラーは，具体的・物理的な場，個人史と関連する場，シンタックス（文法的）な場，の3つがあると指摘しています。

　このうち具体的・物理的な場こそ，異文化コミュニケーションにおける場の多相性・多層性の主戦場（バトルフィールド）になっています。同じ記号や同じ動作が異なる意味をもつことがありうることは誰でも理解できるのですが，それが置かれている場の意味づけが人それぞれで異なること（つまり，お互いの個人史と関連する場であり，意味づけが異なる可能性があること）をすぐに忘れてしまうのです。このことについては次章で扱います。

[3]　ガンツハイト心理学

　ガンツハイト心理学（Ganzheitspsychologie）とは，ライプツィヒ大学におけるヴントの直系の心理学者たち（クリューガー；Krüger, F.）による心理学につけられた名前です。心理主義的に，すべての現象や行動に心理的な説明を行おうとするもので，その際に，実験によって到達しうる心の「外皮」（＝外的現象）と，より深い認知過程（＝内的現象）を区別することが1つの特徴になっています。ガンツハイト心理学の影響は第二次世界大戦後にはほとんどなくなってしまいましたが，心を層の重なりとして捉える考え方は，最近になって再び脚光を浴

表2　ヴィゴーツキー心理学の基本概念

低次心理機能と高次心理機能	自然か文化か
心理内機能と心理間機能	内的実体化か関係性か
最近接発達領域（発達の最近接領域）	内的実体化か関係性か
心理的道具と媒介	

（出典）　高取（2000）。

びています。

4　文化心理学の始まり —— ヴィゴーツキーの心理学

　文化心理学の本当の始まりはロシアの心理学者ヴィゴーツキーに遡ります。
彼は 1896 年，ロシア革命前のベラルーシに生まれました。ロシア革命の時代
を生き精力的に研究活動を行っていたものの，1934 年に結核で亡くなりました。
若くして亡くなった煌めく才能のもち主であることから作曲家・楽聖モーツァ
ルトになぞらえ「心理学のモーツァルト」と呼ばれることもあります。

　高取（2000）は，ヴィゴーツキー心理学の基本概念について表2に挙げた4
つが重要であると指摘しています。

　ヴィゴーツキーは，言葉や教育，そして芸術などを記号として考え，理論を
発展させました（上村，2000）が，その出発点は卒業論文で取り上げた芸術心
理学でした。

　中村（2014）は，ヴィゴーツキー心理学の神髄は「人間の高次心理機能は言
葉によって媒介されている」という命題にあると指摘しています。ここで高
次心理機能とは人間にのみ固有の機能のことを指しており，随意的注意，記
憶，意志，思考のことです。すでに第3節でも触れたように，低次の心理機能
は，何かがあると感じる感覚やそれが何であるかを見る知覚のことです（繰り
返しますが，低次・高次は低級・高級という意味ではありません）。

　ヴィゴーツキーによれば，言語を媒介とした思考（＝言語的思考）こそが人
間に特有の高次心理機能の中核なのです。彼は高次心理機能の研究を通じて人
格全体の発達を考えていましたし，欠陥学（発達障害に関する学問）にも関心を

もち，いまでいう発達障害児・者の固有の発達についても考えていました。

5 文化心理学の展開──2つの流れ（記号的志向と活動志向）

ヴィゴーツキーの影響は，その存命中は限定的でしたが，
1980年代以降からその影響に広がりが見られるようにな
り，社会・文化・歴史的アプローチと総称されるような
考え方が生まれました。ここでは山口（2013），高取（2014），
田島（2016）を参考にして，活動理論的な動向について代
表的な学者とその考え方を見ていきましょう（もう1つの
動向である記号的志向については第3章と第4章で扱うため，こ
こでは活動志向についてのみ扱います）。

ルリヤ

活動（activity）とは，ヴィゴーツキーが活躍した時代に起きたロシア革命の
影響を受けて，心理学とマルクス主義を架橋しようとした概念です。人間と自
然との間の物質代謝，すなわち，人間が自然に対して働きかけ，その反作用
として自然から人間が働きかけられるという側面を表しています（高取，2013）。
こうした考え方は，まず人間が自然に働きかけるという能動性を重視しており，
パヴロフ（Pavlov, I. P.）の反射学説の影響を受けて成立した「古典的行動主義」
とは対極の考え方になっている面があります。古典的行動主義は1913年にワ
トソン（Watson, J. B.）の行動主義宣言によって世に出たものです。

つまり，人間が自然（外界）へ働きかけることを重視したのが活動という概
念でした。この考えはルリヤ（Luria, A. R.）やレオンチェフ（Leont'ev, A. N.）が第
二世代として受け継ぎ，近年では活動理論のみならず状況論にも影響を受けた
第三世代と呼ばれるコールやエンゲストロームへとつながっていきます。

アメリカでは，ブルーナーたちが第二次世界大戦の後に，ヴィゴーツキーの
心理学に着目しつつ，みずからは文化的認知論の立場から人間の認識に文化が
与える影響が大きいことを訴えていましたが，大きな潮流にはなりませんでし
た。その後，アメリカからソ連に留学してルリアに師事したコールやワーチら
によってヴィゴーツキーの心理学に影響された心理学が影響力をもちはじめ，
新ヴィゴーツキー派と呼ばれる活発な研究を行います。また，1990年代にヴ

ァルシナーがヴィゴーツキーの著作を英語に翻訳したことによりヴィゴーツキーへの関心が高まることになりました。

コールは個人の学習活動が個人の頭の中だけで行われるのではなく，その個人の周囲の状況や要件（学校などの施設や教師や仲間のあり方，地域の社会的・風土的環境）が影響すると考え，「第五次元」と呼ばれるシステムで子どもたちがどのように学習していくのかを包括的に観察・実践する研究を行いました。また，文化の定義について端的に「文化とは人間が創り出した人工物である」としました（Cole, 1996）。ワーチは「知識生産の源を個人内部にではなく，集団の生活，成員間のコミュニケーションに求める必要がある」と強調し（Wertsch, 1991），こうした志向性をもつ研究動向を社会・文化的アプローチと呼び，発達心理学と文化心理学の融合を志向しました。

さらにアメリカでは，状況論的な考え方（状況的認知論）をするレイヴ（Lave, J.）とウェンガー（Wenger, E.）が正統的周辺参加（legitimate peripheral participation）という概念を唱えました（Lave & Wenger, 1991）。状況的認知論とは，認知過程を「環境とのたえざる相互交渉のプロセス」として捉える立場のことです（上野，1999）。ちなみに状況的認知論では，知識が人の内部に存在するというような考え方はしません。

さて，正統的周辺参加という考え方では，「社会的な実践共同体への参加の度合いを増すこと」が学習であると考えます。たとえば，伝統的な徒弟制度において，一番下に入って熟練者（親方）のやり方を横目で見ながらその場における知識を学んでいくというプロセスです。この場合でも，いわゆる「非正規メンバー＝お味噌扱い」なのではなく，たとえ周辺的な存在であっても正統的にその場の一員として参加していることに焦点をあてるのが正統的周辺参加という概念です。そして，熟達者の側はたいてい「足場かけ（スキャフォールディング）」を行うことで，初心者の学習を援助しようとします。こうしたやり方は自転車の補助輪のような支援の仕方です。ヴィゴーツキーの「発達の最近接領域」（ZPD：zone of proximal development）という考え方は，今できてないことでも，支援つきでできることが，その後の発達の道筋になると考えますが，足場かけや正統的周辺参加という概念はこの発達の最近接領域の考え方に添っていることがわかります。

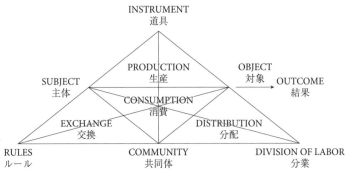

図3 活動システムのモデル

（出典） Engeström（1987）より。

　新ヴィゴーツキー派には他にロゴフ（Rogoff, 2003）がおり，人はコミュニティの社会文化的活動への参加の仕方が変化することを通じて発達し，コミュニティもまた変化すると主張し，コミュニティへの参加の仕方として，徒弟制，導かれながらの参加，アプロプリエイション（appropriation＝他人の所有物を自分のものにすること）という3つの水準の参加があることに注意を促しました。

　フィンランドは活動理論が盛んな国の1つであり，その中からエンゲストロームが現れ，ヴィゴーツキーの記号の三角形を拡張した活動システムのモデルを提案しました（Engeström, 1987；図3）。

　エンゲストロームは，複数の活動システムが相互に影響し合う様相についても検討すべきだとして，バフチン（Bakhtin, M. M.）の対話や多声性のアイディアをみずからのヴィゴーツキー的な心理学の中に取り入れる必要があると主張しました。

　バフチンはヴィゴーツキーと同時代に生きたロシアの哲学者・文芸批評家で，文学に対話原理を導入したことで著名です。また，『ドストエフスキーの詩学の諸問題』（1929 年）において，ドストエフスキーの小説の特徴は「ポリフォニー小説」「カーニバル文学」であると指摘しました。ここでポリフォニーとは多声性を意味します。対話や多声性という概念が導入されることで文化心理学は広がりを見せることになりました。

6 一般心理学としての文化心理学

　文化心理学は一般心理学の一翼を担うもので，文化について無視することなく人間の普遍的な性質を考えようとするものです。比較文化心理学が文化の存在を実体的に考えがち（第1章の図2参照）なのとは異なり，文化が人に寄り添うという考え方をします。人に寄り添う文化と人の関係性を描くのが文化心理学なのです。

　そして，その基本には記号という考え方があります。記号を通じてこそ，文化は人に寄り添うことができるのです。そして人間は，記号の働きという一般原理を共有しつつ，記号の働きに差異を抱え込むことができるのです。差異を許す一般システムこそ，記号による文化心理学なのかもしれません。

　ヴァルシナー（Valsiner, 2017）は，記号による調整（semiotic mediation）こそが文化であるとしています。

　次章では記号についてより深く考えていきましょう。

●文　献

Bühler, K. (1934). *Sprachtheorie*. Jena-Struttgart: Gustav Fischer.

Cole, M. (1996). *Cultural psychology: A once and future discipline*. Harvard University Press.（天野清訳，2002『文化心理学 —— 発達・認知・活動への文化‐歴史的アプローチ』新曜社）

Engeström, Y. (1987). *Learning by expanding: An activity theoretical approach to developmental research*. Orienta-Konsultit.（山住勝広・松下佳代・百合草禎二・保坂裕子・庄井良信・手取義宏・高橋登訳，1999『拡張による学習 —— 活動理論からのアプローチ』新曜社）

今田恵 (1962).『心理学史』岩波書店

Lave, J., & Wenger, E. (1991). *Situated learning: Legitimate peripheral participation*. Cambridge University Press.（佐伯胖訳，1993『状況に埋め込まれた学習 —— 正統的周辺参加』産業図書）

箕浦康子 (1997).「文化心理学における〈意味〉」柏木惠子・北山忍・東洋編『文化心理学 —— 理論と実証』東京大学出版会，pp. 44-63.

中村和夫 (2014).『ヴィゴーツキー理論の神髄』福村出版

Rogoff, B. (2003). *The cultural nature of human development*. Oxford University Press.（當眞千賀子訳，2006『文化的営みとしての発達 —— 個人，世代，コミュニティ』新曜社）

田島信元 (2016).「文化心理学」田島信元・岩立志津夫・長崎勤編『新・発達心理学ハンド

ブック』福村出版，pp. 97-110.

高取憲一郎 (2000).『文化と進化の心理学』三学出版

高取憲一郎 (2013).「活動理論」藤永保監修『最新 心理学事典』平凡社，pp. 74-75.

高取憲一郎 (2014).「活動理論の定義に至る道のり ── 高取憲一郎最終講義」http://www.rs.tottori-u.ac.jp/cgi-bin/kyoikutopics/upload-img/9-3.pdf

上村佳世子 (2000).「子どもの認識形成への社会文化的アプローチ」『心理学評論』**43**, 27-39.

上野直樹 (1999).『仕事の中での学習 ── 状況論的アプローチ』東京大学出版会

Valsiner, J. (2004). 立命館大学講演「今月の文化心理学」

Valsiner, J. (2014). *An invitation to cultural psychology.* Sage.

Valsiner, J. (2017). *Between self and societies: Creating psychology in a new key.* Tallinn University Press.

Wertsch, J. V. (1991). *Voices of the mind: A Sociocultural approach to mediated action.* Harvard University Press.（田島信元訳，1995『心の声 ── 媒介された行為への社会文化的アプローチ』福村出版）

山口武志 (2013).「算数・数学教育における社会的相互作用に関する認識論的研究 ── 社会文化主義的アプローチにおける社会的相互作用に関する考察」『鹿児島大学教育学部研究紀要・教育科学』**64**, 11-27.

第3章

記号という考え方

記号と文化心理学　その1

サトウタツヤ

1 記号とは

　文化心理学の基本は「記号」という概念にあります。この記号という言葉は一般的にも使われている言葉ですが，文化心理学においては少し異なる意味合いをもちますので，そのことについて説明していきます。第2章の歴史においても扱いましたが，文化心理学の直接の源流は20世紀初頭に活躍したヴィゴーツキーの心理学にあります。そしてその中心概念の1つが記号です。

　記号と聞くとみなさんは，数式の記号などを思い出すと思います。吉田(1989)は『記号論』という本の中で，積分記号（∫）やト音記号（𝄞）が記号の例であるとしたうえで，「記号というのは1つの専門分野で使われる，特別な文字，あるいは術語のようなものだ」という理解が行われていると指摘しています。狭い意味での記号は，このように限定されたものになると思われます。

　しかし，記号というのはもう少し広い意味をもっています。文字も記号だし単語も記号だということになります。表情や動作などを記号だとすることもあります。「夕焼けだから明日は晴れる」といったときの「夕焼け」も記号だとする場合があります。こうした広い意味の記号は，それによって何か他のことを指し示しているもの，ということです。人によっては，夕焼けを見ると元彼を思い出す，というようなこともあるかもしれません。この場合も夕焼けは記号の機能をもっています。最初のデートで元彼と一緒に見た夕焼け，別れちゃったけれど，夕焼けを見ると元彼を思い出す，というような場合，夕焼けは「夕焼けではない他の何か（＝元彼）」を表しているのですから，これも記号だ

ということが可能です。

このように記号の定義は広く曖昧なのですが，記号を考える学問には —— さらに面倒なことに —— 記号学（semiology）と記号論（semiotics）という少し異なる考え方があります。本章では，記号学と記号論を参考にしながら，文化心理学における記号の意味を考えていきたいと思います。心理学において最初に記号に注目したのはロシアの心理学者ヴィゴーツキーです。その理解のためには，ヴィゴーツキーの少し前に活躍したケーラーという心理学者のチンパンジーの実験について見ておく必要があるので，それをまず見てみましょう。

2 ケーラーの類人猿実験

ヴィゴーツキーはケーラーの「チンパンジーの知恵試験」の影響を受けています。ケーラーはゲシュタルト心理学者として著名な人です（他にはウェルトハイマー，コフカ，レヴィンが有名です）。ケーラーが扱ったのは，一般には洞察学習と呼ばれるもので，場面の全体構造（ゲシュタルト）の把握に関するものです。ここで全体構造＝ゲシュタルトです。

ケーラー

たとえば図1のようにバナナが吊り下がっているときに，チンパンジーはまずジャンプしてとろうとします。いわゆる試行錯誤学習を行います。ジャンプしてとれたら良いのですが，それでもとれないときにどうするか。チンパンジーは箱を踏み台にして棒を使ってバナナを手に入れようとするのです。こうしたひらめきは洞察（insight）と呼ばれます。洞察がなぜ可能なのかというと，解決すべき問題の全体構造を考えたうえで，足りないものを何かで補おうとするからだ，ということになります。

つまり，チンパンジーは，バナナを食べるということに関して，刺激と反応という図式（組み合わせ）でやみくもに行動しているわけではなく，洞察に基づいた新しい行動を作り上げています。この例についてヴィゴーツキーは，チンパンジーが箱や棒を道具として用いることができることが重要だと考えました。道具とは何かをするための手段です。つまりヴィゴーツキーはチンパンジ

ーが何かを手段として用いることができること，また，その手段も（そのために開発されたものではなく）その場にあるものを「バナナをとるためのもの」として見立てて使うことができること，これこそが重要だと考えました。道具を用いることは，あるものをそのもの自体として使用する（自然に任せる）のではなく，あるものを他のものとして使う（人工的に使用する）ということですから，記号の作用であるともいえ，だからこそ文化の始まりになるのです。

図1　チンパンジーの洞察学習（ケーラーによる）

　この図式においては，解決すべき問題の全体構造（＝ゲシュタルト）の把握も重要になります。試行錯誤学習レベルでは，チンパンジーはバナナを入手して食べるために，常に近づくことしかできません。一方で洞察学習では，「試行のない思考」を行います。そして，実際に行為せずに考えをめぐらすのです。そして，（常に目標に近づくだけではなく）一度対象から遠ざかるようなことがあったとしても，最終的に目標を到達できるかどうか，ということが重要になります。バナナを食べる，という目標があるときに，常にバナナに向かって何かをすればそれが実現するわけではないときに，バナナを食べるという究極の目標に向かうという構造が保たれていれば，何かを手段として使うために，バナナから遠ざかることもできるのです。箱にせよ棒にせよ，バナナをとるためのものではありません。それを，バナナを得るための手段として使えるかどうかが重要で，それが原初的な知能なのだ，ということをケーラーは主張したのだといえるでしょう。この場面において，普段はそれとして見えないものを――全体構造にあてはめることによって――記号化して使える，手段として使える。それは全体構造がわかるからできるのだ，ということになります。

　ケーラーはみずから研究した学習のあり方を洞察学習といいました。洞察とはある課題について全体構造を見立てて，そこに足りないものをうまくはめ込み，目的を達成できるような思考，ということになります。

　この研究に啓発された（洞察を得たと言ってもいいか？）ヴィゴーツキーはこ

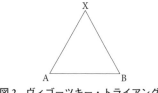

図2　ヴィゴーツキー・トライアングル

　の考え方を発展させてAとBの関係を媒介させるもの（X）があるという図式
を人間文化の基本的ユニットとして考えました。そのときに──AとBの直
線の間にCという媒介を入れる図を描いても良かったと思うのですが──道
具を使用するというプロセスを，彼は三角形の形を利用して媒介過程として表
したのです（図2）。

　本書の第1章でも扱われていますが，この三角形はヴィゴーツキーが「子ど
もの文化的発達の問題」の中で描いた有名なものです（神谷，2006）。

3　記号を学問する ── 記号学と記号論

[1]　記号の基本的性質 ── アウグスティヌス

　ヴィゴーツキーは，記号という機能を媒介させることによって，人間の精神
機能の豊かさを理解することができると考えていましたが，記号そのものの性
質についてそれほど深く踏み込んで考えることはしませんでした。

　記号の性質について考える学問が，先ほども少し名前が出てきた記号学
（semiology）や記号論（semiotics）という分野です。この2つの分野はその考察
対象が記号であるという点で同じですが，近代になってから異なる2人がほぼ
同時に独立に考え始めたため（同時多発的），異なる名称になっています。

　しかし，記号に関する学問はさらに遡ることができます。すなわち，古代
ギリシアの哲学者アリストテレスに始まり，紀元前3世紀からローマ時代まで
続くストア派や5世紀のキリスト教神学者アウグスティヌスにより体系化され
たSemioticaに遡ることができるのです。ストア派によれば記号の典型的なも
のは言葉であり，言葉は，音声（＝意味するもの）と概念（＝意味されるもの）の
二項の関係であるとされました。アウグスティヌスによれば記号は「感覚に働

きかける与件としての音声」と「音声によって担われている意味」の二項の関係であるとされました（与件とは前提として与えられる条件という意味）。いずれも，言葉，とくに話し言葉の音声と音声によって意味されるものの関係を記号という概念によって考えようとしていたようです。

　日本語の「ハシ」という音は，その音が人に聞こえると，その人は，「箸」「橋」「端」などの意味づけをすることになります。一休さんのとんち話に，「このハシわたるべからず」という立て札を見た一休さんが，真ん中を堂々と歩いていった，という話があります。これは，「ハシ」という音で多くの人が「橋」という意味を思い起こすのに対し，一休さんは端っこの「端」という意味を思い起こし，「端を渡らなければ良い＝真ん中を歩けば良い」と意味づけしたことになります。こうした関係を記号関係と呼ぶのです。ここで「ハシ」という音は，感覚を刺激するものにすぎず，意味そのものではないからこそ，一休さんのトンチが使えたことに気づいたでしょうか？

　アウグスティヌスから時代が下って近代になると，アングロ゠アメリカ系の系譜に立つパースに代表される記号論と，ヨーロッパ系の系譜に立つソシュールに代表される記号学が，それぞれ独立にほぼ同時に現れました。私たちにとってはイギリスもアメリカもヨーロッパも外国と一括りにしがちですが，思想を考えるときには，イギリスとアメリカの考え方，ヨーロッパ大陸の考え方，が少しずつ違っていることを知っておくと便利です。まず，大陸系のソシュールの考え方を見ていきましょう。

[2]　ソシュールの記号学

　ソシュール（de Saussure, F. ; 1857-1913）は現代言語学の父であり，20世紀初頭に言語現象の全体（langage）を言語体系（langue）と発話行為（parole）に分け，とくに前者を言語学・言語研究の中心に置きました。この考えが，やがて構造主義，記号学へと連なることになりました。

　つまりソシュールは，言語学ならびに記号学の創始者として知られています。ソシュールにおいて，記号は「何かを意味するものである」とされています。彼は，記号の性質として「シニフィアン＝意味するもの＝記号表現」，「シニフィエ＝意味されるもの＝記号内容」の二側面を考えることを提案したとされて

います（彼はみずからの考えを出版することはなく，講義録が残されているのみです）。

「橋」という文字や「ハシ」という音はシニフィアンであり，そこで想起される橋のイメージや概念がシニフィエです。ソシュールにおいてシニフィアンとシニフィエは表裏一体（どちらがどちらであるか分離できないもの）であり，これらの総体を「シーニュ＝記号」と呼んでいます。

ソシュールにおける記号に関する考え方（記号学）は，記号がもつ 2 つの側面，意味するものと意味されるものを明確にすることで，記号に関する考えを一歩先に進めました。

[3] パースの記号論

次にパース（Pierce, C. S.；1839-1914）の記号論です。ロサ（Rosa, 2007）はパースの記号論が文化心理学にとって重要だと指摘しています。パースは，記号とその対象と解釈項という三項関係を考えるものとして記号論を打ち立てました。

パース

すでに見てきたように，記号は「それ自身とは別の何かを表すもの」とされています。パースは記号の考え方（記号論）の要素として記号，対象，解釈項を設定しました。この 3 つの要素の関係は図 3 のようになります。

この図において，対象とは，思考の対象ということであり，物，出来事，関係性，品質，法則，論証，はたまたフィクションなど，多様なものが対象になります。記号は，それ自身とは別の何かを表すものです。解釈項（もしくは解釈作用態）とは，対象を表している記号の意味にあたるものです。次の例で考えてみましょう。

　対象＝母が泣いている（のを私が見ている）
　記号＝泣き顔の母
　解釈項＝悲しいんだ！

解釈項は，個別の事例によって異なりますから，母が泣いているという対象

図3 記号の三項図式

表1 パースによる記号の3類型

| 類像／類像的 （icon/iconic） |
| 指標／指標的 （index/indexial） |
| 象徴／象徴的 （symbol/symbolic） |

が同じであってもその解釈は「嬉しいんだ！」ということもあるかもしれません。それは，具体的な出来事のことなので一般的にはいえませんが，いずれにしても，パースは記号について3つの要素で考えることが重要だとしました。

この図3をヴィゴーツキー・トライアングルの図2と比べると，記号が起点（三角形の左下）になっていることがわかりますし，ソシュールの考え方と比べるとソシュールが意味するもの／意味されるものの二項で考えているのに対して，3つの項で考えていることがパースの考え方の特徴だとわかります。

さて，パースは記号の性質についてさまざまな考察を行っていますが，ここでは最も有名で重要だとされる3類型について説明しておきます。

類像／類像的（icon/iconic）な記号とは，記号で表されたもの（記号表現）が，記号そのものの形態等に似ているか，図や写真などで撮影／模倣されたものです。

指標／指標的（index/indexial）な記号とは，記号で表されたもの（記号表現）が，記号そのものと完全に恣意的に関係しているのではなく，何らかの方法（物理的かまたは因果関係で）で記号内容と関係性をもつ様態です。

象徴／象徴的（symbol/symbolic）な記号とは，記号で表されたもの（記号表現）が，記号内容に似ていず，原則的に恣意的な結びつきしかもっておらず，記号と記号表現の関係が学習されなければならない様態です。

以下で説明してみましょう。

1羽の実際のハトがいるとして（図4の左側＝これは写真だとツッコまないように！），足や足跡はハトがいる／いたことのサインになりますから，指標（index）としての記号ということになります。ハトの形をまねた図は「像」としてのハト，つまり類像（icon）としての記号ということになります（コンピュータのアイコンという語を思い起こしてみてください）。なお，アイコンはわりと自

index

icon

symbol 鳩
Pigeon

図4 記号の機能の類型（ハト）

表2 パースによる記号の3類型

1	類像／類像的	記号表現は，記号内容に似ているか，意味されているものを模倣しており（認識できる表情，音，感覚，味，それのような匂い）――そのものが持つある性質を同じように保持していると認められる態様：例えば，肖像画，風刺画，縮尺モデル，擬声，隠喩，（情景・物語などを描写する）標題音楽の'現実感のある'音，ラジオドラマにおける効果音，吹き替え映画の台詞，物真似
2	指標／指標的	記号表現は，恣意的でなく，ある方法（物理的かまたは因果関係で）で記号内容と直接的に結ばれている様態――その結びつきは観察できるか推測できる――：例えば'自然記号'（煙，雷，足跡，エコー，非人造的な匂いと味），医学的な徴候（痛み，発疹，脈拍），測定機器（風見鶏，温度計，時計，アルコール水準器），'信号'（ドアのノック，電話のベルの音），指示器（人差し指，方向を指示する道標），記録写真，映画，ビデオまたはテレビの場面，録音された音声），個人的'商標（トレードマーク）'（筆跡，標語），そして指示語'あの'，'この'，'ここ'，'あそこ'）
3	象徴／象徴的	記号表現は，記号内容に似ていず，原則的に恣意的であり，純粋に慣習的でありその関係は学習されなければならない様態（mode）：例えば，言語一般（加えて特殊言語，アルファベット文字，句読点，言葉，句，文），数，モールス信号，交通信号，国旗

（出典） チャンドラー（2006）；田沼（2007）より。

由に描けることは確かですが，もとのハトの形態を逸脱して描くことはできません。日本語の「鳩」という文字や英語の「Pigeon」という単語は，任意の音や文字を用いているだけですので，象徴（symbol）としての記号ということになります。

　この3つの類型について，チャンドラー（2006）の定義がわかりやすいので，表2に引用します。

また，天気図には3種類の記号が現れています（田沼，2007：図5）。

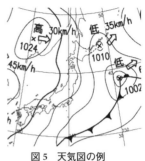

図5　天気図の例
（出典）　気象庁ウェブサイトより。

日本列島の形は類像としての記号，気圧の数値は指標としての記号，低気圧や高気圧は象徴としての記号です。

以上，記号学，記号論という「記号について考える学問」から，ソシュールの考え方，パースの考え方を見てきました。もちろん，心理学において記号を中心においたのはヴィゴーツキーです。しかし，ヴィゴーツキーの記号についてはすでに第1章や第2章で扱われているので，ここで繰り返すことはしません。

4　ヴァルシナーの記号論—— 促進的記号と抑制的記号

[1]　記号から促進的記号へ

ヴィゴーツキー流の文化心理学の立場に立ち，記号についてよりダイナミックに人間のライフ（生命，生活，人生）との関係について考え，記号の考え方を深めたのはヴァルシナーです。

ヴァルシナー

まず，ヴァルシナーは記号を考える際に時間を取り入れることが重要だとしました。先に紹介したソシュールやパースが記号の性質を考えたのとは異なり，ヴァルシナーは心理的プロセスとしての記号過程を重視します。人が記号と向き合うのは「いま＝現在」にほかならず，そのことは過去と未来から現在を峻別することであり，また，過去と未来を橋渡しすることにほかならないと指摘したのです（図6）。

ある人が，ある記号に出会ったとき，その記号が意味するのは，それ以前の誰かが創ったり使ってきた何かですから，記号の意味は過去と現在を接続しま

図6　過去と未来を橋渡しする現在

す。記号と出会っているのは，「いま＝現在」ですから（もし記号の意味がわか
らなければ，その記号が意味する過去と現在は接続されません）。ただし，記号の影
響で何らかの行為を行うとすれば，それは過去でも現在でもなく，未来に属す
ることになります。

　積分記号でもト音記号でも，その意味は「過去」に構築されたものであり，
人は「現在」において記号の意味を読み取り，実際に積分や演奏をするのは現
在から見れば「未来」なのです。

　ヴァルシナーは2018年5月に立命館大学大学院人間科学研究科で講義をし
た際に，記号が人に働きかけるときは現在であるが，その記号を受けて人が何
かを行うときには常に（過去に向かってではなく）未来に向かっているというこ
とを重視すべきだと指摘しました。その上で，記号を「未来と向き合う何らか
の機能をもち，過去の状態から何か新しいことへと導く何か」であると定義し
ました。

　この，何か新しいことへ導く記号の働きを重視して，ヴァルシナーは促進的
記号という概念を作りました。促進的記号とは，行動を駆り立てる記号です。
ヴァルシナーは対話的自己の問題を考えるなかで，はじめて促進的記号という
概念を使用しました（Valsiner, 2004）。私たちが，日々の生活の中で常に新しい
出来事と出会いそれに対処しながらも，個人としての首尾一貫性を保っている，
逆にいえば，私たちは常に個人としての首尾一貫性を保ちながらも，日々の新
しい出来事に対処できている，こうしたプロセスを可能にしているのが促進的
記号だというのです。

　促進的記号とは，人間にとっての未来を志向する時間を拡張し，ありうる未
来を構築するガイドとして機能するものであるとされます（Valsiner, 2007）。ヴァ
ルシナー流の文化心理学において「文化は人に属する」（文化が人に寄り添

う）ものと考えられています（第1章参照）。それを可能にするのが記号という概念で，複数の文化が記号を介して人に属すると考えます。私たちの日常生活はたった1つの記号に囲まれて生活するということはありえません。そして，さまざまな記号に囲まれるなかで，特定の記号が人の行動を促進する場合がありますが，そこにおいてこそ促進的記号の働きがある，と考える必要があるのです（サトウ，2017）。

　ちなみに，促進的記号と逆の働きをするものは抑制的記号として概念化されています。こちらは，さまざまな記号に囲まれる状況において，あることをさせないように働く記号のことです。

[2]　促進的記号の例

　図7は，福島県福島市から見える吾妻山の春の景色を描いたものです。
山肌に残っている雪が，ウサギの形に見えませんか？
　福島の農家の方々はこの山肌に現れるウサギのことを「雪ウサギ」もしくは「種まきウサギ」と呼んでいて，田植えの始まりを告げるサインとして重視しています。
　米作りは，自然を相手にする仕事です。入学式のようにカレンダーを見て同じ日に始めるというわけにはいきません。5月1日になったから始めよう！というようなものではありません。毎年毎年，その年の気候の塩梅（あんばい）を見ながら，最も適切な時期に始める必要があります。
　気候を見ながら，といっても簡単ではありません。そこで目をつけられたのが，雪の残り具合です。雪は何かの形になりたくて溶けたり残ったりしているわけではないですが，地形の関係で早く溶けるところもあれば遅く溶けるところもあります。
　福島の農家は，田植えを始めるのに最適な時期に，雪がどのように吾妻山に残るのかに注目し，「ウサギ」の形になったときが最適だということに気づいたのです。
　一度そうした関係が確立されると，それ以降は，雪ウサギが現れたら田植えを始める，ということになります。これは，雪ウサギが促進的記号として機能していることの現れであり，雪ウサギが現れるまでの吾妻山の雪に覆われた山

図7　吾妻山の山肌（ちぎり絵）

（出典）　荒野久美子氏作。

肌は，田植えに関して抑制的記号として機能しているといえるのです。

　ここで重要なことは，促進的記号は行動学的な「刺激」という概念ではないということです。膝蓋腱反射のように膝の下を叩くと足が跳ね上がる現象がありますが，こういう現象ではありません。雪ウサギを見たら誰でもいつでも反射的に田植えを始めてしまう，というものではないのです。記号は刺激のようなものではなく，すべての人や動物に同じような影響を与えるものではありません。とはいえ，記号の作用の仕方には普遍的なルール（法則）が存在するはずで，その法則の発見や法則に基づく人間行動の理解こそが文化心理学の課題なのです。

　促進的記号としての雪ウサギは福島の農家の方にのみ促進的記号として作用するのであり，その意味で文化的だといえます。山の残雪を種まきウサギとして見る人たちが，1つの文化を形成していることは理解できると思います。この例でわかるように，意味の共有は文化の本質であり，それは記号作用によってもたらされるのです。

●文　献

チャンドラー，D.（田沼正也訳）(2006).『初心者のための記号論』http://visual-memory.co.uk/daniel/Documents/S4B/japanese/

神谷栄司 (2006).「ヴィゴツキー理論の発展とその時期区分について（Ⅱ）」『社会福祉学部論（佛教大学）』**2**, 15-30. http://archives.bukkyo-u.ac.jp/rp-contents/FO/0002/FO00020L015.pdf

Rosa, A. (2007). Acts of Psyche: Actuations as synthesis of semiosis and action. In J. Valsiner & A. Rosa (Eds.), *Cambridge handbook of socio-cultural psychology* (pp. 205–237). Cambridge University

Press.

サトウタツヤ (2017).「TEA は文化をどのようにあつかうか —— 必須通過点との関連で」安田裕子・サトウタツヤ編『TEM でひろがる社会実装 —— ライフの充実を支援する』誠信書房，pp. 208-219.

田沼正也 (2007).「エンジニアのための記号論入門ノート」http://aplysemio.sakura.ne.jp/HP/isej/jise11/sosiki.html

Valsiner, J. (2004). The promoter sign: Developmental transformation within the structure of dialogical self. Paper presented at the Symposium (Hubert Hermans, Convener). Developmental aspects of the dialogical self ISSBD, Gent, July 12, 2004.

Valsiner, J. (2007). *Culture in mind and societies: Foundations of cultural psychology*. Sage.（照井裕子訳，2013「文化へのアプローチ —— 文化心理学の記号的基礎」サトウタツヤ監訳『新しい文化心理学の構築 ——〈心の社会〉の中の文化』新曜社，pp. 1-74.）

吉田夏彦 (1989).『記号論』放送大学教育振興会（2017 年，ちくま学芸文庫）

第4章

時間と記号
記号と文化心理学　その2

サトウタツヤ

1　時間と共にある記号——ヴァルシナー

[1]　現在とは何か？——時間についての2つの考え方

　ヴァルシナーは時間を重視する記号論を構築し文化心理学の中心に置きました。記号が機能するのは「現在」という時間であり，未来の行為を導くものだと彼は指摘しました（第3章参照）。

　では，現在とは何でしょうか？　いま，ですが，いまの時間幅はどれくらいあるのでしょうか？　現在の時間幅について考えるためには，時間の考え方に2種類あるということを理解する必要があります。神学者・ティリヒ（Tillich, P.；1886-1965）は，ギリシャ神話に出てくる2人の「時の神」の名前を使って，時間の2つの側面を指摘しました。クロノスとカイロスです（表1）。私たちは，楽しいときがあっという間に過ぎていき，苦しいときは長い，ということを体験的に知っています。そして，それが時計で計る時間とは必ずしも一致しないということも体感しています。そして，時計で計る時間のことをクロノスと呼び，体感している時間をカイロスと呼ぶのです。

　時間のこの2つの側面は，現在を考えるときにも示唆を与えてくれます。現在をクロノス的に考えれば，文字通り，一瞬ということになります。しかし，スポーツの練習などで，腕立て伏せなどをしているとき，いまは苦しいけれど休憩時間まで頑張って練習を乗り越えよう，というようなことをいうなら，現在＝10分くらい，になります。また，高校生のいまを謳歌しよう，というような表現をすれば，現在＝3年間です。ここで大事なことは，クロノス時間が

表1　ティリヒによる時間の2つの側面

クロノス（Chronos）＝物理的な時間の流れ＝時計で計測できる
カイロス（Kairos）＝人が感じる質的な時間の流れ＝時計時間とは異なる質的な時間

異なるにもかかわらず，カイロス時間としては「現在」だということです。

　彼氏に振られたXさんとYさんがいるとしましょう。Xさんは，彼氏に振られた夜は友達を誘って居酒屋に行って大暴れ！「もう死んでやる！」と言っていたりしましたが，翌日にはケロっとして，1カ月後には新しい彼氏との生活を楽しんでいました。一方Yさんは，「別に彼のことなんて引きずってないし……」という感じだったので，友達も安心していたのですが，ウツウツとして新しい恋に向かっていく感じでもありません。やっと1年経って，合コンにでも行こうかな，という気持ちがわいてきました。

　この2人，元彼との恋愛をふっきるまで，Xさんは1カ月，Yさんは1年です。つまり，「元彼のことを引きずっている現在」ということを考えるなら，クロノス時間としては現在の幅が違っているということがわかります。そして，カイロス時間としては，次の恋愛が始まったとき，現在だったものは現在ではなく過去になるのです。

　図1では，現在が「拡張された現在」と表記されていて，幅がある様子が示されています。過去の再構築（元彼との思い出に浸る）ばかりしていると未来を想像する（新しい彼氏との生活を楽しむ）ことができず，クロノス的な時間の幅が広くなってしまうのです。

　拡張された現在とは，クロノス時間としては時が経っているが，カイロス時間としては現在のまま時が止まっている時間として定義することができるでしょう。

　もう1つ，記号と時間ということを考える例として，就活，婚活，終活，について見ていきましょう。

　就活は就職活動，婚活は結婚活動，終活は人生終了活動です。大学生のみなさんは，これらの言葉を聞いてその意味は理解できると思います。では，これらの活動をしている人はどれくらいいるでしょうか？

　大学3年生であれば，就活に意識が向いて，勉強を始めている人がいるかも

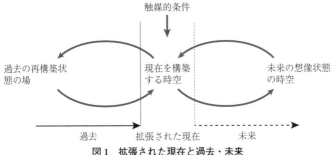

図1　拡張された現在と過去・未来

しれません。では，1，2年生だとどうでしょうか？　さて，婚活はどうでし
ょうか？　大学生で意識している人はほとんどいないと思います。さらに，終
活はどうでしょうか？　これをやっている大学生はほぼゼロでしょう。

　私たちは知識として知っていること（座学的知識）を，すべて行うわけでは
なく，時がきたら行うのです。それは人によって異なりますし，時代や文化に
よっても異なります。日本の1980年代には，女性であれば25歳までの結婚が
常識でしたし，現在でも，開発途上国と呼ばれる国では，若年結婚が当たり前。
ある統計（UNFPA, 2013）によれば，開発途上国の19％の女性が18歳になる前
に妊娠しているとのことです。その9割は正式な結婚によるもので，少女の側
には選択の余地がないことが多いということです。

2　記号の逆機能──混乱をもたらす記号の機能

[1]　記号の配置（デザイン）と記号をめぐる葛藤（コンフリクト）

　ある記号を同じ意味として共有することが1つの文化を形成しているとする
なら，1人の人がさまざまな文化をもっている（文化が人に属している）という
ことは理解しやすくなりますが，一方で同じ記号に異なる意味づけをすること
になると，それが葛藤や軋轢をもたらしかねないことにも思い至ります。

　近年，日本でもデザインという語が美術的な意味だけでなく，（社会デザイン
のように）設計思想というような意味でさまざまな局面で使われるようになっ
てきました。では，デザインとはもともとどのような意味でしょうか？

designの語源はラテン語のDesignareです。語源的には「de + sign」（記号を置く），つまり「記号で表す」という意味だとされています。デザインは記号（サイン）の配置なのです。道具や家具における良いデザインとは，促進的記号と抑制的記号が十分に働いて，違和感なく心地良く使えるようなデザインをいいます。道具を作った人が促進的記号を配置したつもりなのに，使う人にとっては抑制的記号になっている，ということがあれば，それは悪いデザインということになります。

　ノーマンは『誰のためのデザイン？』（Norman, 2013）において，道具を設計した人が自分のこだわりや美的感覚から作り上げたものが，使い手にとって非常に使いにくいものになっている，ということを指摘しました。道具は，キチンと使われることが重要であるのに，作り手の側がそれを忘れてしまうことがいかに多いか，ということが多くの実例と共に紹介されています。

　こうしたギャップは，道具の使用以外にもじつはいろいろなところで起きています。異文化間のギャップとして認識されているものがそれにあたります。いま，ギャップとして認識されているといいましたが，じつはギャップだと認識すらされていないギャップも多いということです。明確な差異としてわかることなら適応もしやすいのですが，気づきにくいところに記号が存在していることがある，ということです。これはいわゆる異文化間のギャップや世代間のギャップにあてはまります。

　以下でいくつか例をあげましょう。エモティコン，お弁当，ドアの開け閉め，です。

[2]　エモティコン

　メールの文中に表情を表す記号を用いることがあります。それはエモティコンと呼ばれています。さて，図2の上の段と下の段はいずれもエモティコンですが，どこが違うかわかりますか？　日本人の読者のみなさんは下段のエモティコンをよく用いていると思います。

　向きが違う，だけではなく，表情を目で表すのか，口で表すのか，が異なっているのです。海外の多くの国では上の段のように口で表情を表しますが，日本のエモティコンだけが少し特殊で，目で表情を表します。結城ら（Yuki et al.,

- :-)　　:-D　　:-(

- (^_^)　(~_~)　(*_*)　(;_;)

図2　エモティコン

図3　感情を評価させた表情
（出典）　Yuki et al.（2007）。

図4　おさるのジョージ弁当
（出典）　相原瞳氏作。

2007）はこのことに注目して比較研究を行いました。

　図3に対して「1＝すごく悲しい」〜「9＝すごく嬉しい」の9件法で日米の大学生に感情評価をしてもらったところ，日本人はかなり嬉しい（平均7.5）と評価したのに対して，アメリカ人は少し悲しい（平均4.0）と評価したのでした。このことは，同じ記号を用いても，その読み取りを通じてお互いの気持ちがすれ違ってしまうことを意味します。

　余談ですが，日本人が撮影されている写真には，口を閉じてピースサインをする人が見られますが，海外の方には，ピースサインが笑顔の代わりの機能をもっているということはほとんど理解されていないようです（教えてあげると喜んでマネしてくれます）。

[3]　おさるのジョージ弁当

　図4はあるママが息子のために作ったお弁当です。おさるのジョージを模して作ったもので，ママとしては，子どもを喜ばせておいしくお弁当を食べてくれる，と期待してのことでした。

　ところが，子どもはお弁当を残してきてしまいました。かわいそうで食べられなかったのです。びっくりしたママが，おさるのジョージを崩して，「ほらこうしたら食べられるよ！」と言ったところ，子どもは泣き出してしまったと

いうことです。

　これも，ママの気持ちと子どもの気持ちがずれてしまった例だといえるでしょう。ママはお弁当を食べることを促進する記号（促進的記号）としてキャラクターという記号を弁当箱に配置（デザイン）したのですが，子どもにとっては食べることを抑制する記号（抑制的記号）として働いてしまったのです。

[4]　ドアの開け閉め

　もう1つ，これはアメリカ留学をしていた日本人の経験です。ある家に1カ月ほどホームステイしていたAさんは，帰国間際に，その家の娘のBさんから「寂しかった」と言われてびっくりしました。本人はそれなりにホームステイを楽しみ，家族のみなさんとも仲良くなったつもりだったので，「なぜ？」と聞いたところ，その答えは，「いつもドアを閉めていたから寂しかった」とのことでした。

　聞いてみると，アメリカでは，ドアが閉まっている場合には，ノックをすることができないのだそうです。日本であれば，自分の部屋のドアを常に開けっぱなしにしていることに粗野でルーズなイメージがあります。したがって，基本的には常にドアを閉めておき，必要ならノックして入ってくれればいいや，というのが日本人（日本文化を内化している人）の考え，だと思われます。しかし，常にドアを閉めているAさんは，ホームステイ先の家族から，「心を開かない人」と思われてしまったのです。ちなみに日本人のAさんが，アメリカ人の娘Bさんの部屋にノックして入ったことがありましたが，それは大変な失礼にあたるのだそうです。

＊

　以上，エモティコン，お弁当，ドアの開け閉め，いずれも，記号の取り違えがディスコミュニケーション（コミュニケーション不全）を引き起こしかねないことを見てきました。

　記号に基づく文化心理学は，こうした例を蓄積して，不要な軋轢（ディスコミュニケーション）を起こさないような一般ルールを導く必要があるように思います。そのヒントは前章で見たビューラーによる「記号の場依存性」にあるようです。記号は記号そのものに意味があるのではなく，その場と共に意味を形

成していく，ということを多くの人が常に理解するようになれば，思わぬ誤解もなくなるかもしれません（第1部第5章第3節も参照）。しかし，常にそれを意識しているのは難しいことです。もっと簡単に実践できる知恵を作っていくのは，本書を読んでいるみなさんに課せられた使命だともいえるかもしれません。

3 記号論的罠とその克服——文化心理学とナラティブ論の架橋

[1] 記号論的罠

記号論的罠（semiotic trap）とは，簡単にいうと思い込みのようなことです。ここまで見てきたことからもわかるとおり，記号は便利ですが，かえって紛争やディスコミュニケーションを引き起こすことがあります。こうしたことは他者とのコミュニケーションでのみ起きるわけではなく，個人内で起きることもあります。自分自身が自分との関係でコミュニケーション不全を起こしてしまうことを，記号論的罠と呼びます。自分以外は関与していないだけに，一度はまったら抜けられないものです。

たとえば，高校時代に成績（とくに理数系）が良いと国立大学の医学部を受験するように勧められる，というような記号があります。本人がそれをすべて引き受けて受験して受かれば良いですが，人によってはなりたくもない医師になるために医学部受験を勧められ，受験に失敗することもありますし，首尾良く合格したとしても入学後に自分のやりたいこととは違う，と気づくこともあります。なぜ理数系の成績が良いと医学部受験を勧められるのでしょうか？それは，親や学校，塾の人たちの価値が医学部合格にあるからにほかなりません。

超難関国立大学の医学部に在籍するある2年生が，経済学部に転学部したいと大学の相談室に相談に来ました。親や教師に勧められて医学部に進学したけれど，医師の世界では年収が1億円に届くことはありません。しかも人の命に関わるのはシンドイ面もある。それよりもビジネスの世界に入ってやれるところまでやってみたい（年収もどれだけ稼げるかやってみたい）ということでした。この例では，親や教師が囚われていた記号論的罠に陥っていた学生が，入学後に自分なりの促進的記号を発生させようとしてもがこうとしたといえます（こ

れが必ずしも正しいわけではありませんが，自分なりに選択肢を開拓したといえるでしょう）。

　もう1つの例があります。

　自分が入学したい高校や大学に落ちることはショックです。しかし，他の高校・大学に進学すれば，そこで充実した生活を送ることは可能です。ところが，「＊＊に受かっていれば……」と考えると，どうしても現在の生活が充実しなくなってしまいます。

　ある大学の4年生が，自分に自信をもてないと言って大学の相談室に相談に来ました。その人は，大学の中では成績も良く課外活動もしっかりやっていてリーダー格の学生だと見られていたのですが，本人は「行きたい大学の受験に失敗してここに来て，結局行きたい企業に行けなかった」と言って悩んでいるのです。この例では，自分が行きたい大学に行けば良い生活があったはずだということに自分が囚われていて，自分が実際に経験している4年間の生活を自分自身がとるに足らないくだらないものだと見てしまっているのです。そのように考えている人が就職活動で面接を受けても，相手から高い評価を得られることはありませんから，いわゆる悪循環に陥ってしまったのでした。そもそも，自分が行きたいと思った大学に行ったからといってうまくいくとも限りません。調子に乗って失敗してしまったかもしれないのです。高校生のときの記号に支配されて4年間を過ごすのはもったいないことであり，まさに記号論的罠だといえるでしょう。

　この例においては，大学生活の4年間が，大学入学前の高校生の価値観によって色づけられているということが問題です。大学進学時にいわゆる偏差値的価値観に基づいて志望校を決め（もちろん，偏差値以外の側面もあるでしょう），そこに向かって努力することは大事なことです。希望が叶えば嬉しいし叶わなければ悲しい。ここで問題にしたいのは希望が叶わなかったときです。そのときの価値観や感情を4年間引きずるということは「拡張された現在」が高校3年生のときのままだということです。実際に，4年間にわたってさまざまな活動をしているわけですから，その時間を実感する必要があるでしょう。また，希望の大学に進学したらすべてうまくいったのか？ということを考えることも大事でしょう。

この例が記号論的罠であるのは，カイロス的時間が高校生のまま止まっており，その後の質的な時間がまったく自分に反映されていないということだと思われます。そう簡単にはいかないでしょうが，いまの生活を成り立たせているさまざまな活動を，現在の視点で評価することが大事になるでしょう。

[2]　記号論的罠を乗り越えるためのナラティブモード

　こうした記号論的罠に対抗するには，ナラティブ論が有効です。ナラティブ論では「不幸な出来事は変えられないが，ナラティブ（もの語り）は変えることができる」と考えますから，罠を無力化することができるのです。第2章でも登場したブルーナーは人間の思考様式には論理－科学的モードとナラティブモードという2つのモードがあり，それを分けることが重要だと提案しました（Bruner, 1986；第3部第1章②参照）。

　論理－科学的モードは，論理実証主義を前提にする思考のモードです。論理実証主義は，外界の実在を前提とし，それを何らかの形で写し取ることができると考える立場で，記号と演算によって外界の記述理解ができると考えています。一方でナラティブモードは私たちが自分や他人の生のあり方を秩序づけ意味づけするためのモードです。私たちは自分の身のまわりの出来事を個別の出来事の単なる羅列という形では扱いません。それぞれの出来事を連関させながら語ります。こうした様式がナラティブモードであり，意味づけと関連づけがナラティブモードの根本にあります。

　記号論的罠は，自分の身のまわりに起きた出来事について，誤った因果関係を措定することで生じることが多いものです。いま一度，さまざまな出来事の関連のさせ方や意味づけを捉え直すことで，こうした罠から抜け出すことができるようになります。

4　記号と「言葉で表現できない経験」
―― 更一般化された意味フィールド

　ここまで記号のことを考えてきましたが，生活のすべてが記号によって表現されるわけでもなく，記号（とくに言語）で表すことができない経験も存在す

表2　ヴァルシナーによる記号の2種類

名称	別名	機能
点的（point-like）記号	簡体的（schematized）記号	質的均質化を図る
域的（field-like）記号	繁体的（pleromatic）記号	質的多様化を許す

ることでしょう。また，記号は常に安定したものだというわけではなく，生活の中で新たに発生することもあります。

　ヴァルシナーは，記号が表象する内容には2つの形式があると論じています。1つは点的（point-like）記号で，もう1つが域的（field-like）記号です。前者は簡体的記号であり，記号が表す内容の質的均質化を図るための記号です。後者は繁体的記号であり，記号が表す内容の質的多様化を許容する記号です。

　じつは，日常生活で一般的であり，アウグスティヌス，ヴィゴーツキー，ソシュール，パースが考察対象としていた記号は，「点的記号」でした。多様な現実の経験を1つの記号で表すということは，抽象であると同時に捨象です。

　いろいろなイヌがいるけれど「イヌ」という記号で表すことができるのが記号の特徴ですが，それは質的な均質化を図っていることになります。いろいろな経験をしたけれど，大学4年間は楽しかった（つらかった），というときも同様で，経験の質的均質化を図っていることになります。心理学が良く使う質問紙法の回答方法（SD法など）も，記号を媒介とした経験の質的均質化を図っているということになります（だからこそ，数値化できるのです）。

　一方で，「とても一言でいえない経験だ」とか，「パパとママのどちらが好きか尋ねられても困る」，みたいに一言で言い切れない経験もあり，かつ，それを伝えたいときもあります。こうした経験を表そうとするのが域的記号です。この記号は記号が表す内容が質的に多様であることを許容します（悪くいえば曖昧を許すことになります）。

　複雑な現象や経験を，すぱっと割り切らない形の記号があり，それは域的記号と呼ばれます。この記号は点的記号とは異なり，何らかの原初的（プリミティブ）な感情と関連して，新しい意味を創造する機能をもちます。

　記号はそれ自体，複雑な現実を一般化（generalized）する機能をもっていますが（たくさんのイヌをイヌという記号で一般化して表現する），点的記号と域的記号

が相乗作用することで（化学反応を起こすことで），さらに一歩上の一般化が生じます（hyper-generalized；更一般化）。この更一般化は，点的記号が一般化している「多様性を減じてかっちりと定義された内容」と，域的記号が一般化している「多様性を許容する内容」が同居していることになりますから，言葉を圧倒するような感情を引き起こします。こうやって構成されたのが「更一般化された意味フィールド（meaning field）」です。

　記号は，個別の経験を一般化しますが，記号で表されるということは，逆にいえば，新しさがないということになります。何か言葉にできないけれど，何かを感じているというもやもやした感じこそが「更一般化された意味フィールド」です。

　この「更一般化された意味フィールド」の例としては，芸術を経験しているときがあります。言葉にならない経験は，記号で表現できない経験です。私たちはさまざまな芸術（音楽，絵画，演劇）に接したり，みずから演じたりしますが，時に，言葉にならない経験をすることがあります。こうした経験は言葉（記号）にできません。こうした経験をレーマンとヴァルシナーは深い経験（deep experience）と呼んでいます（Lehman & Valsiner, 2017）。

　こうした深い経験は，あまりに複雑で言葉という記号で表現できないのです。そこで，ある人が経験した事柄について，どのような文化的に多様な声によって作り上げられているのか，を理解して記述する必要があります。深い経験の記述は文化心理学に課せられた魅力的で挑戦的な課題になるでしょう。

●文　献

Bruner, J. (1986). *Actural minds, possible worlds*. Harvard University Press.

Lehmann, O. V., & Valsiner, J. (Eds.) (2017). *Deep experiencing: Dialogues within the self*. Springer.

Norman, D. A. (2013). *The design of everyday things* (Revised and expanded ed.). Basic Books. （岡本明・安村通晃・伊賀聡一郎・野島久雄訳，2015『誰のためのデザイン？——認知科学者のデザイン原論〔増補・改訂版〕』新曜社）

UNFPA (2013). 『世界人口統計 2013』UNFPA

Yuki, M., Maddux, W. W., & Masuda, T. (2007). Are the windows to the soul the same in the East and West? Cultural differences in using the eyes and mouth as cues to recognize emotions in Japan and the United States. *Journal of Experimental Social Psychology*, **43**, 303-311.

第5章

記号の取り違えとそのやっかいさ

文化のズレを包摂するための記号の価値－行為媒介説：
記号と文化心理学　その3

サトウタツヤ

1 記号圏——ロシア・タルトゥ学派の記号論

　文化心理学の基本概念は記号です。

　あるもの A について他のもの B が表すのが記号であり，そこには解釈項が介在するというものでした（第1部第3章図3）。このことは，記号が必然的に，解釈のズレの問題を含んでいることを意味します。

　逆に，記号の働きがまったく同じである安定したシステムは存在できるのでしょうか？　もしそれがあるのであれば，そこに生きる人々は穏やかな生活が送れるはずです。しかし，それはおそらく不可能だというのが，ロシア・タルトゥ学派の考え方です。

　タルトゥ学派の中心人物の1人にロトマンがいます。彼は記号圏（セミオスフェア）という概念を通じて，ある記号体系は他の記号体系とダイナミックにせめぎ合っているのだとしています（坂本ら，2002）。記号圏とはロトマンが生物学者ヴェルナッツキーの生物圏（バイオスフィア）という概念にならって設定したもので，記号が他の記号との相互関連の中で記号として作用する圏域のことです。

　ヴェルナッツキーの生物圏は生物が生活できる範囲のことを言い，生物が生きることのできない真空状態（たとえば宇宙）は生物圏ではありません。そして，生物圏の中においては，それぞれの生物ごとに生活のできる範囲が異な

ロトマン

っており，生物圏の中では常にさまざまな争いや共生が起きています。記号圏においても同様に，記号が機能する圏域としての記号圏があり，その記号圏の中においては，ある記号体系が機能する圏域としての記号圏，他の記号体系が機能する圏域としての記号圏，がそれぞれ存在するのです。そして，生物圏が重なれば生物同士がせめぎ合うのと同様に，記号圏が重なれば記号同士がせめぎ合うことになるのです。

　記号圏の安定性と変化を考えるうえで重要なのが時間の概念です。時間を止めることができるなら閉じられた安定した記号圏が存在しうるのかもしれませんが，人間の生活は時間経過がその本質の1つですから，時間経過の中で新しい記号が生まれ，一方で廃れていく記号も存在するということになるのです。たとえば，2020年代には「推し」という概念（考え方）があります。「推しの存在が私の生活に潤いを与えてくれる」という表現はごく普通のものですが，自分の祖父・祖母（の世代）の若い頃の話を聞いてみると「推し」という概念（考え方）はなかったことがわかります。ただし過去にもアイドルとファンの関係は存在し，ファンの中には「親衛隊」と呼ばれる集団があったりもしました。2020年代の大学生世代には「親衛隊」が何のことかわからないかもしれませんが，祖父・祖母（の世代）にとっては意味のある記号だったのです。

　以上，記号圏という言葉には，記号が働く圏域という大きな概念と，個々の記号体系が機能する圏域という小さな概念があること，それは時代や国・地域で異なる場合があるということになります。

2 レスポンデント条件づけ・オペラント条件づけと文化心理学

　記号圏という空間的概念や，第1部第1章で述べられている「文化が人に属する」という側面を強調すると，記号が個人の中にだけ存在しその中だけで完結して安定してしまうようなイメージになりますが，そうではありません。個人は時間の中で他の個人と出会うため，記号は常に（対人的に）開かれているといえます。そもそも，記号は古典的条件づけにおける無条件刺激のようなものではないので，人によって解釈が異なり，結果として引き起こす行為が異なる場合もあります。なお，古典的条件づけにおける無条件刺激とは，口の中

に入った食物，目に対して吹く風，のようなもので，ほぼ自動的に前者は唾液分泌（ツバが出るという反応）をもたらし，後者は瞬目反応（目をつぶるという反応）をもたらします。ほぼ自動的に現れるこうした反応を無条件反応といいます。ところで，無条件刺激の前に何らかの刺激が繰り返し提示されると，その新しい刺激（これを条件刺激といいます）が無条件反応と同じ反応を起こすことが知られています。これをレスポンデント条件づけ（古典的条件づけ）といいます。ロシアの生理学者パヴロフは，イヌのもとにエサを持っていく人（飼育係）の靴音が，唾液分泌を引き起こすことを発見したのです。これは私たちでも簡単に実験することができます。右手にウチワをもって，誰かの目に風を吹きつけましょう。すると相手は目をつぶるはずです（瞬目反応）。次に，左手で机をたたくなどして音を出してからウチワで風を送りましょう。これを何度か繰り返すと，相手は音だけで目をつぶるようになるはずです。これは音が条件刺激として瞬目反応を引き起こしたことになります。ここで，条件刺激はもともと目をつぶらせる機能はなかったにもかかわらず，ある条件のもとで瞬目反応を促す機能を獲得したことになります。あるもの A が他のもの B の代わりになっているわけですから，机をたたく音は記号の働きをしていることがわかります。

　さらに，アメリカの心理学者ワトソンは，科学としての心理学の対象は意識ではなく行動であるべきだと宣言したうえで（行動主義宣言），情動条件づけの研究を行い，恐怖のような情動が条件づけされることを示しました。大きな音を怖がり逃げたり泣いたりするのは無条件反応ですが，白いお面を見せた後で大きな音を出すと，白いお面が恐怖反応を引き起こすことになります。これはレスポンデント条件づけで説明できます。ここで重要なのは，何を怖れるか，ということが純粋に生物学的な要因だけでは決まらないということです。さまざまな時代や国・地域で恐怖を引き起こすものが異なるのはレスポンデント条件づけのメカニズムによるというのが行動主義的見解ですが，恐怖のような基本的情動を引き起こす条件刺激に多様なバリエーションがあることは，いわゆる文化の広がりを説明できることになります。つまり，記号論的文化心理学の立場から見れば，レスポンデント条件づけという生理学反応に見えるところにも記号の機能が含まれており，それは文化の萌芽ということになります。

さて，人間を含む生物の行動はレスポンデント条件づけだけで説明できるのでしょうか。行動には受け身的行動と自発的行動の2つの種類がある，と唱えたのがスキナーです。ここで自発的行動とは，みなさんが普通に行っているほとんどすべての行動です。スマホでゲームをする。冷蔵庫から飲み物を取り出す。好きな人と手をつなぐ。また，宿題をしない，のように何かをしないことも行動になります。こうした行動を私たちは「意図的に」行っていると考えがちですが，スキナーによれば，こうした行動は，A：ある条件において，B：行った行動が，C：どのような結果になったのか，ということの積み重ねで行われているというのです。スマホでゲームをするのは，ある限られた条件で，スマホにゲームアプリが入っていて，やれば面白いからであって，スマホを見たら自動的に行うことはありません（反射じゃないんだから……）。誰かのお葬式に出ていてその最中にスマホでゲームをする人はいないでしょう（しているとしたらコドモです）。こうした行動の形成（やらないことも含む）はオペラント条件づけと呼ばれます。

　ここでスキナーが指摘したことは，ある行動には，前提条件があり，生起した後には結果条件があるということであり，結果条件があるから維持されたり消去されたりするということです。その意味は，ある行動の維持は結果によってもたらされているということです。そして，行動の維持が結果によってもたらされるということは，維持される行動のバリエーションを意味するのです。つまり，行動の形成や維持には，行動が起きる前の条件と，行動が起きた後の条件がともに影響しています。

　このように考えると，（文化心理学とは縁遠いと思われている）レスポンデント条件づけやオペラント条件づけのメカニズムにも，文化の萌芽が見られることがわかります。

3 ディスコミュニケーション
——記号の柔軟性が問題を惹起することもある

　私たちは生まれ落ちてから自分のおかれた環境に適応しようとし，また，親など周囲の大人が与えるしつけに従うことで生活を始めます。それはとりもな

おさず記号の働きを学習することでもあり，物理的には同じ状況であっても，人によって異なる記号の働きを取り入れるということが十分にありえます。したがって——日常生活でも人と人のコミュニケーションにはズレが起きるものですが——とくに異なる記号圏の人（たとえば海外の方）との間のズレは頻繁に経験されるし，自分が気づかないとしてもズレが起きていることがあります。

　第1部第4章第2節では，エモティコン，キャラクター弁当，ドアの開け閉めという例によって，記号の取り違えによるディスコミュニケーションが紹介されていました。以下ではドアの開け閉めという例を深掘りしてみましょう。これは日本の女子大生（Aさん）が北米の家庭（Bさんの家）にホームステイしたときの実話に基づくものです。家の中で自分の部屋のドアを開けておくことはみっともない，はしたないことだ，と思っている人（Aさん＝日本の女子大生）と，誰かが入ってきてよいときにドアを少し開けておく人（Bさん＝北米のホストファミリー）が，一緒に暮らすとどうなるでしょうか？

　Aさんは日本にいるときのようにどんなときでも部屋のドアを閉めていることになります。この状態をBさんは「部屋に入ってきてほしくないんだ！」と解釈するので，Aさんの部屋に入ることはありません。一方でBさんは「いまは誰にも入ってきてほしくないんだ」というときにだけドアを閉めていますが，Aさんは，自分の常識に照らして「ドアを閉めているときでもノックをすれば丁寧だろう」と思っているので他人の部屋にノックして部屋に入ろうとします。

　このような状況では双方がお互いのことを誤解してしまいます。しかも，その誤解は行為のレベルではなく価値観や人格のレベルに及んでしまいます。たとえばBさんは「Aさんはいつもドアを閉めていて，私に入ってきてほしくないんだな。せっかくウチにホームステイしているのに寂しいな」と思っていることでしょう。つまり，Bさんから見ればAさんは「ドアを閉めっぱなしにする」行動をしているのみならず「人が自分の部屋に来るのを常に拒む心を閉ざしている人」として見えてしまうのです。一方で，Aさんから見たときのBさんは「せっかく私が部屋に居るのにまったく部屋に来てくれない。たまには（ノックして）来てくれたらいいのに。私には興味がないのかな？」と思っていることでしょう。つまりAさんから見たBさんもまた「何も言ってきて

くれない冷たい人」として見えてしまっています。

　この例が深刻になりかねないのは，お互いが相手の行為から人格や価値観を想像してしまい，相手の人格や価値観を相容れないものだと見てしまうことにあります。自分と違う行為をする人，違う意見を言う人のことを私たちは「自分たちとは違う種類の人間だ」とか「価値観の違う人とはつき合えない」と思ってしまいますが，それでいいのでしょうか。記号論的文化心理学の立場から考えていきたいと思います。

4　記号の価値−行為媒介説

　前節の記述はおおげさに思えたかもしれませんが，日本人目線でさらにもう少し説明してみましょう。日本人が他の文化圏に出かけたとき，自分では気づかないけれど，相手とのディスコミュニケーション（コミュニケーションのズレ）を引き起こしていることがあります。その反対に，自分が他の文化圏から人を迎えたときにもディスコミュニケーションが引き起こされる場合があります。前者の例は自分では無自覚で，相手だけがディスコミュニケーションの状態を感じていました。後者はそれとは反対に相手は何も感じていないけれど，こちらは強烈にディスコミュニケーションを感じ，時にはイライラしたりする場合があります。こうしたディスコミュニケーションを非対称的なディスコミュニケーション（asymmetric discommunication）と呼べるかもしれません。

　さて，自分が誰か他の人に対してディスコミュニケーションを感じたときに，他者の行為を自分とは違う行為だけど許容できるとしてやり過ごせればよいのですが，私たちは自分が違和感を感じる行為について，その人の価値（や人格）に由来すると考えがちです。この考え方を「価値−行為」直結説と呼びましょう。私たちはなぜか行為を見れば価値がわかってしまうと考えがちです。私たちは他者の価値観を知る機会はあまりありませんが，行為が価値を反映しているので，行為を見れば価値を理解できると考えてしまうのです。部屋に居る間ずーっとドアを閉めている日本人Aさんのことを北米人Bさんは，「人と関わりたくない人だ，なぜならドアをずーっと閉めているから。もし関わりたいなら，時々ドアを少し開けているはずだ」と感じてしまうのです。

価値のレベル

記号のレベル

行為のレベル

図1 文化心理学における自己の富士山型モデル

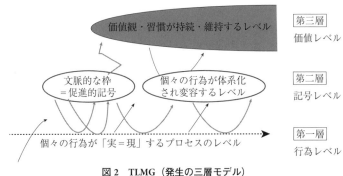

価値観・習慣が持続・維持するレベル

第三層
価値レベル

文脈的な枠
＝促進的記号

個々の行為が体系化
され変容するレベル

第二層
記号レベル

個々の行為が「実＝現」するプロセスのレベル

第一層
行為レベル

図2 TLMG（発生の三層モデル）

　「価値－行為」直結説は，相手の行為に違和感を感じるのみならず，その行為を相手の価値によるものだと断定してしまい，それが相手の人格的否定に結びつき，結果としてさまざまな対立や分断を増幅させる働きをもっています。私たちは自分の行為が状況に左右されやすいことを知っていますが，相手の行為の源泉はその人の人格的価値に由来すると考えてしまうのです。これは社会心理学の有名な概念である「基本的帰属の錯誤（fundamental attribution error）」（Ross, 1977）と同種のメカニズムであると考えられます。

　これに対して文化心理学では，価値と行為が直結せずそれを媒介するものがあると考えます。その媒介するものこそが記号です。つまり「価値－記号－行為」説もしくは（記号の価値－行為媒介説）です。このような考え方は文化心理学における自己の富士山型モデル（価値－記号－行為の三層からなる自己を考えるモデル）です（図1）。これはまた，TEA（複線径路等至性アプローチ）におけるTLMG（発生の三層モデル）とも同型です（図2；第3部第1章④参照）。

　こうしたモデルによれば，記号が人の行動に対してダイナミックに働きかけ

ていることが理解できます。そうであるなら，カギになるのは価値と行為を媒介する記号のレベル（第二層）です。ヴァルシナーはこの第二層で促進的記号が発生すると説明しています。そしてこの第二層は文脈的な枠を与える層であるともしています。文脈的な枠とは，状況の意味づけのことです。同じ状況にいても人によって意味づけが異なるのはよくあることです。

　まず，北米にホームステイしている日本人Aさんの文脈的な枠づけと記号の発生について分析してみましょう。

　　　文脈的な枠づけ＝よその家に来ている
　　　記号の発生＝自室のドアを閉めることを促進

　次に，北米で日本人のホームステイを受け入れているBさんの文脈的な枠づけと記号の発生について分析してみましょう。

　　　文脈的な枠づけ＝北米の自分の家に日本から学生がホームステイに来ている。
　　　記号の発生＝ドアを閉めている人の部屋には入らない

　もし，日本人Aさんが日本の自宅に居るのであれば

　　　文脈的な枠づけ＝自分の家にいる
　　　記号の発生＝自室のドアを開けておく

という行為をしているかもしれません。
　行為主体が文脈的枠づけに基づき行為しているにもかかわらず，他の人にとっては行為が価値に由来すると考えてしまうことは，相互的理解の不可能性を拡大し，自他を分断することになりかねません。
　では，どうすればいいのでしょうか？
　価値と行為を記号が媒介していることの意味を考えることが必要なのです。とくに，記号の働きによって，（価値が同じでも）行為が正反対になる場合もあ

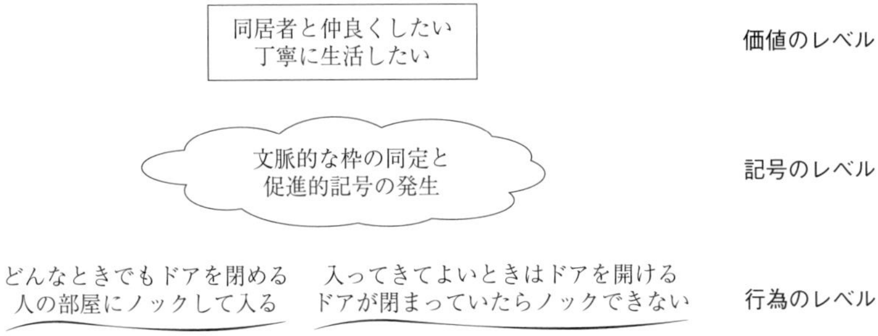

同居者と仲良くしたい 丁寧に生活したい	価値のレベル
文脈的な枠の同定と 促進的記号の発生	記号のレベル
どんなときでもドアを閉める　　入ってきてよいときはドアを開ける 人の部屋にノックして入る　　　ドアが閉まっていたらノックできない	行為のレベル

図3　ドアをめぐる文脈的な枠づけのズレ

るということを理解することです。

　図3では，価値を「同居者と仲良くしたい」と仮置きしました。ホームステイを迎える側も滞在する側がこうした価値をもっているとするのは無理なことではないでしょう。しかし，記号の働きは人によって異なるのです。ある人は「よそのウチにいる」という文脈が同定され「ドアを開けておいたら中が見えてみっともないからドアを閉めよう」という「ドアを閉める」促進的記号が発生するのです。もう1人は「自分のウチにお客さんが来ている」という文脈が同定され「ドアを閉めているということは入ってきてほしくないんだな」という「ドアを開けない」（抑制的）記号が発生するのです。

　こうしたとき，私たちはどうすればいいのでしょうか？　違和感を感じたときには，それを率直に表明することが必要です。もちろん，あなたがやっていることは私にとって変に見える，というようなことを直接伝えたのではケンカになってしまいます。「あなたの行為は，私たちの文化では＊＊＊＊＊と解釈されるので，変に見える。しかし，あなたはおそらく何か理由や背景があってそうしている（＝自分の文脈的枠づけに基づいて記号を発生させている）と思うので，その理由や背景（＝枠づけ）について教えてほしい」。少し冗長ですが，こういうことを言えるとよいように思います。自分から見て変なことをしている人は，記号レベルの文脈的な枠の同定のレベルで違っているのだ，という可能性を考慮することができれば，非対称的なディスコミュニケーションが減ることになり，文化に由来するとされる分断は減少するのではないでしょうか。

　価値－記号－行為の三層モデルは，価値と行為を記号が媒介することを明示

することができ，ディスコミュニケーションのメカニズムを教えてくれます。

　記号は文化心理学において中核的な概念です。第 3 部第 1 章④でくわしく説明する TEA（複線径路等至性アプローチ）においては分岐点で機能するのが記号です。ただし，その分岐点では人間の主体的な想像力／構想力としてのイマジネーションが重要だとされています。次章ではイマジネーションについて考えていきましょう。

●文　　献

Ross, L. (1977). The intuitive psychologist and his shortcomings: Distortions in the attribution process. In L. Berkowitz (Ed.), *Advances in experimental social psychology* (Vol. 10, pp. 173-220). Academic Press.

坂本百大・川野洋・磯谷孝・太田幸夫編 (2002).『記号学大事典』柏書房

第6章

イマジネーション

木戸彩恵

1 イマジネーションの役割

　ヴァルシナーは，記号を考える際に時間を取り入れ，プロセスを捉えること
が重要だと考えました。人が記号の影響で何らかの行為を行うのは「現在」か
ら見たときには未来へ進むことを意味します（第1部第3章）。また，「現在」
の感覚はカイロス時間によって決定されています。そのため，個人にとって何
か重大な出来事に直面したときには，クロノス時間が経っていたとしても，カ
イロス時間は止まったままになるというように，「拡張された現在」を経験す
ることもありえます（第1部第4章）。そのような膠着状態から抜け出し，未来
へと発達的に移行する際にイマジネーションが必要になることがあります。

　イマジネーションは，複線径路等至性アプローチ（TEA）における分岐点
（BFP）のように，アイデンティティが揺らいだり，ラプチャー（突発的な出来
事）に遭遇し，それまでの経験と未来の経験がつながらなくなるというような
事態が生じたときに，個人のそれまでの発達の中での経験や社会的リソースの
使用を促し，新たな可能性の世界を示す役割をもちます。

　なお，イマジネーションは日本語に訳すと「想像」という表現になります。
「想像」と表現した場合には，空想のような目的意識の少ないまま進行する心
的イメージの意味（安藤，1999）に結びつき，現実から離れたものとして理解
されることもありますが，ここでは，過去の経験をもとに新たな考え方やイ
メージをつくるプロセスを意味し，現実と近接する世界の想像を扱います。日本
語だと構想の意味も含んでいます。本章ではこうしたニュアンスを保つために，

何かを形にするという意味での構想という意味を残すために，イマジネーションというカタカナ表現をそのまま用いることにしました。

2 文化心理学におけるイマジネーション

イマジネーションとは，目の前にないものをイメージすることです。イマジネーションに関する学術的な議論は古くは 17 世紀のデカルトから始まり，その後，さまざまな学術分野で扱われてきました。心理学においては，イマジネーションをおもに子どもの発達の一部として研究してきました。これに対して，文化心理学ではイマジネーションを「いま，ここ」にある現実を過去や未来と架橋する働きと考えます。また，イマジネーションは生涯発達を通して私たちに関わるものでもあります。

文化心理学におけるイマジネーションの理論的基盤もまたヴィゴーツキーにあります。ヴィゴーツキーは，イマジネーションを経験の拡張と考えました。一般的には，子どものイマジネーションは大人に比べて豊かであるといった考え方があり，『子どもの想像力と創造』（ヴィゴツキー，2002）にあるようにヴィゴーツキーはイマジネーションを非常にクリエイティブで創造的なものと考えました。そして，ヴィゴーツキーはイマジネーションのリソースをより多くもつ大人のイマジネーションは子どもに比べて豊かになると考えました。イマジネーションは，さまざまな感覚・知覚の中で生起するものであり，人と人との間でつくり上げられる複雑で高次な心理過程であるからだと彼は考えたのです。イマジネーションは，子どもだけにあるものではなく，ライフコースの中で生涯にわたって発達し続けると考えられています。まとめると，ヴィゴーツキーによるイマジネーションは表 1 の 4 つの特徴をもちます。

これらの特徴からもわかるように，イマジネーションは脱文脈化された認知能力としてではなく，さまざまな活動や経験の領野に関わりながら発達します。ヴィゴーツキーの考え方に基づき，ズゥイットン（Zittoun, T.）は文化心理学におけるイマジネーション理論を展開させました。イマジネーションとは，（因果性や時間軸に従う）近接的な経験の「いま，ここ」から自由になり，（因果性や時間軸から自由な）代替的で遠隔的な経験を探索したり没入したりすることです

表1　ヴィゴーツキーによるイマジネーションの特徴

①	私たちの能力（キャパシティ）は生きる世界の中で発達する
②	イマジネーションのリソースは社会文化的なものである
③	イマジネーションの結果は社会文化的世界に影響を及ぼす
④	イマジネーションにより私たちの感情は変化し，それに伴って世界との関わり方も変化する

(Zittoun & Gillespie, 2016)。

　イマジネーションは，現実の設定を抜け出し，過去−現在−未来の関係性の中で可能なことや不可能なことについて探索することや経験をつくり出す過程といえます（日本発達心理学会，2020）。イマジネーションは主体となるその人自身の感情を変化させますが，時には他者を変容させる可能性ももちます。また，発達においては移行と深く結びつくと考えられています。

　ズゥイットン（Zittoun, 2015）は発達が経験の領野（sphere）の移行において起こると考えました。人は，現実との相互作用の中で経験の領野を構成します。経験の領野とは，何かしらの社会的（物質的・象徴的）な設定の中で繰り返し起こる経験，活動，表象，感情の形態，ゲシュタルト（configuration）のことを指し，人が定期的に従事する可能性のある，さまざまな規則正しく安定した文化パターンのまとまりを指します。また，状況の中にある特定のルーティーンともいえます。たとえば，第1部第1章に示されていた日本人の食文化を取り上げると，皆の食事が配膳されてから「いただきます」と言い食事を始めること，そしてそれに続く食事のマナーが，一連の文化パターンのまとまりにあたります。ある文化で経験の領野を発達させてきた人が，別の文化パターンに遭遇したときに戸惑うのは，それまでの経験との違いに気づき，それによっていつもの記号が発生しない（あるいは記号が働かない）からといえるでしょう。一方で，異文化においても食事場面そのものは一般化ができることから，新たな経験へと表面的には適応しつつ，何となく釈然としない感覚を抱くといった状況に陥るかもしれません。日常生活の一連のルーティーンは乳幼児期の頃からつくられ，それが徐々に分化し，枝分かれしながらさまざまな形になっていきます。

　経験の領野には3種類の発達が想定されています。第1に，経験の領野内での発達であり，学校などでの特定の科目（たとえば算数や国語など）の学習です。

何かを学んだり，勉強したりするのはそれぞれの経験の領野内での現象といえます。第2に，領野間が交差する発達であり，学習の転移（transfer learning）などがこれにあたります。学習の転移とは，以前に学習した知識やスキルが，新しい知識やスキルの学習と実行方法に影響を与えることであり，経験したことがある問題の解決方法を次の問題解決に適用，促進することを指します（堀田・松浦，2021）。たとえば，ある授業で学んだことを他の授業で役立てたり，学校で学んだことを家庭や職場で応用したりすることです。第3に，経験の領野の再構成が起こる発達です。これらは領野間を移行し，ある領野で学んだものを別の領野で用いたり，組み換えたりする過程ともいえ，自分のアイデンティティをどのように維持していくかということにつながります。

　人は，経験の領野を移行しながら生きており，経験の領野は他の領野とつながることにより有機的な発達の径路を創出しているともいえるでしょう。エリクソン（Erikson, 1959）が述べたように，発達は連続性と斉一性を必要とします。発達は経験の領野内部や領野間のつながりを必要とするものであることから，それがつながらない場合には，カイロス時間が動かなくなり，主観的な感覚として停滞を感じる，あるいはアイデンティティの拡散という状況に陥る場合もあるかもしれません。イマジネーションには「いま，ここ」でつながっている領野を離れ，「こういうことができるかもしれない」と考え，そこから離れていくことを可能にさせる働きがあるのです。もう少し具体的に考えると，イマジネーションはアイデンティティを形成する時期にあたる青年期には，個人レベルの重要な経験の領野で発達します。それが成人期以降には，家族や職業生活が中心となることから家族や社会の中で共有されたナラティブを通して発達すると考えられています。また，関係性のレベルでは，たとえば青年期にはメディアや対人的なディスカッションを通してイマジネーションを培い，社会から向けられる期待や社会的表象をもとに将来像を形成し，それに対する期待や疑問をもつようになるのです（Zittoun & Glaveanu, 2017）。イマジネーションの発達という観点では，主体となる人が専門性をもつ領域や長く関わってきた領域，また，豊かな社会的相互作用がある領域では，イマジネーションはより多くのリソースを利用することができるためイマジネーションの内容はより鮮明なものになるようです（Zittoun & Glaveanu, 2017）。

イマジネーションの発達には，さまざまな人との関係や社会との関係が欠かせません。第1に，子どもと大人の関係性において，子どもは大人とやりとりをしながら，濃密で情緒的な関係を構築していきます。第2に，発達におけるリソースはイマジネーションにとって非常に重要な役割を果たします。子どもたちは多様なリソースに接する機会を得ることで，イマジネーションを発達させます。第3に，イマジネーションのための場が必要です。学校で教育的な意図をもって遊びを経験するだけでなく，純粋にイマジネーションが保障される自由な場（フリープレイス）も子どものイマジネーションの発達を促すのです。第4に，イマジネーションの展開される心理的な空間を広げるためのサポートが必要です。最後に，イマジネーションが社会的に正当化されることが重要です。

　子どもがイマジネーションの世界で遊んでいるときに，「それはただの空想だよ」などと言ってそのイマジネーションを尊重しなかったり，さまざまなアイディアが出たときに，「そんなことは無理だよ」「意味がないよ」などと言って可能性の芽を摘んでしまったりしてしまうとその時点でイマジネーションの世界は終わってしまいます。現実場面では「ダメ」とか「いけない」と注意すべきこともあるかもしれませんが，イマジネーションを頭ごなしに否定してしまわないことやイマジネーションの芽を発展させることこそがイマジネーションの発達を考えるうえで最も重要なことなのです。

　イマジネーションはともすれば現実からの逃避のように見えることもあります。しかし，実際には「現実」に反するものではなく，むしろ世界への関わり方やその可能性を広げるものであり，私たちと世界のつながりを豊かにするものといえるでしょう。イマジネーションは，実際の「いま，ここ」の状況から距離を置き，また，時間の非可逆性や因果関係の制約からも距離を置き，現実から「離れる」経験のモードに人を結びつけるのです。

　身近な例を挙げると，みなさんも教室で授業を受けているときに授業内容に飽きて，ぼんやりと空を眺めることもあるでしょう。そのとき，「この雲はクジラみたいに見えるなぁ」などと単純にイメージを膨らませることもあるでしょう。そこからストーリーが生まれる人もいるかもしれません，また，「去年の夏に海外旅行に行ったとき，今日みたいなカラリとしたよいお天気で，素敵

な街並みを散歩したな。外で散歩でもしたいな」などと考えたりするかもしれません。一連のイマジネーションから現実に戻ったときに，突然教室の外に出て行ってしまうような人はほとんどおらず，いったんは授業の内容に再度接続し，その場ですべきことに取り組むことになるでしょう。ただ，イマジネーションの影響を受け，帰りに少し寄り道をしてお散歩をして帰るというように，続く行動が変容する場合もあるかもしれません。

　このように，私たちは，ライフの中で常に現実に向き合い続けるだけでなく，イマジネーションを働かせることによって自由な可能性の世界を展開したり，次の行動を変えたりしています。イマジネーションは，過去に何があったか，何が起こりえたか，未来に何が起こりうるか，どのようになるべきかなどを踏まえて，現在，どのようにありたいかやどうあるべきでないかなどといった代替的な現在へと向き合う，マルチモーダルでダイナミックなループをつくり出し，現実の「いま，ここ」をより豊かにしていくものといえるでしょう。

3　イマジネーションの働き——ループと空間

　続いて，イマジネーションの働き方を考えてみましょう。図1に示したように，イマジネーションの過程はループ状のモデルとして示されています。ズゥイットンとジレスピー（Zittoun & Gillespie, 2016）は，「イマジネーションというイベントは経験（から）の分離によって始まり，たいていの場合（経験への）再結合という結末に至る。つまりイマジネーションとはループである」と説明しています。イマジネーションには，可能性の世界を探索し，一連の探索過程を経た後に，近接した地点にまた戻り，現実と接近するという特徴があるのです。

　イマジネーション・ループ（imaginary loop）は，きっかけとなるトリガーから始まり，イマジネーションの世界でリソースを得て，そして何かしらの結果をもたらすような一連のシークエンスと考えられています。近接した経験から切り離され，イマジネーションへと没入するきっかけを総称してトリガーと呼びます。それは，何らかの出来事によって引き起こされるものであることから，ラプチャーもトリガーとして位置づけられます。イマジネーションは意識上で生じるものであることから，時間的，因果的な法則に縛られることなく，さま

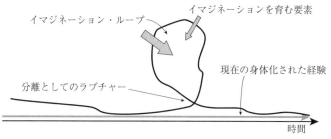

図1　イマジネーション・ループ

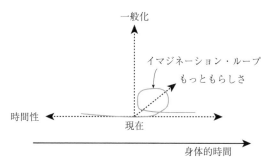

図2　3次元の空間におけるイマジネーション・ループ

ざまなリソースを用いることができます。そのため，社会的，物質的，象徴的な制約を超えて経験を拡張することができます。最終的には，イマジネーション・ループはその人が置かれている社会的に共有された現実の「いま，ここ」に近い場所に再結合されていきますが，その際に何らかの結果をもたらすと考えられています。

　また，イマジネーションの起こる空間は3次元の空間として想定されています（図2）。

　第1の次元は時間性（temporal orientation），イマジネーションの時間的方向性です。第2節の時間論でも取り扱った通り，私たちは身体的時間として非可逆的で物理的な時間を生きる存在ですが，意識を探索するイマジネーションは遠い過去の経験を探ったり，未来の体験を探ったりすることができます。イマジネーションは，さまざまな時間的志向性から可能性の世界を探索します。イマジネーション・ループはこの3次元の中で過去から未来を行き来し，可能性の

世界を行ったり来たりすることで，現実の物理的な時間的制約や規則性から逃れるのです。

第2の次元は，一般化（generalization）です。イマジネーションは，「いま，ここ」の具体的な経験から多かれ少なかれ距離をとるために，より抽象化された経験となりえます。そのとき，イマジネーションは記号として作用します。記号的なものは多かれ少なかれ指標的である，あるいは象徴的であるといった特徴をもち，現実の出来事から距離を置いたものとなります。たとえば，棒を魔法の杖に見立てて遊ぶようなことは，あくまで具体的なものに基づいた象徴といえます。これに対して，世界平和のようなことを考えることは，非常に抽象的な一般化が高いものといえます。記号としての意味を参照して，ある行為をするための計画を立てることや，よりよい世界を夢見ることがあります。これらは，一般化の次元におけるイメージのバリエーションと考えることができます。

第3の次元は，イマジネーション・ループの現実からの乖離やもっともらしさの次元（implausibility）です。私たちにとって，「青いカバがランチ後の自分を土星に連れて帰る」というようなイマジネーションは，かなり非現実的です。これに対して，自宅の庭に植物が生い茂るイメージをもつ場合にはよりもっともらしいと感じられるでしょう。このように何をもっともらしいと考えるかは，その人にとってのさまざまな物質的，社会的，象徴的な制約や実現可能性によって決まるといえます。

先述した通り，イマジネーションがさまざまな出来事によって引き起こされる現実からの分離だとすると，イマジネーション・ループは「いま，ここ」の近接した状況やその物理的な状況と身体的時間における経過が再び結合するときに完了します。イマジネーションは，人の気分を変えたり，問題に対する理解を深めたりすることにも役立つと考えられます。また，自分自身の可能性や生き方を想像する際にも有用です。これは，個人レベルでの変容といえます。さらに，対人レベルでは，イマジネーション・ループを経由して，現実場面でプレゼントを贈る，対話をするといった実際の行動によって他者との関係性を変容させることもできます。また地球規模の大きな問題を扱うようなより一般的な社会レベルの変容をもたらすこともあります。イマジネーションが歴史的

な転換に関わった事例として，月への旅行に対するイマジネーションを挙げることができます。月への旅行は，書籍や絵画などの文化的リソースによって示され，それが人々のイマジネーションの原点になりました。さらに，社会的なプロジェクトとなり，資金や技術力をもつ人々の力で月への旅行と月面着陸が実現しました。このように，イマジネーションの成果は，感情的な変化，クリエイティビティの発揮，社会的イノベーションなど，さまざまなレベルで実際に私たちの社会を変えていくのです。イマジネーションにはさまざまな機能がありますが，とりわけ私たちがイマジネーションに対して関心を寄せる理由は，生涯の中で発達していく個人的な能力（キャパシティ）でありつつも，その個人を取り巻く社会的な環境によって変わっていくものであり，さらにイマジネーションの結果が実際に私たち自身や社会を変容させる力をもつからです。

4 ラプチャーとイマジネーション

　さて，災害や事故そして新型コロナウイルスの流行のようなパンデミックなど，人生がそれまでと違った展開になりそうな局面に出会った場合，時に人々はそれまでの経験や社会文化的なつながりを失ったことに途方に暮れることもあります。イマジネーションが大きな役割を果たすのは，ラプチャーを経験したりライフコースの分かれ道として，人生の移行期を迎えるときといえるでしょう。ラプチャーの発生がきっかけとなるような分岐点では，通常は移行（行動，知識，提示，他者との関係における自己定義の新たな様式の探求，意味づけのプロセス）が続きます。移行に際して，それまでの経験の領野と現在の自分自身の在り方がつながらなくなる場合もあります。そのような場合にも人生の進む先を選ぶ（あるいは選ばざるをえない）という意味で，私たちは能動的に可能性の世界を探索します。つまり，可能性から現実に向かうためにはイマジネーションが必要というわけです。人生発達において移行の過程は，イマジネーションによって見えてくる可能性に支えられているといってもよいでしょう（Zittoun, 2015）。

　イマジネーションは，複線径路等至性アプローチ（TEA）の概念でいえば，分岐点（BFP）で働き，次の時点への移行を導く役割をします。分岐点では，

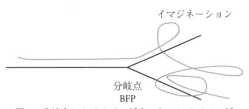

図3　分岐点におけるイマジネーションのイメージ

（出典）　Zittoun（2015）。

イマジネーションは自己内対話を促進し，ある記号を促進的記号（PS）ならしめ，そして発達のダイナミズムを生み出します（図3）。なお，促進的記号とは，個人的な価値志向として深く内化され個人に作用する記号（Valsiner, 2007）であり，個人の判断や行為をガイドする未来志向的な動的な記号（サトウ，2015）とされます。また，ある時点で選択されなかった選択肢が，その後，イマジネーションによって再度探索される可能性もあります。イマジネーションを使う経験を重ねていくことで，出来事に対処する個人的なスタイルも発達していくのです。

　ラプチャーが起きたとき（rupture as disjunction），イマジネーション・ループは，現在の具体的な世界からは離れたものとして立ち現れます（市川，2021）。TEA（第3部第1章④）における TLMG（発生の三層モデル）で発生する記号と捉え，分岐点（BFP）の心の動きの理解に迫るために，サトウ（2015）は，イマジネーションが過去と未来のいずれを志向しているのか，促進的あるいは抑制的のいずれを志向しているかをかけ合わせた4つの方向性に分類することを提案しました。

　第2部第6章②でくわしく扱いますが，東日本大震災の東京電力福島第一原子力発電所事故で帰還困難区域として指定された地域に住んでいた被災者へのインタビューでは，まさにラプチャーと移行の問題が立ち現れました。

　筆者らが2012〜2017年度にかけて実施した仮設住宅や復興公営住宅での聞き取り調査では，居所移行の問題に関して，行政から帰宅困難区域と判断されることにより，本人の意向が完全に反映されるわけではない身体的移行と，過去－現在－未来を含む見通しとして，元いた居所に戻る／戻らないを決める過程を含む心理的移行の2つの移行があることに留意し，地域に対する意味づけ

過去志向促進的想像（POPI） Past Oriented Promotional Imagination	未来志向促進的想像（FOPI） Future Oriented Promotional Imagination
過去志向抑制的想像（PORI） Past Oriented Restrain Imagination	未来志向抑制的想像（FORI） Future Oriented Restrain Imagination

図4　イマジネーションの方向

（出典）　サトウ（2015）；市川（2017）。

を検討しました（木戸ら，2018）。結果として，かつての居所に対しても新しい居所に対してもポジティブな可能性を見出せないといった抑制的な語り（過去志向抑制的想像〔PORI〕と未来志向抑制的想像〔FORI〕）が多く，復興の問題点がかつての居所の放射能汚染による被害や住民の少なさに焦点をあてて語られていました。また，かつての居所か新しい居所のいずれかが抑制的に語られていました。つまり，調査協力者である被災者の方々は，未来志向促進的想像（FOPI）をすることが困難だったと考えられます[1]。

　筆者自身の被災地でのフィールドワークは事情により 2017 年度が最後となってしまいました。しかし，被災地での継続的な調査を続ける日高ら（2022）は，震災前に福島県の大熊町に住んでいた調査協力者への聞き取り調査から，かつての居所に自分があるのではなく自分の中にかつての居所が属する（自分の属性の一部として「町民」ポジションを位置づける）という視点を生成しつつあると報告しています。過去に住んでいた場やそこに住んでいた自分を隠蔽あるいは否定するのではなく，過去に基づきながらもさまざまな人たちと未来に向けて新たなつながりをもてる自分のポジションが発生しイマジネーションをもてた（未来志向促進的想像：FOPI）ことで，人生に対する時間的な展望やかつての居所との新たなつながり方を見つけることができたのでしょう。心理的な移行にはさまざまな要因が絡むと考えられますが，震災から 10 年以上経ったいま，ようやく分岐点が立ち現れつつあるのかもしれません。

　分岐点は人の発達において移行が起こる場であり，「選択肢が現れる時点」ともいえます。あるいは「記号の内化ポイント」ともいえます。そこでのイマ

1）　フィールドワークにご協力いただいたみなさまに感謝申し上げます。なお，本稿の執筆にあたっては，2017 年度関西大学若手研究者育成経費（個人研究）「福島県内仮設住宅における震災と移行の文化心理学」による支援を受けました。

ジネーションの働きは，いまの自分自身から少し離れて過去と未来を関連づけることといえます（Zittoun & Valsiner, 2016）。発達における移行は，他の人の視点から見ると必然のように見えたり，当然のように見えることも多いかもしれませんが，ここで見てきたように個人の発達と個人を取り巻く社会的な状況，そしてそこから発生するイマジネーションに支えられているといえるでしょう。イマジネーションを分析する試みは文化心理学でも心理学全体でもまだ始まったばかりです。しかし，ここで示してきた通りイマジネーションを捉えることは，人の発達のダイナミズムの理解や価値観の変容を含む生き方を問ううえで非常に重要な意味をもち，今後の研究の展開や理論の精緻化が期待されます。

●文　献

Erikson, E. H. (1959). *Identity and the life cycle.* Psychological issues Vol. 1, No.1. International Universities Press.（西平直・中島由恵訳，2011『アイデンティティとライフサイクル』誠信書房）

濱野清志 (1999).「想像」中島義明・安藤清志・子安増生・坂野雄二・繁桝算男・立花政夫・箱田裕司編『心理学辞典』有斐閣，pp. 532-533.

日高友郎・鈴木祐子・照井稔宏 (2022).「『大熊町の私』から『私の中の大熊町へ』──ふるさとの構造的な喪失と希望の物語の生成」辻内琢也・ギル，トム編『福島原発事故被災者 苦難と希望の人類学──分断と対立を乗り越えるために』明石書店，pp. 329-366.

堀田晃毅・松浦拓也 (2021).「理科が関わる学習の転移に関する諸外国を中心とした研究動向」『理科教育学研究』**62**(1), 23-35.

市川章子 (2017).「台湾人アイデンティティ再考──複線径路等至性モデリングを用いて」『対人援助学研究』**6**, 75-88.

市川章子 (2021).「想像を描く発生の三層モデル（TLMG）──外国人集住地域で日本語指導を受けた中国人青年の変容のプロセス」『対人援助学研究』**11**, 126-140.

木戸彩恵・天野丞可・サトウタツヤ (2018).「特集論文　東日本大震災に伴う居所移行経験の意味──文化心理学の視点から」『質的心理学フォーラム』**10**, 33-38.

日本発達心理学会 (2020).「日本発達心理学会 2019 年度 国際ワークショップ・公開講演会報告 公開講演会──『ライフコースにおけるイマジネーション：社会文化的心理学の視点から』」『発達研究』**34**, 203-228.

サトウタツヤ (2015).「TEA 研究会 配布レジュメ」(2015 年 9 月 3 日)，未刊行

Valsiner, J. (2007). *Culture in minds and societies: Foundations of cultural psychology.* SAGE.

ヴィゴツキー，L. S., 広瀬信雄・福井研介訳 (2002).『新訳版 子どもの想像力と創造』新読書社

Zittoun, T. (2015).「移行，イマジネーション，そして TEM「鳥の目」からの分析，「亀の

目」からの分析」安田裕子・滑田明暢・福田茉莉・サトウタツヤ編『TEA 理論編——複線径路等至性アプローチの基礎を学ぶ』新曜社，pp. 97-100.

Zittoun, T., & Gillespie, A. (2016). *Imagination in human and cultural development*. Routledge.

Zittoun, T., & Glaveanu, V. (Eds.) (2017). *Handbook of imagination and culture*. Oxford University Press.

Zittoun, T., & Valsiner, J. (2016). Imagining the past and remembering the future: how the unreal defines the real. In T. Sato, N. Mori, & J. Valsiner (Eds.), *Making of the future: the trajectory equifinality approach in cultural psychology* (pp. 3-19). Information Age Publishing.

第2部

各　　論

第2部で学ぶこと

　あなたの目の前で起こっている現象は，文化心理学の理論を使うとどのように捉えることができるでしょうか？　第2部では，社会的に制度化されていない文化から制度化により明示されている文化まで，幅広い文化現象とその現象を読み解く文化心理学のものの見方をみなさんに識ってもらうことを目的としています。

　第2部は，各章に共通して「〇〇から見る文化／文化から見る〇〇」という構成にしています。これにより，文化心理学の立場から現象に内在する文化（記号）を捉える視点と，従来の一般的な認識や心理学の立場から文化現象を捉える視点の，それぞれの特徴を対比して理解することができるはずです。

　なお，各論のトピックは見取り図に示したように4象限に分けて整理できます。縦軸を個人−社会軸，横軸を非制度（未制度）−制度軸としています。みなさんにとって身近な文化から伝統的な文化まで幅広く文化心理学を捉えてみましょう。

　第1部が難しすぎて第2部をまず読んでみた人は，好きなトピックを読んだうえでぜひ第1部に立ち返ってみてください。きっとあなた自身の理解もより促進されているはずです。人には抽象から具体よりも具体から抽象を考えることにより理解が促進されるという性質があります。この手続きはまさにそういうことなのです。

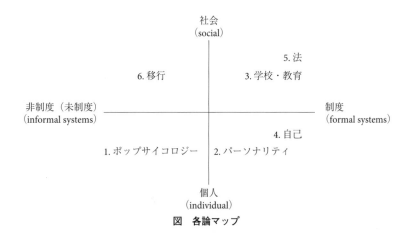

図　各論マップ

文化心理学×ポップサイコロジー

①化粧から見る文化／文化から見る化粧

木戸彩恵

■ はじめに

　化粧は「ケア」と「ビューティフィケーション」という2つの側面から成り立つ行為です。「ケア」は，自己や身体を慈しむ行為であり，手入れ，健康の維持といった目的が含まれる個人内的（intra-personal）性質をもつ行為です。「ビューティフィケーション」は自分らしさをアピールする「他者」を想定し，他者との対峙を目的とする対人的（inter-personal）性質をもつ行為です。本稿では，おもに後者のビューティフィケーションとしての化粧に焦点をあて，化粧と文化の関わりについて考えます。

1　化粧から見る文化

[1]　記号として化粧と出会う

　日本社会に限定すると，青年期以降には女性の多くは日常的に化粧を何らかの形で取り入れています。地域の違いはあるものの，日常的に何らかの形で化粧を取り入れている女子大学生はおおむね9割程度と考えられます（木戸・サトウ，2004；柏尾・箱井，2006）。また，20代以降の女性の7割から9割程度が日常生活の中でメイクをしています。

　気づけば化粧が日常的な行為になっていた人も少なくないでしょう。で

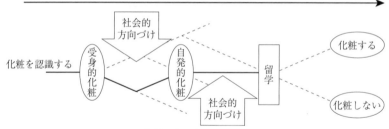

図 1 化粧行為の変容過程の概念図

(注) 化粧行為の発達と変容のモデルである。図の中で，左から右に時間の流れが矢印で示されている。また，モデルには，化粧の開始・維持に関わる選択のポイントが示されている。破線で表現されている箇所は，実際にはありうるけれども見えない選択肢である。

も，実際には私たちが化粧という文化を身に纏うまでにはいくつかの過程があります。この過程は，化粧行為の日常化について複線径路等至性アプローチ（Equifinality and Trajectory Approach；第 3 部第 1 章④参照）を用いて分析することで明らかになりました（図 1 ；よりくわしくは木戸〔2011〕を参照）。ここからは，研究結果に基づきながら記号としての化粧との出会いについて考えましょう。

女の子の化粧への興味・関心は幼い頃から培われます。幼少期に母親が化粧をしている姿を見て，関心や憧れを抱いた人もいるでしょう。母親が化粧をし始めることは，子どもにとって，おでかけの準備を認識するための促進的記号として立ち現れます。同時に，触れてはいけないものと注意されることで，大人だけが使えるモノとして，化粧品を認識します。多くの場合，化粧に対する憧れのような促進的記号よりも，触ると母親から叱られるモノとして行動の抑制的記号が強く認識されます。そのため，この時点では大人の行為をまねしたい気持ちがあったとしても，実際の行為につながることはほぼありません。

大人の化粧を認識してからしばらくの間，子どもは直接的に化粧に関わりません。その後，やがて特別なイベントがあるときに，「受身的化粧」として各々が印象に残る化粧の経験をします。「受身的化粧」とは，七五三や発表会の舞台など，その日だけ特別に，かつ，本人が望む・望まないにかかわらず半ば強制的に大人から施される化粧行為です。このときの化粧がきっかけとなり，大人のもっている化粧品でこっそりと「化粧の試用」を始める人もいます。「化粧の試用」とは，社会化の先取り（anticipatory socialization；Stone, 1962）と位

置づけられるもので，化粧を遊び感覚で用い，自分も憧れの大人に少し近づいたような感覚を体験する行為です。近年では，化粧の試用を子どもがより安全にしやすいよう，キッズコスメが開発され，遊び道具の1つとして取り入れられています。

[2]　部分的化粧の開始

　青年期に近づくにつれ化粧は対人的コミュニケーションの促進的記号として認識され始めます。「自発的化粧」が始まる段階は，①眉毛を整えて描く，目を二重に見せるためにアイプチをする，色つきのリップクリームやグロスを使用する，肌荒れを隠すためにファンデーションを塗るなど，顔の特定のパーツだけを強調あるいは補正する部分的化粧が始まる時期と，②顔全体に化粧を施す本格的化粧が始まる時期に大きく分かれます。

　すぐに本格的化粧が始まるのではなく部分的化粧から段階的に化粧を始める人が多い理由は，第三者から「まだ化粧をする年齢ではない」と見なされる中学生や高校生の時期に部分的化粧が始まるからと考えられます。お小遣いの範囲で化粧品を一度にそろえることが難しいという事情もありますが，部分的化粧期は学校制度における「学生らしさ」を強く求められる時期（藤井，1991）だという文化的背景が大きく影響すると考えられます。この時期は，学生らしさを親や教師など大人から求められる一方で，ティーンエイジャーとしてローカルな「流行」現象にも関心をもつ時期でもあります。とりわけ，友人や姉妹などの身近な他者が化粧を行っている場合には同調ないし社会化（Simmel, 1904）を目的として，化粧を少しずつ取り入れる傾向があります。こうした対人関係のダイナミズムの中で部分的化粧は開始され，やがて習慣として日常的行為に変容していきます。

[3]　本格的化粧と化粧の日常化

　部分的化粧の後，進学や就職などの環境的変化をきっかけとして本格的化粧が始まります。ある人は高校に進学し，「電車通学をするようになって他校の生徒などいろいろな人と会う機会が増えた」ことと「部活動の先輩が化粧をしていた」ことを，化粧を始めたきっかけとして挙げていました。本格的化粧が

開始される時期には，化粧は社会における女性のマナーであるという考えに基づく大人としての社会的適応の記号として立ち現れます。とくに，アルバイトや公式な行事に参加する場面が増えることにより化粧の機会も増えます。そうしたなかで，バルテスら（Baltes et al., 1999）が指摘するように「年齢と共に重要性が増す文化」として化粧は受け入れられていくと考えられます。

　自発的化粧は，いったん始まるとほとんどの人がその習慣を変えることがありません。調査を進めるなかでも，日常生活において化粧行為を後押しされることはあっても，やめるように促す文脈は存在しないことがわかりました。化粧は，実際的に考えると時間的に多くのコストを要するものですが，阿部（2006）の言うように，化粧は成人としての社会参入条件であるという認識が日本の社会・文化的文脈では多くの女性に共有されているようです。

[4]　化粧行為の変容とカルチャーショック

　自分自身が習慣として行ってきた行為が，じつは当たり前ではないということに気づく経験は，物事の認識を変えるきっかけとなります。筆者は，研究を進めるなかで同じ大学という枠組みでも文化として化粧が日常的でない場（フィールド）があることを知りました。そこで，文化の違いを明らかにすることを目的として，日本で化粧行為を身につけた後にアメリカに留学した学生に対してインタビュー調査を行いました。

　アメリカに留学している女性たちには，化粧の価値観・意味の問い直しの過程が共通して経験されていました。なぜなら，調査を行ったアメリカの大学では，学生たちは毎日化粧をするわけではなく，週末やパーティなど特別なときにのみ化粧をして出かけるというような習慣があったからです。化粧をしていると「今日はパーティなの？」と聞かれたり，逆に化粧をしていても気づかれなかったりする経験を繰り返すうちに，日本の大学生活の中で当然のように取り入れていた化粧行為を見直すようになります。いままでと同じ化粧をしていたとしても，それに対して周囲の人々が期待したような反応をしてくれないことや，むしろ学問に対しての熱心さが欠けるというようにネガティブな印象をもたれることなどが重なって，一度化粧をやめる選択をした調査対象者もいました。しかし，文化的実践としての化粧行為に彼女たちなりの価値や意味を見

出していることから，自分にとっての化粧の意味を捉え直し，気持ちの切り替えを行うため，モチベーションを上げるためなど，新しい意味づけのもと再び化粧行為を選択する人たちがほとんどだったことも留学生の化粧行為の特徴でした。

星野（1980）はカルチャーショックを，「文化的ショックとは，一般的には，個人がもっている生活様式，行動規範，人間観，価値観とが多かれ少なかれ異なる文化に接触したときの，当初の感情的衝撃と認知的不一致として把握されることが多いが，けっしてそれだけにとどまらず，それらに伴う，心身症状や累積的に起こる潜在的，慢性的パニック状態である」と定義しました。また，ナショナル・アイデンティティという観点からは，箕浦（1984）は，14，5歳以降の文化移行では，認知・行動面ではなじみやすいが，心情面ではなかなか同化しにくいと述べています。

従来的には，言語や行動の問題としてカルチャーショックは捉えられてきましたが，化粧のような日常の微細なチューニングを担う行為にこそ，カルチャーショックを認識しやすいのかもしれません。松見（2017）は，学習や行動変容の観点から個人のレベルのカルチャーショックは異文化で行動の手がかりの有効性が失われ，好ましい結果が伴わなくなり，環境へのコントロールを失うとき，あるいはコントロールできないと感じるときに現れると述べています。このように考えると，ミクロな文化のレベルにおいてもいままでと違った反応を受ける場に直面することで，行為の変容が余儀なくされる場合があると考えられるのです。

2 文化から見る化粧

文化を使いこなすという観点からは，たんに化粧を「使える・使えない」という機能的な側面が重要なのではなく，その行為の良し悪しや規範的な使い方を含む価値観が重要になります。後半では，社会・文化的文脈と化粧について考えることを目的として，これまでの化粧研究をいくつか取り上げ，文化から見る化粧について検討します。

以下では，男性と化粧，横並び意識と化粧，職業イメージと化粧，「私のた

めの化粧」という言説から見た生涯にわたる化粧との関わりという 4 つの観点
から化粧について考えます。

[1]　男性と化粧

　文化から見る化粧について論じるときに，一番わかりやすいのが男性と化粧
という言葉のつながりにくさです。最近ではメンズメイクとして男性の化粧も
徐々に受け入れられつつあり，男性向けに開発されたメンズコスメの需要も高
まってきています。とはいえ，「メンズ」という呼称であえて女性との差異化
をしていることは，未だに男性と化粧はつながらないと考える人も多いことの
表れでしょう。このような認識は社会レベルで共有されていて，化粧心理学の
研究でも，青年期以降の女性を主な研究対象としてきました。ここまで本稿を
読み進めてきた人の中で，男性の化粧について触れていないことに疑問をもつ
人は少なかったのではないでしょうか。しかし，実際には，多くの男性も冒頭
に述べた化粧の定義や表 1 に含まれる行為を「化粧」として意識しないまま実
践しているのです。

　男性の化粧について言及するのは，歴史的に捉えると成人の一般女性が化粧
を使用する主役となったのが明治時代の近代化政策以降であるという経緯があ
るからです。それより以前には，古代には神官階級の男性のみが，そして，や
や時代が近くなると貴族など身分の高い男女のみが化粧を用いることができま
した。化粧は大人の女性がする行為であるという考えや「女性らしさ」の認識
との結びつきは，近代文化により構成されたものといえます。こうした結び
つきは，化粧がジェンダーによる男女の地位的な差（男性は経済の担い手であり，
女性は男性を補佐する役割としての社会的義務があること）を体現する記号の働きと
なってきました（川野ら，2021）。

　より最近では，ジェンダーレス化する時代を迎え，おしゃれを気にかけるこ
とに抵抗感のある男性も減少し，化粧をした男性の芸能人やアイドルをメディ
アで目にすることも以前に比べて増えてきました。さらに，新型コロナウイル
スの感染拡大による外出の制限とテレビ会議システムの使用により男性が顔を
意識する機会が増えたことと，マスク着用の影響による肌荒れなどをきっかけ
として，化粧品市場におけるメンズコスメの割合は拡大傾向にあるとされてい

表 1　化粧の分類

スキンケア	肌を健やかに美しくするお手入れ。洗顔フォーム，化粧水，乳液，マッサージクリーム，美容液などを用いる。「悪影響を取り除く」「バランスを整える」「活力を与える」「環境から守る」の 4 機能からなる（資生堂スキンケア美容理論より）
ボディケア	スキンケアのうち，とくに首から下の部分に対するものを区別していう。ボディローション，サンスクリーンなどを用いる。
メイクアップ	着色などにより容貌を美しく変化させる技法。通常，顔に対して行う。首から下に対するボディメイクもあるが，まれである。ファンデーション，アイシャドウ，口紅などを用いる。
ヘアケア	髪に対するお手入れ。広義には頭皮のお手入れも含む。シャンプー，ヘアトニックなどを用いる。
ヘアメイク	カットやセット，パーマ，染毛などによって髪の美観を増す技法。美容院で行ってもらうことが多いが，日常のセットにはヘアムースやワックスなどを用いる。
フレグランス	香りによって印象を演出し，楽しむもの。

（出典）　阿部（2006），p. 35 より作成。
（注）　化粧の種類は，「スキンケア」「ボディケア」「メイクアップ」「ヘアケア」「ヘアメイク」「フレグランス」の 6 つに大別される。

ます（矢野経済研究所，2020）。このような男性の化粧に対する向き合い方の変化に呼応するように，男性の化粧を積極的に評価する女性も増えつつあるようです。一方で，「化粧によって男性が自分よりもきれいになってしまったら女性である私の立場がない」という意見も見られています。このような発言の背後には，女性が自らを見られる性として記号化し表現する手段をいったん手に入れた後に，男女ともに外見を整えることが重要性をもつという社会・文化的な美に関する新たな言説に従った結果として生じているアイデンティティの揺らぎの感覚があるとも考えられます（山田，2021）。

　現在では，SNS やテレビ会議システムなどでアバターなどの画像加工が気軽に使えるようになり，メディア空間のバーチャルな自己にアイデンティティの感覚をもつ人も増えてきていると考えられています。こうした社会状況の変化の中で，私たちにとって「整えられた顔」への希求は男女問わず強くなってきているのかもしれません。男女ともに見られる「女性は男性よりも美しくある

べき」とする価値観が今後どのように変化していくのかは，非常に興味深いテーマといえます。また，ソーシャルメディアのメディア空間上のバーチャルな自分に近づくために生身の顔を整え，見せる顔を作るといったメイクアップの役割は男女問わずますます重要さが増していくことでしょう。

[2]　横並び意識と化粧

　再び，女性の化粧に話を戻します。日本では，いわゆるナチュラルメイクという，素顔のように自然な仕上がりに見せる化粧法が志向されます。多少，流行に左右されつつも 1990 年代以降，この化粧法は根強く好まれ続けてきました。

　ナチュラルメイクが好まれる背景には，「文化的に横並び意識が強いとされる日本においては目立たない外見でないと社会からバッシングされるという恐怖感と，美しくないと生きづらいという二重条件」（石井・石田，2005）があるためです。私たちが生きる文化的文脈では，一定の範囲からの逸脱に対する抵抗や圧力が強く，しかもその範囲が非常に狭く設定されます。目立つことや派手さを求めるのではなく，平均に近づくための化粧，「人並みになりたい」という傾向性は，ナチュラルメイクという現象を生み出します。翻って，極端に濃い化粧をした人やまったく化粧をしない人が比較的少ないのは，ナチュラルメイクがスタンダードとして考えられ，その範囲から外れる人が浮いて目についてしまう背景があるからだと考えられます。

　とりわけ，自己に関心が向きやすい青年期には，自己と他者を比較しがちです。青年期は，自己像や価値観を自分なりに再構築する時期であり，さまざまな側面において劣等感が高まりやすい時期ともされます。この時期に，見た目の問題についても，学業や運動能力など他の領域の劣等感と同様に，他者と比較し，違いに気づくことで劣等感も高まる傾向が見られます。髙坂（2008）は，欠点を隠そうとして化粧をすることで，さらに劣等感が高まることを指摘しています。

　対人的にポジティブな効用を求めて行う化粧行為が，さらに劣等感を高めてしまうという構造は皮肉なことですが，横並びを志向するナチュラルメイクが化粧による自己隠蔽を促進する危険性も含むことを私たちは認識しておく必要

があります。なぜなら，人は化粧をした自分を見て，自己の社会的アイデンティティを自覚するからです（菅原，2001）。化粧は他者に対して自分の魅力を伝えるためのたんなるツールとしてのみではなく，生き方やアイデンティティにも影響を与えるためです（岡本，2005）。多くの人たちが，なぜ自分がナチュラルメイクをするのかを自覚していないのは，文化的無自覚という文化に対する気づかなさが（無意識的な文化観に基づく無意識な行為）が私たちの認識を強化しているのです。

[3] 職業イメージと化粧

　ここまで，日本の社会・文化的文脈の中で，化粧は大人の女性がマナーとして行うものであり，社会参入条件として認識されているということを述べました。さらに，横並び意識の強さについても指摘をしました。ただし，ここまで述べてきたことは，マクロな文化レベルに基づく考えであり，ミクロな文化レベルに基づくと，職業によっては化粧をすることが必ずしも良い印象形成につながらない場合もあります。

　たとえば，社会心理学では，弁護士や医師のように専門的知識が必要な職業の場合には，女性が化粧をすることにより能力を低く見積もられるという研究結果があります。一方で，女性は華やかに装う方がよいと考えられている職業も存在します。それは，秘書や受付のような職業で，専門的知識よりも女性らしさが強く求められる職場では，化粧が濃い方が能力を高く見積もられる傾向があるようです。

　心理学を学んでいるみなさんにとってなじみ深い職業である臨床心理士や公認心理師などの心理職も専門的知識を求められる職業です。清水（2016）の研究からは，カウンセラーの身だしなみや外見に対する一般的イメージとして，清潔感が最も求められていることが明らかにされました。こうした傾向は，対人援助職として医療従事者に求められる清潔感に近いものであり，ごく薄い化粧を施している場合に，最も印象が良くなったという研究結果が得られています。

　対人印象管理という観点から捉えると，化粧や服装はパーソナリティやアイデンティティに結びつけて他者から認識される傾向があります。以前は男性は

スーツの着用などといった服装を媒介に職業イメージを記号として示すことが多かったのですが，[1] 男女と化粧で述べたように，近年では印象管理の一環として，スキンケアで肌状態を健康的に見せ，メイクアップで男性らしさを強調するというように化粧を取り入れることも増えてきました。こうした動向は，大学生向けの就活セミナーなどでこれまで女性のみを対象に行われていたメイクアップセミナーの意義や必要性の問い直しにもつながっているようです。これからは，男女問わず，各々の専門性が記号として捉えられる可能性がある場合に，その記号がどのように解釈されるかを的確に捉え，専門性の認知を戦略的に高めるための化粧の活用がより主体的に求められるようになることでしょう。

[4]　生涯にわたる化粧との関わり

　文化的な横並び意識が強い社会・文化的文脈を生きる私たちにとって，化粧をしないことは，女性らしさを欠くというように認識されがちです。そのため，多くの人は青年期から始めた化粧行為を，生涯にわたって何らかの形で続けます。化粧を続ける理由を尋ねると，年代に関係なく「自分のために化粧をする」という回答が得られます。ここで留意したいのは，「自分のための化粧」の意味が年代によって異なるという事実です。

　木戸（2015）は生涯発達を通した化粧の意味づけについて検討しました。若い頃は，「美しく・可愛く見えるよう顔立ちを補正し，楽しくモチベーションを上げる」という意味づけがされがちなのに対し，年を重ねると「社会的・常識的な品格ある女性的魅力をつくる」という意味づけに変わります。これは，若い頃は，気を引き締める，良い印象を与える，異性から魅力的に思われるなどを意識して化粧を行うのに対し，年を重ねると，化粧をすることによる心の落ち着き，気分転換や，女性としてのマナーと見なされるようになることと重なります。また，モノとの関係性として，同じ化粧品を長期にわたって使いつづけることにより，愛着や自己拡張といった心地よさや安心感が得られることも明らかになってきています。

　ただし，この研究結果もまた，ある程度の文化の範囲でのみ了解可能な研究結果である可能性があります。それは，筆者が研究結果をもとに国際学会で発

表をしたときに，ドイツ人の女性研究者から「ドイツでは生涯発達を視野に入れた化粧の研究は成り立たない」と言われました。不思議に思い理由を尋ねたところ，ドイツでは中年期以降は，健康のためのアクティビティを行うことが美しさにつながることになり，化粧をする女性はあまりいないからだと言われました。

　この発言は，一見すると化粧自体を否定する言葉のようにも聞こえます。しかし，ドイツ人女性研究者が述べていた美しさにつながるアクティビティも，私が研究発表で使用した化粧行為も，いずれもがローカルな文化における正当化された行動様式として記号的な意味をもつ行為（小嶋，1995）といえます。記号的な意味の解釈が異なるものの，美しさを求めて何らかの行為をしているという意味においては，私たちは似たような実践を行っていると考えられます。

■ おわりに

　化粧を強いる文化を手放しで良いとは言えませんが，化粧を活用すること自体は人が自己に向かう意識を高め，仕事や物事に向き合うための構えをもたせるようなポジティブな記号の働きであり，また，化粧は社会適応のための有力なツールともいえます。その意味で，化粧という文化的道具をうまく使いこなすことやその文化的実践にあらためて目を向けることは，本来的な化粧の効果・効用である，自己への気づきをもたらすことにつながるでしょう。また，化粧がなぜ必要なのかについて文化心理学的な考えを巡らすことにより，自文化への気づきの深まりや化粧をしないという選択の受容も広げられるでしょう。

●文　献

阿部恒之 (2006).『ストレスと化粧の社会生理心理学』フレグランスジャーナル社

Baltes, P., Staudinger, M., & Lindenberger, U. (1999). Lifespan psychology: Theory and application to intellectual functioning. *Annual Reviews*, **50**, 471-507.

星野命編 (1980).『カルチュア・ショック』現代のエスプリ 161，至文堂

藤井誠二 (1991).「校則にみる「らしさ」」『化粧文化』**24**, 47-54.

石井政之・石田かおり (2005).『「見た目」依存の時代――「美」という抑圧が階層化社会に拍車を掛ける』原書房

柏尾眞津子・箱井英寿 (2006).「大学生における被服行動と時間的志向性との関連性について」『繊維製品消費科学』**47**, 661-670.

川野佐江子・徳迫栞・沢辺祐馬・日比野英子 (2021).「男性化粧に対する現代人の意識とその社会的背景」『大阪樟蔭女子大学研究紀要』**11**, 23-34.

木戸彩恵 (2011).「日米での日本人女子大学生の化粧行為の形成と変容 —— 文化の影響の視点から」『質的心理学研究』**10**, 79-96.

木戸彩恵 (2015).「心理・社会的発達と化粧行為の関連の検討 —— ライフ・ステージによる化粧意識の相違と老年期の化粧」コスメトロジー財団報告

木戸彩恵・サトウタツヤ (2004).「化粧における性格特性の影響 —— 女子大学生および女子短期大学生の化粧意識とその実際. 定性的研究の実際 (104)」『第 68 回日本心理学会発表論文集』3.

髙坂康雅 (2008).「青年期における容姿・容貌に対する劣性を認知したときに生じる感情の発達的変化」『青年心理学研究』**20**, 41-53.

小嶋秀夫 (1995).「人間の育ちと社会・文化」三宅和夫編『子どもの発達と社会・文化』日本放送出版協会, pp. 125-160.

松見淳子 (2017).「文化とメンタルヘルスおよび文化に適合した支援への方向付け」『心理学ワールド』**76**, 13-16.

箕浦康子 (1984).『子どもの異文化体験 —— 人格形成過程の心理人類学的研究』思索社

岡本裕子 (2005).「成人女性の「自分らしい生き方」の確認とアイデンティティ —— アイデンティティにとっての化粧の意味」『化粧文化』**45**, 8-13, ポーラ文化研究所

清水麻莉子 (2016).「カウンセラーに対する知識とイメージの検討 —— 身だしなみや外見に着目して」『名古屋大学大学院教育発達科学研究科紀要 心理発達科学』**63**, 119-127.

Simmel, G. (1904). Fashion. *International Quarterley*, **10**, 130-155.

Stone, G. (1962). Appearance and the self. In A. M. Rose (Ed.), *Human behavior and social processes: An interactionist approach* (pp. 86-118). Houghton Mifflin.

菅原健介 (2001).「化粧による自己表現」大坊郁夫編『化粧行動の社会心理学 —— 化粧する人間のこころと行動』北大路書房, pp. 102-113.

山田雅子 (2021).「男女の化粧行動に対する日本人女子学生の意識 —— 各種化粧行動の年齢層別実態評価と推奨姿勢」『埼玉女子短期大学研究紀要』**44**, 11-26.

矢野経済研究所 (2020).「化粧品市場に関する調査を実施 (2020 年)」プレスリリース No. 2566. https://www.yano.co.jp/press-release/show/press_id/2566

②恋愛から見る文化／文化から見る恋愛

木戸彩恵

■ はじめに

　みなさんは恋愛や交際をしたことはありますか？　「もう大学生だからパートナーがいるのは当たり前」と考えて，「まだ恋愛経験がない自分は遅れているかもしれない」なんていう人も案外多いかもしれません。でも，けっして時期を焦る必要はありません。日本性教育協会（2019）の調べでは，つき合っている人が1人以上いる割合は，高校生では男子で25.4％，女子で33.5％，大学生では男子で36.9％，女子で44.1％であるとされています。データからは，思いのほか恋愛をしていない人が多いことがわかります。

　恋愛についての話題を展開する前に，「恋愛とは何か」について前提を共有する必要があります。そのため，ここで心理学の構成概念として恋愛を定義しておきたいと思います。心理学における「恋愛」は限定的な定義に基づくものだからです。恋愛とは，「恋人と構築・維持している関係，および，関係構築前や関係崩壊後も含むその者との関係によって生じる心理・感情・行動の総称」と定義されます。そして，恋愛のパートナーである恋人は，①直接接触・交流できる，②異性であり，③恋愛関係を構築・維持することに本人と共に同意している者とされます。心理学における恋愛研究は基本的に異性愛に基づいて進められています。このことに疑問をもつ人もいるのではないでしょうか。それは心理学者が異性愛にしか目を向けていないからではありません。実際に，異性愛を扱った研究ですら心理学ではまだ十分に体系化されておらず，研究の余地が多く残されているからなのです。LGBTQやセクシュアル・マイノリティの研究については，アイデンティティと結びついたところでは性同一性障害の研究がありますし，研究の試みもなされつつあります。今後，心理学において恋愛の研究が進むかどうかは，心理学の研究の方向性として，恋愛などのソフトなアプローチが広く認められていくかどうかにかかっているのです。

　いわゆる恋人同士の関係は，私的な関係にすぎませんが，恋人としての振る舞いには暗黙のルールが文化的に共有されています。たとえば，血縁者と結ば

第1章　文化心理学×ポップサイコロジー　　91

れることは適切ではないことが法律で定められています。また，日本では多く
の場合には告白という形での好意の伝達が，交際のきっかけとなります。さら
に，関係性を継続させるためには，社会的責任が本来的にはないにもかかわら
ず，結婚制度と同様に，1人のパートナー以外の人と交際することや1人のパ
ートナー以外の人と性的関係をもつことが浮気であるとして非難の対象とされ
ます。このように，恋愛関係は当事者と周囲の了解のもとで維持される関係と
いえるのです。

1 恋愛から見る文化

　恋愛が始まる時期について考えてみましょう。ライフネット生命（2012）の
初恋に関する調査では，初恋の平均年齢は10.4歳，高校に入学するまでに約
90％の人が初恋を経験しています。初恋の相手と交際に至る人は，以前交際し
ていたという人も含めわずか2.7％とされています。多くの人が経験している
（と思われる）初恋は，文化とどのように関係するのでしょうか？　ここでは，
はじめに恋愛の主導権は誰が握るのか，第2に恋愛における恋人関係の始め方，
第3に告白の文化について考えましょう。

[1]　恋愛の開始・終了の主導権
　はじめに，恋愛の主導権を誰がもつのかを考えたいと思います。髙坂
（2016）によると，心理学的に実証されていないものの，恋愛の開始に不可欠
と考えられている告白の主導権には男女差が見られるとされています。告白
の経験は，中学生時点では男子（31.9％）よりも女子（43.2％）の方が多く，男
子が告白をする経験は高校（56.8％），大学（72.2％）と年齢が上がるにつれて
2倍以上まで増えます。それに対して，女子は1.5倍程度（高校53.7％，大学
59.6％）にとどまるということです（永田，2013）。つまり，はじめは女子が握っ
ていた告白という恋愛の主導権は，学校段階が上がるにつれて男性に移譲され
ていくことになるのです。
　一方で，安定的に保たれていた恋愛関係が終了することもあります。一般的
に失恋とされる現象を「離愛」と呼びます。これには「みずから別れを告げた

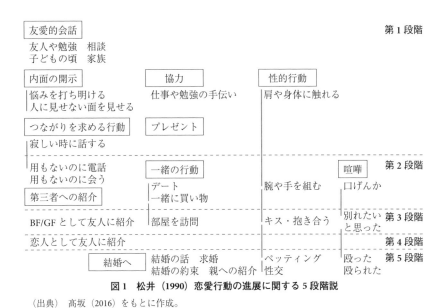

図1 松井（1990）恋愛行動の進展に関する5段階説

（出典）高坂（2016）をもとに作成。

離愛」「相手に別れを告げられた離愛」「明確でない離愛」が含まれています。別れに関しては，男女の主導権が逆になるようです。牧野・井原（2004）の調査においては，別れの経験がある人の51％が自分から別れを切り出した経験があると回答していますが，これを男女別に見ると男性からが36％，女性からが60％となっていました。別れを記号として直接的に相手に示すのは女性が多い傾向にあるようです。また，その理由は，男性は他に好きな人ができた，女性は相手を嫌いになったということが多いとされています。

[2] 恋愛のステップ

次に，よりくわしく恋愛の始まり方を考えてみましょう。松井（1990）は，恋愛には5つの段階があることを見出しました。恋愛関係で生じる行動は，友人関係でもごく普通に行われる行動から恋愛関係のみで行われる行動へと進展する過程として捉えられます。松井（1993）の研究では，91％の大学生が，この段階に沿って恋愛を経験していたと報告されています（図1）。

この研究ののちに，携帯電話の普及など，恋愛の背景要因となる社会の変化

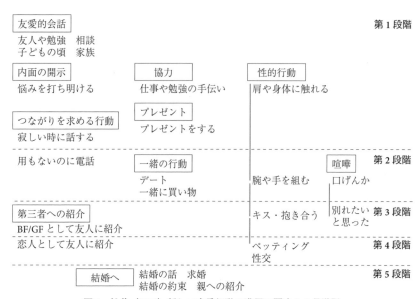

図2　松井（2000）新しい恋愛行動の進展に関する5段階説
（出典）　高坂（2016）をもとに作成。

とそれに伴うコミュニケーション手段の変容を分析するため，松井は2000年にあらためて調査を行いました。ここでは，大きな変化は以下の2つとなっています。1つは，つながりを求める行動として，「用もないのに電話をする」行動がより第1段階に近いところに位置するようになったことでした（図2）。

　これは，携帯電話の普及に伴い，相手に電話をする場合，ほぼ確実に通話の相手が本人であることがわかっている安心感から増えたものと考えられています。もう1つは，恋愛のステップの第4段階に「ペッティング」と「性交」が入ったことです。これは，2000年代前後において恋愛が性愛とより強く結びつくようになったことを意味しています。さらに近年では，高坂（2014）が松井の研究をベースに，大学生の交際期間と恋愛行動について研究を行いました。ここから，性交は交際開始から5カ月から8カ月の間に見られることが明らかにされています。

　一連の研究から読み取れるように，性交がかつては恋愛よりも結婚に直接的に結びつく概念とされていました。もっと以前，明治時代の女性にとっては異

性との触れ合いすら結婚前の男女の関係性の中ではふさわしくないと考えられていました。本来的には，生殖行動である性交が，社会・文化的文脈が変容することによりコミュニケーション行動としての性交，つまり，愛情を表現する1つの記号として認識されることになってきたのです。一方で，高坂（2018）は，大学生の交際において早い段階での深い自己開示行動や性的行動があるにもかかわらず，それ以降に，婚約・結婚などの大きな進展が見られないため，徐々に葛藤行動が生じるようになることを指摘しています。性別ごとの恋人・婚約者がいる割合では，恋愛のコミュニケーションの変化が，結婚を阻害する要因になっている可能性も示唆されます。

[3] 告白の文化

「愛の告白」を恋愛関係の開始とする認識は，日本人の文化的記号の1つといえます。日本では，交際前に愛を告白し，パートナーとなる相手が自分に対して好意をもっていて，なおかつ交際に同意することを確認したうえで恋愛関係が始まります。これは，一見すると恋人関係開始のコミュニケーションとしてきわめて自然なことのようにも思われます。しかし，北米をはじめとする諸外国では，デーティングという期間を設け，デートを重ねて将来のパートナーを知ることを入り口として，やがて正式なつき合いに至ることが多いようです。

浅野（2018）は，恋愛を取り巻く文化の違いの背景に，社会生態環境の差異が考えられるとしています。日本は住居流動性（residential mobility；国や地域における人口移動の多さ）や関係流動性（relational mobility；対人関係の選択機会の多さ）が低い社会といえます。そのため，北米など流動性が高い社会に比べて，魅力的なパートナーに出会う機会が少なく，さらに関係形成と解消の自由度が低いとされます（山田ら，2015）。限られた機会を生かすために，告白というより確実な方略がとられやすいのでしょう。また，流動性が低い社会では積極的に愛情表現をして自分の魅力や価値をパートナーに認識させる必要がある場面は少なくなります。日本人が異性との交際やアプローチが活発ではなく，より消極的な態度をとりがちなのは，こうした文化的背景が影響しているのです。

告白の文化に立ち返って考えると，相手への好意を伝えることで恋愛関係が始まることは，恋人関係開始のコミュニケーションとしてきわめて自然なこと

のようにも思われます。しかし，告白は強い記号であり，確実にお互いが同意
をできるようなわかりやすい形で行わなければ思わぬ事態に陥ってしまう危険
性が生じることには気をつける必要があります。プレゼントを用いた告白がミ
スコミュニケーションを引き起こしてしまった具体的な事例を，2016年に起
こった元アイドル殺傷事件をもとに紹介しておきましょう。この事件は，恋愛
感情をもったファンが渡したプレゼントを受け取った側のアイドルがたんなる
1人のファンからのプレゼントとして了解してしまったことで関係性の齟齬が
生じ，不幸にも加害と被害の構図ができあがってしまった事件です。元アイド
ル殺傷事件の容疑者は，被害者に腕時計を贈りました。それは，彼にとっては
愛の告白だったのですが，これに対する被害者の反応がおそらく期待したもの，
つまり，プレゼントの意味の解釈の仕方にミスコミュニケーションが起こった
例として，この事例は捉えられるのです。多くの場合，プレゼントの授受は，
そこに込められた意味を暗黙のうちに，あるいは簡単なメッセージカードで補
足するものです。プレゼントが「愛の告白」を意味するのか，「贈賄の意思表
示」を意味するのか，または「感謝の気持ち」なのか，いくつかの可能性の中
から意味を理解し合うことでお互いのコミュニケーションは成立します。こう
したミスコミュニケーションに陥る可能性はどのようにすれば防げたでしょう
か。みなさんにもぜひ一度考えてほしいと思います。

[4]　恋愛関係をめぐる今日的課題

　恋愛関係は基本的に二者間の関係性の中で展開されます。そのため，問題が
起こったとしても閉ざされた関係性の中で処理されることが多くなってしまい
がちです。互いが恋愛関係にある間に生じやすいデートDVと，関係性が結べ
なかった，あるいは破綻したときに生じやすいストーカー行為（被害）を，今
日的課題として挙げておきます。

　DV（domestic violence）という言葉を聞いたことがあるでしょう。恋愛関係に
おける社会問題として，デートDVがあります。デートDVとは親密な関係に
ある二者間での暴力であり，英語ではdating violenceと呼ばれています（寺島，
2018b）。デートDVの被害を，女性の44.5％，男性の27.4％が経験していると
されます。

一方，ストーカーについては，恋愛関係に焦点をあてると両者が好意感情を
もっていないにもかかわらず（片思い），無理やり恋愛関係をもとうとして行う
迷惑なつきまとい（城間ら，2017）等の迷惑行為のことをいいます。国内のス
トーカー被害は，約半数が交際相手（元を含む）によるものです。パートナー
の存在が自分の価値を保っていると認識している者ほど，失恋後の情緒的苦痛
が強くなり，失恋からストーカー行為に至ってしまう傾向が見られます（寺島，
2018a）。

　デートDVでとりわけ問題になるのは言葉や態度によりパートナーを傷つけ
る「精神的暴力」を被害者が認識しづらいことです。ストーカー行為（被害）
は失恋の大きな傷つきを加害者自身が否認したまま感情的な回復が見られない
ことにおもな原因があります。こうした問題の回避には，デートDVには予防
的介入や教育が，ストーカー行為には情緒的介入が必要とされます。文化心理
学的観点からこうした問題に向き合う場合には，ある出来事が起こった時点か
ら当事者にとっての時間が動かないこと，代替的な選択肢が見えなくなってし
まうことが問題であり，それに対してどのような記号を発生させるかが重要と
考えられます。

2 文化から見る恋愛

　後半は，文化から見る恋愛について考えてみましょう。以下では，欧米の研
究文脈でおもに展開されてきた理論として，恋愛が人の発達に関わる心理学の
理論として構築されたアダルト・アタッチメント理論について説明し，続いて
青年期の発達課題であるアイデンティティと恋愛について言及します。次に，
日本独自の恋愛という概念をもとに作られた恋愛の様相モデルを紹介します。

[1]　人の発達と恋愛

　人生において特定の他者との親密で良好な関係を構築し，維持すること，あ
るいはそうすることができる特性を有することは，人の発達や適応を論じるう
えで不可欠です。そうした関係性を扱う心理学の有名な理論として，ボウルビ
ーの提唱したアタッチメント（愛着）理論があります。この理論は，人のパー

親密性回避・高

	回避型	恐れ型
関係不安・低	愛は長時間持続しないもので，時間とともに弱まっていくと考えている。また，愛をあまり必要でないものと見なしている。	相手から拒否されることを恐れ，恋愛を回避する傾向がある。また，相手を信頼できず，不安を抱きやすい。
	安定型	**とらわれ型**
	恋愛を幸せを提供してくれる，信頼できるものであると見なしている。また，愛は長く続いていくものであると考えている。	本当の愛はまれなものであると考えており，恋愛に過度に依存する傾向にある。また，自分に自信がなく，恋愛経験の中で不安を経験しやすい。

関係不安・高

親密性回避・低

図3　青年期・成人期の4つのアタッチメントスタイルにおける恋愛関係の特徴

（出典）　春日（2012）をもとに作成。

ソナリティの生涯発達を理解するための総合理論と位置づけられ，生涯を通して人が特定の他者に身体的・情緒的にくっつきうる（attach）と考えます（遠藤，2010）。

　青年期・成人期におけるアタッチメント形成は，それまでの子と養育者間でのアタッチメント関係の影響を子が内的作業モデル（internal working model）を介して受け取ることにより，アタッチメントの型に個人差が生じると考えます。なお，内的作業モデルでは，自己と他者への信念や期待が，自己モデルと他者モデルに大別されます。自己モデルは，自己に対する信念や期待であり，対人関係における過度な親密さの希求や相手から見捨てられることへの不安の体験しやすさを意味する「関係不安」が生じるとされます。一方で，他者モデルは，他者に対する信念や期待，対人関係における親密さからの回避や他者への信頼感の欠如を意味する「親密性回避」が生じるとされます。これらを掛け合わせると，4つのアタッチメントスタイルによる恋愛関係の型が成立します（図3）。自己モデルがネガティブな場合には，他者からの承認を受け続けることで自己像をポジティブに維持することができると考えられています。また，他者モデルのネガティブさは回避の高さに通じます（石井，2017）。理論的にアタッチメントの型は対人関係の枠組みとして働くとされており，たとえば先に挙げたデートDVの被害者がなぜ問題のあるパートナーから離れることができないのか，

離れられない人の傾向を，尺度を用いて予測する試みも現在では行われています。

　恋愛は青年期以降の対人関係やアイデンティティの確立という発達課題（developmental task）にもつながります。これは続く発達段階の発達課題である「愛」の獲得と密接に関わります。心理学においては，アイデンティティの確立後に，異性に対する本当の意味での親密さが可能になると考えられています。

　青年期の恋愛は，「自分のため」の恋愛であることが特徴といえます。大野（1995）は，青年期の恋愛を「アイデンティティのための恋愛」としました。その特徴は，青年期は親密性が成熟していない状態で，かつ，アイデンティティの統合の過程であることから，自分自身のアイデンティティを他者からの評価によって定義づけようとする，または，補強しようとする恋愛的行動が見られる点にあります。

　実際，アイデンティティが確立するまでの恋愛は長続きすることが難しいようです。髙坂（2014）の研究によると，調査開始時点で恋人がいた大学生の男女 192 名のうち，3 カ月に別れたカップルは 43 名（22.4%），8 カ月後に別れたカップルは 23 名（12%）だったとのことです。ここから，約 8 カ月の間に恋人がいる大学生の 3 人に 1 人が失恋を経験していたということになります。「アイデンティティのための恋愛」をしてしまう状況においては，恋愛をしている本人が自分に自信がもてておらず，自分自身に関心が向いています。そのため，相手のため，互いのための関係性をつくることが疎かにされてしまうようです。

[2]　恋愛理論の「恋」と「愛」

　日本語では，「恋愛」は「恋」と「愛」という 2 つの語の組み合わせからなる言葉です。現在の日本語では，「恋」や「愛」と「恋愛」ははっきりと区別して使われており，「恋愛」は相互性を含意しています（山根，2007）が，この言葉は，明治時代に英語の love の翻訳語として作られました。愛と恋は質的に異なるもので，相反する状態を表しており，恋愛とは恋の状態と愛の状態が分かち難く渾然とした状態にあることを指します（髙坂，2016）。髙坂（2011）の恋愛の様相モデルでは，恋と愛の間に「相対性-絶対性」「所有性-開放性」「埋没性-飛躍性」の 3 つの特徴があることを仮定しています。このモデ

ルでは，恋は「相対性」「所有性」「埋没性」の特徴をもち，愛は「絶対性」「開放性」「飛躍性」の特徴をもつとされます。これら3つの軸において，恋愛は「恋」の極から「愛」の極に動いていくことにより深まります。

　それぞれの軸について，見ていきましょう。「相対性−絶対性」の軸における「相対性」は，他の誰かと比較しながら自分が魅力を感じる条件を有している異性に対して，特別な感情を向ける加算的な評価態度のことです。「かわいい」「優しい」「かっこいい」など，どの程度自分が重視する条件に合っているかが重要になり，条件に合えば相手をますます魅力的に感じられる加算的な評価を行います。これに対して「絶対性」では，他の誰かとパートナーを比較するのではなく，相手の欠点や短所も含めてその存在を受容し，認めようとします。その人がその人らしくあることが重要であるため，愛する相手に新たな欠点が見出されても，その欠点も含めてパートナーの一面として認めることができます。

　次に，「所有性−開放性」の軸についてです。「所有性」が強いと，自身の条件にあった魅力的な異性とつき合いたい，恋人にしたいと思い，相手を物理的，時間的，心理的に占有しようとします。そのため，相手が他の異性と接近・接触しないように束縛する，いらだちややきもちなどの感情が生じます。これに対して「開放性」は相手の幸福や成長のために自身の精神的なエネルギーを与えるという行為にあり，愛する喜びは副次的なものとなります。相手からの返礼を期待することなく，ただ相手に自身の精神的なエネルギーを与えることが「開放性」の本質です。

　最後に，「埋没性−飛躍性」の軸についてです。「埋没性」は，パートナーと一緒にすごす時間を最優先にするために自分の時間がない，生活のリズムが乱れる，友人との関係が希薄化・疎遠化したりする性質です。これに対して「飛躍性」は，パートナーとの関係に固執するのではなく，積極的に外の世界に向かっていこうとする性質のことをいいます。

　恋愛様相モデルをもとに恋愛関係の継続を捉えると，関係が継続していたカップルは，終了していた群よりも，パートナーの絶対性の認識が高い傾向が認められるようです。パートナーをありのまま受け入れることが，恋愛関係を継続するうえで重要であるということを示す知見といえるでしょう。この恋愛の

理論に関しては，それぞれ測定のための尺度が開発されています。関心のある人は自身のいま・ここでの認識を識るために尺度を試してみるとよいでしょう。

■ おわりに

　恋愛が重要なテーマとなるのは，アタッチメントやアイデンティティといったパーソナリティの個別の側面だけではなくて，人のライフ（生命，生活，人生）に深く関わる性行動につながるからです。性行動は，生物学的・伝統的宗教的観点から見ると，生殖行動にほかなりませんでした。生殖行動においては，パートナーに対する責任が伴います。しかし，先に述べたとおり，現在では恋愛のコミュニケーションと位置づけられています。大切な自身のパートナーをいかに傷つけないかが重要ということを最後に，ここで強調しておきたいと思います。

　セクシュアル・ライツ（性の権利）という言葉があるように，その人らしいセクシュアリティの発現の権利は尊重されるべきであり，本来的には男女ともに平等であるものです。どんな場合にもパートナーに対する思いやりをもったうえで，コミュニケーションとしての性行動を実現していきたいものです。

　性行動のコミュニケーションでイニシアチブをとるのは多くは男性です。避妊においても男性は「決定者」であり女性は「被影響者」となることが一般的です。男性の決定により性交渉の開始，避妊具の使用の有無が左右されます。一方で，望まない妊娠をしてしまった場合には中絶を経験せざるをえないのは女性です。その段階になり，女性はおもな「決定者」にならざるをえません。中絶経験によりうつなど精神的な後遺症が残ることや，身体的な後遺症が残ることもあります。つまり，コミュニケーションを深めたいと考えて行った行動が，相手にとっては暴力となる危険性もあるわけです。望まない結果に至ることなく，楽しい恋愛関係を続けられるよう，性行動についての正しい知識を身につけ行動することが恋愛を考えるうえでも必要になります。

　本節で述べてきたとおり，恋愛は基本的にパートナーを思いやった関係性の上に築かれるものです。そのため，多少の煩わしさなどを感じることもあるかもしれません。しかし，恋愛関係を通してこそ見えてくる自己の一面や，発達があるかもしれません。みなさんにもぜひ，世間の定型的な関係性のもち方に

とらわれるだけでなく，自分らしく恋愛を楽しみ，恋愛によって成長する経験
をしてほしいと思います。

●文　　献

浅野良輔 (2018).「恋愛の「文化差」とそのメカニズム」髙坂康雅編『ノードとしての青年
　　期』ナカニシヤ出版，pp. 118-119

遠藤利彦 (2010).「アタッチメント理論の現在 —— 生涯発達と臨床実践の視座からその行方
　　を占う」『教育心理学研究』**49**, 150-161.

石井佑可子 (2017).「社会的スキル行使と対人的枠組みとの関連 —— アタッチメントスタイ
　　ルからの検討」『藤女子大学文学部紀要』**54**, 117-139.

春日秀朗 (2012).「現代社会と青年期」サトウタツヤ・若林宏輔・木戸彩恵編『社会と向き
　　合う心理学』新曜社，pp. 253-265.

髙坂康雅 (2011).「青年期における恋愛様相モデルの構築」『和光大学現代人間学部紀要』**4**,
　　79-89.

髙坂康雅 (2014).「青年期における恋愛様相モデルの実証的検討（2）—— 恋愛様相尺度の作
　　成と信頼性・妥当性の検討」『日本青年心理学会大会発表論文集』**22**, 24-25.

髙坂康雅 (2016).『恋愛心理学特論 —— 恋愛する青年／しない青年の読み解き方』福村出版

髙坂康雅 (2018).「愛の本質的特徴とその対極」『教職研究』**11**, 1-10.

ライフネット生命 (2012).「ニュースリリース 2012 年 —— 初恋に関する調査」https://www.
　　lifenet-seimei.co.jp/newsrelease/2012/4151.html

牧野幸志・井原諒子 (2004).「恋愛関係における別れに関する研究（1）—— 別れの主導権と
　　別れの季節の探求」『高松大学紀要』**41**, 87-105.

松井豊 (1990).「青年の恋愛行動の構造」『心理学評論』**33**, 355-370.

松井豊 (1993).『恋ごころの科学』（セレクション社会心理学 12），サイエンス社

松井豊 (2000).「恋愛段階の再検討」『日本社会心理学会第 41 回大会発表論文集』92-93.

永田夏来 (2013).「青少年にみるカップル関係のイニシアチブと規範意識」日本性教育協会
　　編『「若者の性」白書 —— 第 7 回青少年の性行動全国調査報告』小学館，pp. 101-120.

日本性教育協会編 (2019).『「若者の性」白書 —— 第 8 回青少年の性行動全国調査報告』小学
　　館

大野久 (1995).「青年期の自己意識と生き方」落合良行・楠見孝編『自己への問い直し ——
　　青年期』（講座生涯発達心理学 4），金子書房，pp. 89-123.

城間益里・松井豊・島田貴仁 (2017).「ストーキングに関する研究動向と課題」『筑波大学心
　　理学研究』**54**, 39-50.

寺島瞳 (2018a).「青年期における恋愛関係の現状とプロセス」髙坂康雅編『ノードとしての
　　青年期』ナカニシヤ出版，pp. 120-121.

寺島瞳 (2018b).「デート DV」髙坂康雅編『ノードとしての青年期』ナカニシヤ出版，pp.
　　120-121.

山田順子・鬼頭美江・結城雅樹 (2015).「友人・恋愛関係における関係流動性と親密性 —— 日加比較による検討」『実験社会心理学研究』**55**, 18-27.

山根宏 (2007).「「恋愛」をめぐって —— 明治20年代のセクシュアリティ」『立命館言語文化研究』**19**, 315-332.

第2章

文化心理学×パーソナリティ

①名前から見る文化／文化から見る名前

木戸彩恵

■ はじめに

　記号的意味とは，ある行為をするときに対象に働きかけるための媒介となる記号に与えられる意味のことをいいます。意味は記号に対する人の認識とともに変容するものです。第1部第1章でも，記号論の考え方を第1節で示しましたが，私たちの誰もがもっている名前も記号であり，社会的規範が反映されているのです。そこにはその文化を生きる人の価値観が反映されています。つまり，よい名前・悪い名前という印象をもったり，特定のパーソナリティを名前から推測したりするのは，私たちが記号として名前から意味を読み取り，そこに価値を見出しているからにほかなりません。ここでは，文化心理学の観点から名前について考えます。なお，「名前」という言葉は現代の日本では氏（姓）と名の両方を指すものであり，本章ではそのいずれも扱います。

1　名前から見る文化

　私たちは，氏と名のいずれも，あるいは両方をあわせて名前と呼んでいます。名前は制度化されたものであり，また特定の意味が付与されるものです。記号の用い方の問題として名前を考えてみましょう。

[1]　名前という記号

　名前という記号は，第1部第3章に示したパースによる記号の3類型に基づくと，象徴／象徴的（symbol/symbolic）な記号といえます。私たちは，名前を使って本人に働きかけることもできます。また，名前を使って本人がいないときにその人の話を第三者に伝えることもできます。さらに，名前はその人そのものを表すだけでなく，特性や所得，学歴を予測させるとされています（Aura & Hess, 2004）。まず，多くの場合，名前から性別を判断することが可能です。これは多くの文化で実践されており，名前という記号から性別を判断することが大事であることを想像させます。一方で，日本においては，女児の死亡率が男児のそれより低いことから，男児に女児の名前をつけることで新生児を死から遠ざけようという試みもなされています（「ひろみ」などがその例になります）。また，目を世界に広げれば，アフリカ系アメリカ人的な響きの名前をもつ人は，白人的な響きの名前をもつ人よりも就職面接を受けた後に折り返しの電話を受ける可能性が低いこと（Bertrand & Mullainathan, 2004）や，女の子のような名前をもつ男の子は停学処分をより受けやすい傾向があること（Figlio, 2007），人気の高い名前と少年の非行には負の関連があること（Kalist & Lee, 2009）などが明らかになっています。また，メラビアンの法則で有名なメラビアンは，Baby name report card: Beneficial and harmful baby names（Mehrabian, 2002）において，望ましくない・魅力の低い名前の人よりも，望ましく魅力の高い名前をもつ人はより社会的に優遇されるとまとめています。望ましくない・魅力の低い名前は，個人的活動や社会的活動，そして仕事に関連する活動のハンディキャップになる場合もあるとされます。そのため，名前を選ぶことは非常に重要な行為といえるのです。以下では，文化から見る名前として，制度化され明文化された文化である婚姻に伴う制度としての氏（姓）（日本の婚姻制度，国際結婚の婚姻制度）と，子どもの名つけについて考えます。

[2]　婚姻と氏（姓）

　日本人同士の婚姻は，夫婦同姓（同氏）制度とされています。結婚したら必ずどちらかの氏に統一しなければならないというのがいまの日本の法律により定められている制度です。第2部第5章でも述べますが，法は文化であり夫婦

同姓の習慣も民法により支えられているものなのです。より具体的には，日本人同士の婚姻が成立した場合，戸籍上は夫婦同姓とすることが民法750条で定められています。この法律は，明治民法の下に家制度に基づいて定められたものですが，1947年の民法改正時においても近代的家族生活の標準的な形として，当時の基準に照らし合わせて合理性のある基準として定められてきました。夫婦同姓（同氏）制度の場合，男女どちらの氏を選択するかは当事者である夫婦が決定します。しかし，現実には男性の氏を選択する夫婦が大半です。厚生労働省の調査からは1975年に結婚した夫婦のうち女性の氏を選択した夫婦は約1.2％，2000年は約3％，そして2010年には約3.7％と緩やかながら増えてきていることが明らかになっています。日本の社会・文化的文脈においては，男性が氏を変えることはまれなことであり，ほとんどの場合において女性が氏を変えるという選択がなされます。

　夫婦同姓（同氏）が法律で定められているのは，日本のみです。夫婦別姓は世界的にはけっして珍しくない制度なのですが，日本国内では，夫婦同姓（同氏）は「個人の尊厳と男女の平等に照らして合理性を欠く制度とは認められない」と考えられています。最近，夫婦同姓の制度は憲法違反だという訴えが起こされましたが，2015年12月，最高裁大法廷は，夫婦で同じ氏を使わなければいけない夫婦同姓のルールを「合憲」と判断しました。その際，根拠の1つとなったのが「婚姻前の氏を通称として使用することが社会的に広まっている」ことでした。ちなみに大法廷とは，最高裁にいる15人の裁判官が全員で議論する場のことを指します。その司法判断は日本国内において最も重い位置づけにあるとされます。2015年12月の判決では，裁判官の10人が合憲，5人が違憲と意見が分かれました。裁判官のうち女性は3人で夫婦別姓に関する補足意見を述べつつもこの法廷では結果的に全員が違憲と判断したのです。各々の意見のよりくわしい内容は，本件に関する判例[1]に掲載されています。

　氏を変えることは私たちのライフに少なからず影響を及ぼします。社会生活を営むうえでは，氏の変更には多くの煩雑な手続きが必要になります。住民票や戸籍といった行政書類の名義変更はもとより，保険証や免許証のような各種証明書の書き換えは必ず必要になります。パスポートの記載には旧姓を残すこ

---

1)　http://www.courts.go.jp/app/files/hanrei_jp/546/085546_hanrei.pdf

とができますが，その場合には，その必要性が認められた場合に限り括弧書き
でミドルネームとして表記することになります。銀行口座などは旧姓の使用が
認められる場合もありますが，パスポートと同様にその必要性が認められるこ
とが条件となります。

　旧姓を通称として使用する際にも，本人の希望が認められる場合と認められ
ない場合があります。職場での旧姓の使用が認められない場合にも，旧姓の使
用が社会に根づいていないとする職場の判断が優先されるため法律的には合法
とされてきました。具体的な例として，2016 年に女性教諭が職場での旧姓使
用を求めて起こした裁判があります。この裁判では，教諭側の請求が棄却さ
れました。この判決は，「結婚後の旧姓使用は法律上保護される利益」であり，
改姓の不利益は通称使用が広がることで緩和されるとしつつも，「戸籍姓は戸
籍という公証制度に支えられており，旧姓よりも高い個人の識別機能がある」
との指摘に基づくものでした。つまり，最高裁で違憲判断が表明されて以後も
なお，職場という集団の中で戸籍姓の使用を求めることは合理性・必要性があ
ると裁判所が判断したということになります。

　法は前例に基づく過去志向，男権主義，ドメスティック（国内）な思考に基
づく判断を原則としています。法は明文化された文化であり，また，現在の日
本では夫婦別姓に関してはいまの日本の社会システムの中では，どのようなル
ートで考えても認めることができないような仕組みになっています。法制審議
会が選択的夫婦別性の導入を答申してから 20 年以上が経ちます。それでも制
度が変わる兆しは見えてきません。この理由は，図式化することで明らかにな
ります（図1）。結婚する時点で，夫婦別姓を希望していたとしても，家族の呼
称を 1 つに定めること，旧姓が社会に根づいていないことが社会的方向づけと
して「夫婦別性を認められる」という選択を阻むルートができあがってしまっ
ているのです。夫婦別姓を貫くには，法的な結婚を放棄せざるをえず，実際，
そのような婚姻形態（事実婚）をとっているカップルも存在します。

　先に述べたとおり，日本の中では，結婚後に多くの場合女性の氏が変わりま
す。しかし，結婚後に氏が変わることに対する意味づけには文化によって差が
あることを，多様化された現代を生きる私たちは知っておく必要があるでしょ
う。エータフら（Etaugh et al., 1999）の研究から，夫の氏を選択する女性は，自

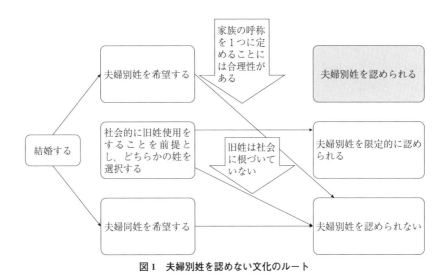

図1　夫婦別姓を認めない文化のルート

分の氏を貫く人よりも主体性が低く，より共同的傾向性をもつ人と判断されることが明らかになっています。つまり，欧米社会においては名前が受け身的なパーソナリティを推察させるということになります。

　これを踏まえて，文化の境界を生きる人の名前の問題を考えてみましょう。日本において氏を選べるのはいわゆる国際結婚の場合に限ります。外国人と結婚した日本人は戸籍上の氏を，自分の日本姓，配偶者の外国姓，あるいは日本姓と外国姓を組み合わせた混合姓から選択することができると戸籍法第107条が定めています。矢吹（2005）は婚姻による氏の変更を「名のり」行為と定義し，名のりを「自分は何者であるか」を主体的に表明する行為であり，当人の存在のあり方を直接的に示すラベルとして分析しました。夫婦が結婚後に対外的にどう名のるかは，個人にとっては婚姻によってもたらされた新たな所属を象徴するものといえます。さらに，家族にとっては家族成員同士の関係を社会的にどのように示すかに関わります。すなわち，名のりを個人の文化実践を通じて構築された文化的アイデンティティの表象と見なすことができるのです。

　矢吹（2005）は，首都圏在住の夫アメリカ人・妻日本人有子夫婦20組を対象にした調査研究から日本とアメリカでの妻の名のりについてまとめています。日米での名のりについて，日本での妻の名のりでは，日本姓を選択する人は7

名，アメリカ姓を選択する人は 11 名，混合姓（日本姓とアメリカ姓を組み合わせて使用する）は 2 名でした。これに対して，アメリカでの妻の名のりでは，日本姓を選択する人は 1 名，アメリカ姓を選択する人は 17 名，混合姓は 2 名ということが明らかになりました。この研究では日本でもアメリカでも日本姓を使用する人は 1 名のみでした。日本姓を名のると回答した妻は，専門的な職業についており自分の氏と名がセットで自己を象徴するものであると考えているため，結婚や居住地の変化によって氏を変えるという選択はなかったとしています。

　この研究から矢吹は「自らの文化的志向性へのこだわりの強さ」と「家庭内文化実践の文化的志向性」により妻主導日本志向夫婦と妻主導アメリカ志向夫婦と夫主導アメリカ志向夫婦に分類できると述べています（夫主導日本志向夫婦は類型として確認されませんでした）。氏を選択できる状況における妻の名のりは，文化実践として日常生活の場で，社会的により優位な位置を占めるために使用される戦略として機能していました。つまり，自分をどう名のるかは，生活の場の対外的な自己イメージをコントロールするための「戦略」となっていました。名のりは社会的な評価や威信を高めるための「戦略」に動員される記号となっていたのです。名のりの意図的な選択は，他者と自己を差異化し，それによってみずからの社会的な地位をより優位にするために使える対外的な手段となっていました。たとえば，混合姓を使う人は仕事上で同じ名前を通すことがよいと判断していたし，アメリカ姓を使う人は英語教師として働いているためアメリカ姓の方が生徒からの受けがいいと考えていました。現在の日本では，みずからの意思に従って名前を使い分けることは実質的に難しい場合も少なくはありません。けれども，いくらかの手段はあります。その選択肢をいかに戦略的に用いるかが，個人が社会に働きかけるための意識的な手段となるといえるでしょう。

[3]　子どもの名つけ

　次に，子どもの名つけを文化心理学的に捉えてみましょう。名つけの過程は親としての移行プロセスと位置づけられます（Zittoun, 2004）。名つけは，象徴的資源（シンボリック・リソース）をアイデンティティの再定義のために使用す

ることといえます。名前には両親の子どもへの「思い」やアイデンティティ・ルーツが付与されます。そのため，名前の背景に，私たちはその人が所属している社会集団，国家，宗教などを読み取ることができます。子どもの名前が決定するまでの過程において，親は自分自身の過去と，親としての将来像をイメージします。そうした過程を経るという意味で，名つけはアイデンティティの再定義や再配置と関連するともいわれます。つまり，名つけはアイデンティティの確立を課題とする青年期の発達過程にも似ていると考えられるのです（Josephs, 1997, 1998 など）。この過程は，両親にとってパートナーとのより強い交渉の感覚をもたらし，青年期のアイデンティティ発達よりも長い生物学的なレベルでの時間展望を要するものとなります。

　名つけをより具体的に考えると，欧米圏では，文化的ヒューリスティックス（cultural heuristics）と人工物（artefacts）がその源泉となります。ここで文化的ヒューリスティックスというのは文化的背景に基づいた意思決定という意味で，名つけのときに利用されるのは，父親の名前，故人，祖母などの，決まった名前となることが多いとされます。両親や友人などの身近な人の名前が，それらのヒューリスティックスの手がかりとなります。たとえば，編者の1人，サトウタツヤのタツヤは，父がその叔父に優秀な「達夫さん」がいたことから，「達夫さん」のように優秀になってほしいと達哉と名づけたそうです（それが実現しているかどうかは神のみが知ることでしょう）。ちょっと古い例になりますが，日米のプロ野球で活躍した松坂大輔は，誕生時に活躍していた荒木大輔という選手にあやかって父親がつけた名前です。また例外的な名つけになりますが，アイデンティティの概念で有名な心理学者のエリク・ホーンブルガー・エリクソンは，みずからのファミリーネームをホーンブルガーから，エリクソンへと改名しました。これは，じつの父を探し続けてきたエリクが「エリクの息子」という意味のエリク／ソンというファミリーネームを自分とその家族につけることでみずからのアイデンティティを達成した例といえます。

　人工物（artefacts）は，文化的リソースであり，名つけ本，ウェブ，家系図や映画のクレジットは名前の「レパートリー」の構成に役立つものとなります。レパートリーは，その人の美的基準によって決まるものであり，たとえばイニシャルが LOV（E）になるように名前をつけて愛という側面を強調する，ある

いはジョン・スミス（John Smith）という本名を，実用性を考慮して社会の中ではスミス（Smith）と略するなどのやり方があります。

　日本人の名前の場合には，読み方の音の響き，漢字やひらがなの意味の重ね合わせや画数などが重視されます。日本人の名前は，多くの場合，1文字以上の漢字の組み合わせによって構成されています。名つけの傾向を流行の観点から捉えると，新しく生まれた子どもに女性の名前として「子」をつけることが激減していることが広く報告されています（小林，2001；Komori, 2002など）。また，生まれ順を示す漢数字もほとんど見られないことや，止め字（女性名の「子」「美」）を使用しない名前が増えてきていること，利用される止め字にも多様な形式が見られ始めていることなども明らかになっています。

　より最近の傾向では，意味よりも読みの音を重視し，当て字的な読みを表す漢字を用いるという特徴があります。それに伴い，一般的に認められている音訓を変えたり，音と訓を混ぜたりする「読みにくい名前」が増えています（徳田，2004）。筆者の名前は彩恵（あやえ）ですが，「さえ」とも読め，読みにくい名前の8％にあたる「読み方が何通りもある字を使っているケース」にあたります。こうした名前の流行を反映してか，2007年以降，DQNネームやキラキラネームなどいわゆる「新しい名前」が話題になっています。現在では，キラキラネームと学力の関連など，名前とその後の人生との関連も研究されるようになってきています。

　名つけに際しては，同じ時代にある特定の名前が好まれることが少なくなく，それゆえに私たちは「古めかしい」名前や「新しい」名前といった認識をもつことができます。親が名前をつけるときには，名前のはやりをあまり意識することはないでしょう。名前は，各自の価値観や欲望から隔絶して生まれるものではなく，社会の中で形成されるものです。そのため，たとえ独自性をもつ名前を目指して選択したとしても，結果として無意識に他者と似た発想をもつことがあります。これにより，結果的に好まれる名前が集中するという現象が認められます。この傾向は人気の名前ランキングなどを確認すればわかりますが，日本のみに認められる傾向ではありません。これに関して，アメリカにおけるレベッカ（Rebecca）という名前の流行をリーバーソン（Lieberson, 2000）が研究しています。リーバーソン自身が自分の娘と同世代の子どもにレベッカという

名前が多いことに気づいたことに端を発した研究です。レベッカという名前の人気の高まりの背景には、①旧約聖書からの名前の人気と、②a で終わる女性名の再登場、③メディアにおけるレベッカという肯定的な登場人物の出現、④伝統的なユダヤ人の名前という印象の薄れという 4 つの側面が影響していたことが明らかになりました。つまり、社会・文化的文脈の変化を多面的に反映し、多くの人がレベッカという名前を再評価し、受け入れることにつながったということです。この研究の例からもわかるように、個々人のレベルを超えて、社会的なレベルで名前に関する流行が決定されるというメカニズムがあるようです。

2 文化から見る名前

[1] 名前のステレオタイプ

　前節で述べたように、名前は記号であり、その意味表現と意味内容とがセットになって成り立つものです。名前の印象を下に挙げる 5 つの次元に分けて分析することができるとされています。

1. 倫理 – 思いやり（たとえば、信頼、忠節、誠実、親切、寛大、尊重、暖かさ、患者、責任）
2. 人気がある – 楽しい（たとえば、遊び心、ユーモアのある、陽気な、発信、格好良い、冒険、運動、健康）
3. 成功（たとえば、野心的、知的、独立、自信、断定的、創造的）
4. 男性的あるいは女性的な名前であること
5. 総合的な魅力（最初の 3 つの次元の統計的な組み合わせ）

　こうした次元を踏まえたうえで、欧米社会において「成功する」イメージをステレオタイプとして与えられる名前は表 1 のようになるとされています。先に述べたように、白人的な響きの名前をもつことがわかるでしょう。

[2] 名前の使用と対人関係

　名前を意図的に使用することは、対人関係の印象管理にもつながります。以下では、代替的な名前を使用するときの例として、ニックネームの使用、名前

表1　2002年の男女の「成功する」名前トップ10

	女の子	男の子
1	ジャクリーン（Jacqueline）	スティーヴン（Steven）
2	モーガン（Morgan）	ロス（Ross）
3	エリザベス（Elizabeth）	クリストファー（Christopher）
4	キャサリン（Katherine）	ジェームス（James）
5	ヴィクトリア（Victoria）	ロバート（Robert）
6	ロレイン（Lauraine）	ディヴィッド（David）
7	スーザン（Susan）	ケネス（Kenneth）
8	キャサリン（Catherine）	パーカー（Parker）
9	ケイト（Kate）	トーマス（Thomas）
10	マデリーン（Madeleine）	マディソン（Madison）

（出典）　Dale & Filed（2009）をもとに作成。

の匿名化について扱います。

　はじめに，メラビアンとピアシー（Mehrabian & Piercy, 1993）は，ニックネームの使用と本名の使用を比較し，名前から受ける印象の差について研究を行いました。この研究から名前を柔軟に使い分けることは，とくに仕事に関わる社会・文化的文脈での印象管理の戦略として有用となることが明らかになりました。とりわけ，第一印象が形成される初対面の場面でニックネームを使用する場合には，人気者で陽気な人と印象づけることができ，一方で，本名を使用する場合には，より大きな成功と道徳性をもつ人という印象を相手に対して与えるとされます。この研究から，印象管理の1つとして名前を使い分ける場合に得られる効果は，次のようにまとめられています。本名の使用は，成功，知性，信頼性，道徳性，信用性のイメージが望まれる場面でより好ましい人と見なされる傾向があります。それは，本名の使用がより公的で有能な人という性質を予想させるからです。専門職や技術職に就く場合には本名を使用することが適しているとされます。一方で，ニックネームの使用は，健康，自信，自己主張，親しみやすさ，ユーモアのイメージが望まれる場面で好ましいとされます。それは，ニックネームの使用が親しみやすい特性を伝達するためです。具体的には，高い対人スキルの必要な営業などの仕事に適しているとされます。学生生

活に置き換えて考えると，講義などで自分を真面目に見せたい場面では本名の使用が，サークルなどでラフな対人関係を築きたい場面ではニックネームの使用が適しているといえるでしょう。

　続いて，匿名性について考えましょう。よく知られているように，刑務所に収監された囚人は名前ではなくナンバーで呼ばれます。匿名化することによる効果は，個人の「人」としての独自性を抑制し，囚人として均質な扱いをすることにつながるというジンバルドの監獄実験はあまりに有名です。また，社会心理学の理論として有名な割れ窓理論（建物の割れた窓が修復されないままにされる場合，残りの窓もすぐに壊されるという理論；Wilson & Kelling, 1982）は，人の匿名の行動が，実在性と責任を分散させる傾向性があることを証明しています。より最近の研究として，松村ら（2004）は，匿名性には仮名的な匿名性と無名的な匿名性とがあると述べています。インターネット上で実名を明かさずに仮の名前（ハンドルネーム）を名のることは，仮名的な匿名性であるとされます。その中でも，ハンドルネームすら名乗らずに発言者の名前を空欄のままで発言するのが，無名的匿名性です。後者はおもにインターネットの無名的な匿名性によるコミュニケーションの中で生じるもので，実社会のコミュニケーションに見られる規範的・抑制的なメカニズムが仮名的な匿名性にも増して機能しなくなることが明らかになっています。

　以上のことから，名前には記号的なステレオタイプがあること，名前に用いる記号がイメージさせるパーソナリティがあることがわかるでしょう。さらに，匿名化により記号の特徴を失わせることは個人の「人」としての独自性を抑制し，社会・文化的文脈の中で「人」として均質に扱うこと，また，規範・抑制を低減させるように働くのです。

■ おわりに

　ここまで述べてきた通り，名前は記号であり，記号は意味をもちます。名前は，個人が「人」として生きるうえで重要な記号です。名前をつける／つけられる，変える／変えられる過程は，強くアイデンティティの感覚に関わり，また社会・文化的文脈の中での印象や扱いを決定する1つの要因になるといえます。子どもの発達においても，自分に固有名詞があることがわかると自己意識

がはっきりするといわれています（高橋，2004）。名前は自分のアイデンティティの重要なラベルとなることから，名前の呼び方はその人のあり方とともに考えていく必要があるものといえるでしょう。

●文　献

Aura, S., & Hess, G. D. (2004). What's in a Name? *CESifo Working Paper Series*, **1190**, 1-32.

Bertrand, M., & Mullainathan, S. (2004). Are Emily and Greg more employable than Lakisha and Jamal? A field experiment on labor market discrimination. *American Economic Review*, **94**, 991-1013.

Dale & Filed (2009). Which baby names ensure success? Ask Dr. Mehrabian! The Perfect Baby Blog. http://www.perfectbabyhandbook.com/blog/2009/05/which-baby-names-ensure-success-ask-dr-mehrabian/

Etaugh, C. E., Bridges, J. S., Cummings-Hill, M., & Cohen, J. (1999). Names can never hurt me? The effects of surname use on perceptions of married women. *Psychology of Women Quarterly*, **23**, 819-823.

Figlio, D. N. (2007). Boys named Sue: Disruptive children and their peers. *Education, Finance and Policy*, **2**, 376-394.

Josephs, I. E. (1997). Talking with the dead: Self-construction as dialogue. *Journal of Narrative and Life History*, **71**, 359-367.

Josephs, I. E. (1998). Constructing one's self in the city of the silent: Dialogue, symbols, and the role of 'as-if' in self-development. *Human Development*, **41**, 180-195.

Kalist, D. E., & Lee, D. Y. (2009). First names and crime: Does unpopularity spell trouble? *Social Science Quarterly*, **90**, 39-49.

小林大祐 (2001).「名前の社会学的分析に向けて ―― 漢字がつくる同一性のなかの差異」『評論・社会科学』**65**, 23-41.

Komori, Y. (2002). Trends in Japanese first names in the twentieth century: A comparative study. *Kokusai Kirisutokyō Daigaku Gakuhō*, **28**, 67-82.

Lieberson, S. (2000). *A matter of taste: How names, fashions and culture change*. Yale University Press.

Mehrabian, A. (2002). Baby name report card: Beneficial and harmful baby names. Available from Albert Mehrabian, 1130 Alta Mesa Road, Monterey, CA, USA 93940.

Mehrabian, A., & Piercy, M. (1993). Differences in positive and negative connotations of nicknames and given names. *The Journal of Social Psychology*, **133**, 737-739.

松村真宏・三浦麻子・柴内康文・大澤幸生・石塚満 (2004).「2 ちゃんねるが盛り上がるダイナミズム」『情報処理学会論文誌』**45**, 1053-1061.

高橋恵子 (2004).「生涯発達の心理学 ―― 研修講座「高齢者・障害者の心理」の講義記録より」『協同の発見』**24**. 9-13.

徳田克己 (2004).「名づけの心理 2 ―― 読みにくい名前の分析」『日本教育心理学会総会発表

論文集』**46**, 623.

Wilson, J. Q., & Kelling, G. L. (1982) Broken windows: The police and neighborhood safety. *The Atlantic Monthly*, **249**, 29-38.

矢吹理恵 (2005). 「国際結婚の日本人妻の名のりの選択に見られる文化的アイデンティティの構築 ── 戦略としての位置取り」『発達心理学研究』**16**, 215-224.

Zittoun, T. (2004). Symbolic competencies for developmental transitions: The case of the choice of first names. *Culture & Psychology*, **10**, 161-171.

②血液型から見る文化／文化から見る血液型

上村晃弘

■ はじめに

　「血液型と性格には関係がある」という素朴な仮説を血液型性格関連説と呼びます（以下，関連説ということもあります）。また，この仮説に基づいて自分や他人の性格を推し量ることを血液型性格判断といいます。この仮説は，日本のほか中国，韓国，台湾などでも信じられています。

　これは性格の素人理論の一種といえます。心理学者の研究とは関係のない，その人独自の人間観，性格観です。必ずしも客観性はありませんが，その人の認知や行動に影響を与えています。

　ここでは，現在の「血液型カルチャー」，それを支える肯定論者による説明，血液型による差別などのネガティブな側面について述べていきます。

1　血液型から見る文化

[1]　「血液型カルチャー」の推移

　佐藤・渡邊（1996）は，血液型を一種の「カルチャー」としてとらえています。「文化」ではなく「カルチャー」であるのは，いわゆるハイカルチャー（上位文化）ではなく，ポピュラーカルチャー（大衆文化）を意味していると考えられます。ただ，大衆文化の反意語としてメインカルチャー（主流文化）も用いられますが，世間では血液型性格関連説を肯定する方が主流と言えなくもないという逆転現象が起きています。雑誌やスポーツ紙の人物紹介では，当たり前のように血液型が書かれており，アニメのキャラクターに血液型の設定があるのも珍しいことではありません。すなわち，ここでの血液型は医学的な意味だけではなく，性格も表すとする「記号」です。

　佐藤達哉の血液型カルチャー年表によると，能見正比古が『血液型でわかる相性――伸ばす相手，こわす相手』（能見，1971）を出版してから死去するまで（1971〜81年）を血液型カルチャーの「第1期 黎明期」と呼んでいます（以降，

○○期という表現はこの年表によります）。彼が現在まで続くブームの直接の火つけ役です。

1920, 30年代の古川竹二の血液型気質相関説は学会でも議論され、学説と呼んでもよいものでした。しかし、能見正比古の登場とそれを取り上げたマスメディアによって急速に通俗化し、大衆文化として浸透していきました。

1982〜84年は「第2期 隆盛期」です。能見正比古の息子の能見俊賢が活動を開始しました。また占い師たちも積極的に血液型を用いるようになりました。さまざまな記事や言説が雑誌を中心にあふれ、血液型をモチーフとしたグッズも発売されました（佐藤・渡邊, 1996）。その一方で新聞・テレビで批判が開始されました。

1985〜89年は「第3期 衰退・潜伏期」です。マスメディアやパーソナリティ心理学者などの批判が体系化されてきました。たとえば、長谷川（1988）の研究では、血液型性格関連説の肯定論者が主張する行動特性、矢田部・ギルフォード性格検査、PFスタディ検査を用いた欲求不満場面での反応の仕方のいずれにおいても血液型との関連性は認められませんでした。また、関連説をステレオタイプの一種とする研究が現れました（後述）。雑誌などでの特集記事が少なくなりました。

1995年10月までは「第4期 復活期」です。潜在化していた血液型への興味がおもに占いを通じて引き起こされました。竹内（1994）は、後述する「進化論的説明」によって新しく理論化しました。学者による批判はより多角的になりました。松井（1991）は、JNNデータバンクと協力して、「誰とでも気軽につきあう」「目標を決めて努力する」など24項目の質問を、1980年から1988年の間に4回、各回約3100名に行いました。しかし、血液型によって性格が異なるという証拠は得られませんでした。

1995年11月〜2004年1月までは「第5期 再衰退期」です。批判は「なぜ、このような（根拠のない）説を信じるのか」という社会心理学的研究になっていきました。

2004年2月〜2005年2月は、「第6期 再隆盛期」です。2004年2月21日に「探検！ホムンクルス」というテレビ番組が脳科学者の澤口俊之の肯定論を好意的に取り上げました。さらに「発掘あるある大事典Ⅱ」（4月4日）で放送さ

れたことで民放各局が一斉にこの話題に飛びつき，1年間で70本以上の番組で放送されました。2004年9月にNPO法人「血液型人間科学研究センター」が設立されました。

　しかし，「科学的に全く根拠がないのに，さも確実にそうであるかのように放送している」「差別やいじめにつながりかねない」などの批判があり，2004年12月8日に放送倫理・番組向上機構（BPO）が「「血液型を扱う番組」に対する要望」という勧告を出しました。その後，放送局は自粛をするようになりました（第7期 再々衰退期）。

　血液型ブームもこれで終わりと思いきや，2007年の『B型自分の説明書』(Jamais Jamais, 2007) によって「第8期 再々隆盛期」となりました。

　2022年時点で，メディアにおける血液型と性格を結びつけるような言説は一時よりは減っているように思われますが，時折，息を吹き返したかのようにテレビで放送されることがあります。このように，隆盛と衰退を繰り返しながら世間にカルチャーとして定着していきました。

[2]　さまざまな血液型性格関連説

　多くの人々は血液型性格関連説を否定する専門書や論文を目にすることはほとんどなく，テレビなどのメディアや一般の書籍からの影響が圧倒的に大きいといえます。

　上村・サトウ（2006）は，血液型性格関連説について放送したテレビ番組を分析しました。これは世間で生きているカルチャーの研究です。2004年2月21日から約1年間（第6期 再隆盛期）に関西エリアで放送された関連説を取り上げた番組（地上波）を62本収集しました。

　番組の内容を分析して，広い意味で関連説を提唱する人々が，どのような論拠を用いているのかについて10の型にまとめました。それらを科学指向性が高いか低いか，血液「型」を重視するかしないかの2次元の4つのカテゴリーに分類しました（図1）。

　ここでは，この枠組みを用いて説明していきます。なお，説明や型の名称は，後天性血液型と40パターンを除けば筆者らが命名したものです。

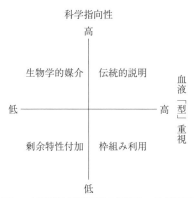

科学指向性

高

生物学的媒介 ｜ 伝統的説明

低 ———————————————— 高

剰余特性付加 ｜ 枠組み利用

低

血液「型」重視

図1　血液型性格関連説の説明の2次元配置

(1) 伝統的説明型

カテゴリーの1つ目は，「伝統的説明型」です。これは，単純に血液型と性格が関連すると主張しています。しかし，それぞれの血液型の性格の具体的特徴が生じる理由はほとんど提示されません。

(2) 生物学的媒介型

「生物学的媒介型」は，血液型と性格の関係を説明するために他の生物学的媒介変数で補完し，その生物学的基礎の確かさを根拠に説得力を増そうとするものです。以下の4つの説明が含まれます。

「進化論的説明」は，血液型の進化や歴史によって性格の差異が現れるとします。血液型による免疫力の違いが性格に影響するという説や，血液型の遺伝子と性格に関する遺伝子の関連に言及する説も含みます。血液型と性格の遺伝子の関係については，現時点では関連づける確たる証拠はありません。

「脳・糖鎖説」は，脳細胞にある ABO 式血液型物質によって脳細胞の性質が異なるとしています（浅尾，2004）。浅尾はこの説をもとに血液型によって優勢な脳の部位（前頭葉や頭頂葉など）が異なり，これが思考パターンに反映されるとしました。これを「脳・部位説」とします。しかし，奈良（2009）は，「ABO 血液型を決定づける血液型物質は赤血球の他にも唾液腺や膵臓，腎臓，肝臓，肺，精巣などにもありますが，性格と大きく関連するはずの脳にはありません」と述べています。これらの説は，実証的データがほとんどなく，説自

体や提唱者間でさまざまな矛盾が見られます。

「気質の3次元説」は，血液型性格関連説の批判の代表格であった大村政男による説です。気質の3次元説とは，新奇性追求，苦痛回避，報酬依存，持続といった遺伝的に独立した性格因子があるとする説です。この説に基づき大村らにより行われた研究では，テレビでは差があるように放送されましたが，その後発表された論文では，統計的な有意差はありませんでした（大村ら，2009）。

(3) 枠組み利用型

「枠組み利用型」は，血液型の4分類をたんなる分類枠組みとして利用しています。「後天性血液型」とは，成長するにつれて環境からの影響や出生順位によって本来の性格が変化することがあるとし，変化後の性格がどの血液型に近いかという説です（G・ダビデ研究所・TOKYO★1週間編集部，2003）。このほか両親と本人の血液型で40パターンに分類した説，血液型と生年月日・体型を組み合わせた説がありました。

これらは占いであり，心理学的な検討をするまでもありません。しかし，このような説があるということ自体，血液型がポピュラーカルチャーとなっていることの証左といえます。

(4) 剰余特性付加型

「カラーセラピー説」は，各血液型にシンボルカラーがあり，その色の意味が血液型の特徴と一致するという説です。「音響説」では，各血液型3名に4種類の音を聞かせた結果，O型だけが虫の声でリラックスできたとしました。これらは，血液型性格関連説の理論構築を目指すのではなく，提唱者の専門分野に血液型による特徴をつけ加えただけです。

以上のようにさまざまな説があり，これらが血液型のカルチャーを形成しています。しかし，これらは実証的根拠に乏しく，血液型による差が見られてもわずかであり，一般にいわれているような強い関連があるとはいえません。

[3] 血液型カルチャーの暗黒面

日常生活で「○○さんは，＊型だから……」のような発言を耳にすることがあります。佐藤（1994a）は，「血液型に関する会話は潜在的に精神的な被害者を作り出しており，これは，セクシュアル・ハラスメントと同じようなハラス

メント＝嫌がらせ，即ちブラッドタイプ・ハラスメントと呼ばれるべきものである」と述べています。

　山岡（2011）は，1999年，2005年，2009年に血液型別の不快体験を調査しました。全体的にB型とAB型の不快体験率がA型，O型よりも突出して多くなっています。また，AB型以外の不快体験率は2005年に最も高くなっていました。その原因として，2004年に集中的に放送されたテレビ番組以外には考えられないとしています。

　就職において血液型が尋ねられることも問題です。厚生労働省（2021）は，採用選考において問題がある事例として，エントリーシートに「血液型や生年月日による星座」の記入欄を設定していた事務所を挙げています。血液型や星座は本人に責任のない生まれもった事項であり，その把握は適性・能力の正当な評価を妨げ，またこれらを把握されることを心理的負担と感じる応募者を生むおそれがあると注意を促しています。

2　文化から見る血液型

　ここでは，血液型性格関連説を学術的な歴史とそれを信じるメカニズムから考えてみます。

[1]　血液型性格関連説の歴史

　松田（1994）によると，ABO式血液型と人間の個性との関連について最初に言及したのは原来復という医師です。彼の助手の小林栄との連名の論文「血液ノ類属的構造ニ就テ」は，1916年7月25日付の『医事新聞』に掲載されました。これが日本で最初の血液型個性研究の文献です。

　そのルーツを遡れば，留学していたドイツにあります。彼は日本人ではじめて血液型という当時の最新の医学的知識を修得しました。原がデュンゲルン博士の研究室で聞かされたことは，血液には「A型成分」と「B型成分」があって，人種によりその成分量の差があるということでした。A型成分の多いのは西欧人（白人種）で，B型成分の多いのはアジア人（黄色人種）。動物のほとんどはB型成分をもっているという実験結果でした（松田，1994）。すなわち，A

型が多い西欧人が優秀で，B型が多いアジア人は劣等であるといいたいわけです。もちろん何の根拠もなくルーツからして差別的な内容を含んでいたといえます。

心理学の文脈で血液型と気質に関する本格的な調査をはじめて行って理論づけたのは古川竹二です。古川は自説に名称をつけませんでしたが，溝口（1986）は，血液型気質相関説と名づけました。

古川（1927）は，各血液型の特徴を以下のようにまとめました。

「O型は，きかぬ気の人，冷静な人，精力的な人，強い人。
A型は，おとなしい人，心配性の人，不平家，引っ込み思案の人。
B型は，よく気のつく人，世話好きの人，陽気な人，黙っておられぬ人。
AB型は，A型的で，B型的分子を有する人。」

これが現在の血液型性格関連説のもとになっています。

そして，医学者や心理学者によって300本以上の追試研究が行われました。しかし，多くの研究によって古川が主張するような関係は見られないとされ，この学説はしだいに衰退していきました（溝口，1994；佐藤，2002）。学説としての血液型気質相関説は，1933年を境に凋落します。しかし，科学系以外の学会では命脈を保っていたようで，学会以外の一般の人たちに古川学説が知られるようになっていました（佐藤，1994b）。その後，能見正比古によるブームが起こります。

[2]　なぜ血液型性格関連説を信じるのか

（1）ステレオタイプ

ステレオタイプとは，あるカテゴリーに対する単純化，固定化した見方や概念で，文化的・社会的に共有されています。たとえば，「日本人は真面目で親切」「アメリカ人は陽気でフレンドリー」といったものです。託摩・松井（1985）は，血液型によって人の性格が異なるという信念を血液型ステレオタイプと命名しました。

マクガーティ（2007）によると，ステレオタイプは，「集団ラベル」「背景的

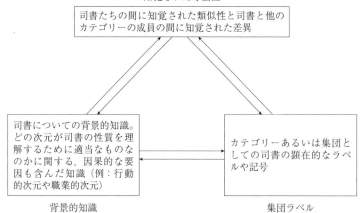

知覚された等価性

司書たちの間に知覚された類似性と司書と他の
カテゴリーの成員の間に知覚された差異

司書についての背景的知識。
どの次元が司書の性質を理
解するために適当なものな
のかに関する，因果的な要
因も含んだ知識（例：行動
的次元や職業的次元）

カテゴリーあるいは集団と
しての司書の顕在的なラベ
ルや記号

背景的知識　　　　　　　　　　　　　　集団ラベル

図2　制約関係の観点から見たステレオタイプ的側面の表象

（出典）　マクガーティ（2007）に加筆。

知識」「知覚された等価性」で形成されます。各項目はお互いに制約し合って
います（図2）。また，ブラウンとターナー（2007）は，ラベルはそれ自体で類
似性と差異を説明すると述べています。血液型ステレオタイプにおいては，集
団ラベルは特定の血液型です。背景的知識はその血液型にあるとされる特徴で
す。知覚された差異は，血液型の特徴とされる行動をある人が行っているのを
実際に見ることになります。

　上瀬（2002）は，血液型ステレオタイプは自動的に活性化すると述べていま
す。多くの日本人は各血液型の特徴についての知識のネットワークを形成して
いて，よく用いている人ほどネットワークの各概念が強固に結びついています。
そのため血液型に関する手がかりがあると，血液型ステレオタイプが活性化し
ます。現実には，血液型を気軽なコミュニケーションのツールとして楽しむ人
は多くいます。けれども，遊びであっても使えば使うほど，自動的活性化を促
進して，自分でも気づかないうちに相手を血液型で判断してしまうと警鐘を鳴
らしています。

(2)　確証バイアス

　自分の仮説や信念を支持する情報（確証情報）を重視・選択し，これに反証
する情報を軽視・排除する傾向を確証バイアスといいます。工藤（2003）は，

すべての血液型の特徴を含む架空の人物の記述を提示し，その人物がA型かどうかを尋ねました。その結果，血液型性格関連説を信じる程度にかかわらず，A型の特徴を示す情報を重要であると評定しました。同様の結果は，B型，O型でも見られました。これは，関連説の知識をもっている人に対して，関連説を否定して説得に成功したとしても，その人は依然として確証情報を重視してしまうことを示唆しています。人物の血液型が何型であるかを判断する場合は，関連説を強く信じているほど確証情報を重視しました。

(3) バーナム効果

血液型の性格を示す特徴，たとえば，B型の「マイペースな行動」「しばられ，抑制されるのをとくに嫌う」といった特徴は，程度の差はあれ誰でももっています。バーナム効果とは，誰にでも該当するような曖昧で一般的な性格に関する説明を，自分のことだと思い込んでしまうことです。アメリカの心理学者ミールが，興行師のバーナムの「誰にでもあてはまる要点というものがある」という言葉から名づけました。

(4) 予言の自己成就

縄田（2014）の1万人以上を用いた，血液型と性格には関係がないとする研究は一般のメディアでも報じられました。しかし，差が見られなかったのは，生活やお金に関連する質問項目が多く，性格特性そのものを検討する項目ではなかったからという可能性があります。

一方では，血液型と性格の「自己報告」に有意差が見られたとする研究もあります。山崎・坂元（1992）は，JNNデータバンクの1978〜1988年における，各血液型の特徴が自分にあてはまるかどうかという質問に回答したデータを分析しました。その結果，後の年になるほど，A型は相対的により「A型的」に，B型は相対的により「B型的」になるという変化を示しました（ただし，B型得点自体は，B型の人より他の血液型の人の方が高かったのでやや解釈が難しいですが）。彼らはこれを「血液型ステレオタイプによる自己成就現象」と名づけました。

予言の自己成就とは，根拠のない予言（噂や思い込み）であっても，その予言を信じて行動することによって，結果として予言どおりの現実が作られるという現象をいいます。

武藤（2012）は，山崎・坂元（1992）の追試を行い，2000年代以降も同様の

結果が出ることを示しました。これらの研究では，統計的な有意差が認められましたが，それは数千人以上の大規模なデータの比較をしないと認められない程度のもので，日常生活では使える差ではありません。しかし，以前はなかった有意差が見られるようになったのは，知識による汚染が進み，徐々に自己成就現象が増大してきた可能性があります。自己成就による差と遺伝による差は区別する必要があります。調査期間中に人々の血液型の遺伝子と性格に関する遺伝子の関連が徐々に強くなっていったということは，まず考えられません。ただし，自己成就現象に関して，性格が実際に変化したのか，認知が変わっただけなのかは未解決であり，この点は注意が必要です。

(5) 血液型性格関連説の採用過程

中林（2011）は，マス・コミュニケーション効果論をベースとして小学4年生の児童にアンケート調査を行い，以下のように結論づけました。①児童は，関連説の情報をマスメディアと人（パーソナル・メディア）の双方から得ている。②関連説に基づいた行動は，マスメディアよりもパーソナル・メディアの影響の方が強い。③準拠集団（自己の判断や行動の基準を与える集団）へ強い帰属意識をもつ者は，その集団のもつ関連説への信念と自身の信念が強く相関している。④関連説を信じていないが，それに基づいた行動をとる者が存在する。

(6) 血液型とナラティブ

ナラティブとは，一般には物語，語りなどと訳されます。デ・ウィッテ（1991）によれば，人間の行為を体制化する原理で，時間的な次元を含んだ人間的行為に関する象徴的記述です。また，事象を引き起こすように特定の方法で構成された複雑な文化的・心理的産物です。

ディスコースは言説と訳されることが多いですが，国重（2013）は，あえてこの訳語を用いていません。新しい概念として，当たり前や当然とする考え方，価値観，行動指針と捉えています。国重は，日本では社会的に「人の性格を血液型で判断すること」が許容されていて，そのような理解が当然とされていることを「血液型にまつわるディスコース」と呼んでいます。このディスコースを選ぶことで，性格を血液型で判断するというナラティブが形成されます。

ところで，漫画『ジョジョの奇妙な冒険』に登場する岸辺露伴には，人間を「本」にする異能力があります。露伴はその記述から心や記憶を読んだり，書

き換えて行動をコントロールすることができます。その本の内容はエピソード記憶やナラティブだと思われます。

　ナラティブ・セラピーでは，実際に「書き換え」という用語が使われています。この枠組みで考えれば，血液型にまつわるディスコースの支配性を低下させてナラティブを書き換えれば，血液型で性格を判断しなくなるということになります。

●文　献

浅尾哲朗 (2004).『血液型と母音と性格』論創社

ブラウン，P. M.・ターナー，J. C. (2007).「ステレオタイプの内容形成における理論の役割」マクガーティ，C.・イゼルビット，V. Y.・スピアーズ，R. 編，国広陽子監修，有馬明恵・山下玲子監訳『ステレオタイプとは何か ―― 「固定観念」から「世界を理解する“説明力”」へ』明石書店，pp. 89-116.

デ・ウィッテ，パトリシア (1991).「ナラティブのパラダイムに基づく社会心理学 ―― ディスコース上の自己」『年報人間科学』**12**, 67-83.

古川竹二 (1927).「血液型による気質の研究」『心理学研究』**2**, 612-634.

G・ダビデ研究所・TOKYO ★ 1 週間編集部 (2003).『後天性血液型でわかるアナタの本性と運勢（2003 年版）』講談社

長谷川芳典 (1988).「血液型と性格 ―― 公開講座受講生が収集したデータに基づく俗説の再検討」『長崎大学医療技術短期大学部紀要』**1**, 77-89.

放送倫理・番組向上機構［BPO］放送と青少年に関する委員会 (2004).「「血液型を扱う番組」に対する要望」http://www.bpo.gr.jp/?p=5125

Jamais Jamais (2007).『B 型自分の説明書』文芸社

上瀬由美子 (2002).『ステレオタイプの社会心理学 ―― 偏見の解消に向けて』サイエンス社

厚生労働省 (2021).『公正な採用選考をめざして 令和 3 年度版』https://kouseisaiyou.mhlw.go.jp/pdf/01.pdf

工藤恵理子 (2003).「対人認知過程における血液型ステレオタイプの影響 ―― 血液型信念に影響されるものは何か」『実験社会心理学研究』**43**(1), 1-21.

国重浩一 (2013).『ナラティヴ・セラピーの会話術 ―― ディスコースとエイジェンシーという視点』金子書房

マクガーティ，C. (2007).「カテゴリー形成としてのステレオタイプ形成」マクガーティ，C.・イゼルビット，V. Y.・スピアーズ，R. 編，国広陽子監修，有馬明恵・山下玲子監訳『ステレオタイプとは何か ―― 「固定観念」から「世界を理解する“説明力”」へ』明石書店，pp. 29-55.

松田薫 (1994).『「血液型と性格」の社会史 ―― 血液型人類学の起源と展開〔改訂第二版〕』河出書房新社

松井豊 (1991).「血液型による性格の相違に関する統計的検討」『東京都立立川短期大学紀要』**24**, 51-54.

溝口元 (1986).「古川竹二と血液型気質相関説 —— 学説の登場とその社会的受容を中心として」『生物科学』**38**(1), 9-20.

溝口元 (1994).「昭和初頭の「血液型気質相関説」論争 —— 古川学説の凋落過程」詫摩武俊・佐藤達哉編『血液型と性格 —— その史的展開と現在の問題点』現代のエスプリ 324，至文堂，pp. 67-76.

武藤浩二 (2012).「教員養成課程における科学リテラシー構築に向けた疑似科学の実証的批判的研究」科学研究費助成事業（科学研究費補助金）研究成果報告書 https://kaken.nii.ac.jp/ja/file/KAKENHI-PROJECT-22650191/22650191seika.pdf

中林幸子 (2011).「血液型性格分類はどのような過程で採用されるか —— 児童へのアンケート調査から」『千里金蘭大学紀要』**8**, 16-27.

奈良信雄 (2009).『血液のふしぎ』SB クリエイティブ

縄田健悟 (2014).「血液型と性格の無関連性 —— 日本と米国の大規模社会調査を用いた実証的論拠」『心理学研究』**85**, 148-156.

能見正比古 (1971).『血液型でわかる相性 —— 伸ばす相手，こわす相手』青春出版社

大村政男・浮谷秀一・藤田主一 (2009).「「血液型気質相関説」の史的評論 (3) 追悼 能見俊賢・中国における血液型性格判断を中心にして」『応用心理学研究』**34**(2), 97-106.

佐藤達哉 (1994a).「ブラッドタイプ・ハラスメント —— あるいは AB 型の悲劇」詫摩武俊・佐藤達哉編『血液型と性格 —— その史的展開と現在の問題点』現代のエスプリ 324，至文堂，pp. 154-160.

佐藤達哉 (1994b).「古川竹二 —— 教育における相互作用的観点の先駆者」詫摩武俊・佐藤達哉編『血液型と性格 —— その史的展開と現在の問題点』現代のエスプリ 324，至文堂，pp. 23-33.

佐藤達哉 (2002).『日本における心理学の受容と展開』北大路書房

佐藤達哉「「＊＊を信じるな！」1　血液型性格判断を疑ってみよう！血液型カルチャー年表」http://www.psy.ritsumei.ac.jp/~satot/newversion/dont/blood.html

佐藤達哉・渡邊芳之 (1996).『オール・ザット・血液型』コスモの本

竹内久美子 (1994).『小さな悪魔の背中の窪み —— 血液型・病気・恋愛の真実』新潮社

詫摩武俊・松井豊 (1985).「血液型ステレオタイプについて」『東京都立大学人文学部人文学報』**172**, 15-30.

上村晃弘・サトウタツヤ (2006).「疑似性格理論としての血液型性格関連説の多様性」『パーソナリティ研究』**15**, 33-47.

山岡重行 (2011).「テレビ番組が増幅させる血液型差別」『心理学ワールド』**52**, 5-8.

山崎賢治・坂元章 (1992).「血液型ステレオタイプによる自己成就現象 —— 全国調査の時系列的分析 2」『日本社会心理学会第 33 回大会発表論文集』342-345.

第3章

文化心理学×学校・教育

①ゼミから見る文化／文化から見るゼミ

山田嘉徳

■ はじめに

　本章では，ゼミについて考えます。ゼミとはゼミナール（seminar）の略称で，大学ではセミナー・演習形式の教育を通称してゼミと呼んでいます（齋木, 2004）。ここではみなさんが経験する授業としての大学のゼミを題材とすることで，ゼミという教育活動に対する理解を深め，記号（sign）の配置としての文化という考え方になじんでもらいたいと思います。はじめに「ゼミから見る文化」について，「システムとしてのゼミ」という観点から説明します。ついで「文化から見るゼミ」として，講義とゼミとの比較を通して，何がゼミという営みを特徴づけているのかについて，行為を促す記号の働きという観点から眺めてみたいと思います。なおゼミと一口に言っても，たとえば授業外で行われるゼミ（自主ゼミ）や大学院における教育課程で開かれるゼミ（大学院ゼミ）など多様なものが存在しますが，ここでは主として大学4年制の専門教育課程のゼミについて取り上げます。

1　ゼミから見る文化

　大学ゼミは，講義としばしば対比される特殊な形式をもつ授業です。ゼミの原義は，植物が発芽しやすい条件を備えた苗床を意味するラテン語のseminarium に由来します。このことからゼミとは，新たな知が生み出されて

育っていく，そうした期待が込められた教育活動の場だといえるでしょう。

　授業としてのゼミは，研究内容を深める形式で行われる点に大きな特徴を有します。ゼミの起源は，1812年のベルリン大学の古典学ゼミナール設立にあるとされ，「「学生を研究させながら教育する」ために設計された特別な空間」の中で，「ごく少数の学生に限定された教育活動」でした（潮木，2008）。現代ではむしろゼミをまったく経験しないまま大学を卒業するということは考えにくいほどですが，ゼミ構成員が一定の課題に向かい，その課題に対応する素材を介して，互いに問いを向かい合わせ，そこに込められたものを探るという営みは，現代の大学授業においても引き継がれているといってよいでしょう（赤羽，2000）。

　ゼミとはつまり，特定の共同体の構成員が，互いに問いに込められたものを探る営みによって展開される教育活動の場だと特徴づけられます。ゼミから文化を考えるということはこの共同体でなされる一連の学びの一般的な過程について考えることにほかなりません。こうした大学ゼミという文化に参入し，ゼミ文化を取り込んでいく過程は，システムとしてのゼミという観点から検討することができます。

[1]　システムとしてのゼミ

　システムとしてのゼミについて，その活動を眺める際に特徴的なポイントとなるのは，その活動の主体がどのように発生するか，という点です。一般的に大学教育の象徴としても注目されるゼミですが，「ゼミの主人公は学生である」などという言い方は，みなさんも聞いたことがあるかもしれません。まずはよくある代表的なゼミ紹介の仕方に触れ，このことを考えてみます。初年次用のゼミのテキストに掲載された解説の一部から確認してみましょう（図1）。

　この記述を見ると，ゼミにおいては通常の講義形式の授業とは異なり，より積極的な参加が期待されているということに気づきます。それは，ゼミは「社交の場」であり，「有機的な空間」である，という点から理解できます。とはいえ，ゼミで積極的な参加が求められるといっても，それがどのようなことであるかについて，ゼミに入る前からイメージすることは難しいかもしれません。たとえば講義では，事前に習得すべき知識や技能が明示され，指示された方法

> ゼミは，まず社交の場であり，自分の発言と相手の発言とのやりとりによって成り立つ有機的な空間なのです。たとえ制度上，先生の授業計画に沿って進めていくとしても，ゼミメンバーひとりひとりが考えて動かないと，その空間は無機質なものになってしまいます。ゼミでは自分自身が運営主体。その意識をもちましょう。

図1　ゼミの解説の一例

（出典）　南田ら（2011）より。

で学んでいく，といったことで，学び方についてはわかります。しかしゼミの場合には，教員の指導があるとはいえ，ゼミ構成員で互いに問いを向け合い，探究する方法やその具体的な内容が実感としてわかりづらい，という側面があるわけです。つまり自分がこれから何を手がかりにどう学ぶか，ということまで，時に応じて自分で判断し実践する必要も出てくるという点に，ゼミの学びの特徴は存在します。

　つまり通常の講義はもっぱら，一定のやり方で学ぶ場として特徴づけられることが多いのに対して，ゼミという場ではむしろ，ゼミ構成員同士による学びを通してその学びそのものを形づくる点において，講義との特徴の違いが認められます。システムとしてのゼミに見る文化の過程は，こうした学びという営みがどう形づくられていくのかという点から明らかにすることができます。

［2］　システムの未分化状態

　システムという観点でゼミを見るとき，ゼミ構成員がまず学習者として，記号としてのゼミと出会う局面が想定できます。ゼミという文化に触れ始めたばかりで，いまだゼミというものが何を意味するかについて理解することが困難な段階です。このとき，システムとしては未分化の状態に置かれています。この段階では学習者は当該のゼミではどのような発言や姿勢が期待されており，どのように行為すべきかについてよくわからないため，その場にふさわしい振る舞いを探し始めます。活動としてはたとえばオリエンテーションが初期に設けられることも少なくありません。アイスブレイクなどと呼ばれる活動を通じ，ゲーム形式でゼミでの学びが円滑に進展するような体験機会も，この段階で設定されることもあるでしょう。また場合によっては，TA（teaching assistant）と呼ばれる教育補助者など上級生が存在する場合，学習者がなすべきことの理解

へと接近できるような支援としての足場かけ（scaffolding）がなされることもあるでしょう。しかしいずれにせよ，この段階では教員の側からの指導や助言としての意図的な支援の足場かけが優勢です。

[3]　システムの分化と構成

　次の段階では，ゼミでも徐々に学習者に寄り添い，学習への動機づけを高める仲間（peer）ができ始めることによって，システムとしてのゼミの分化と構成が果たされていきます。ゼミという場では構成員である仲間のやりとりを主として学習が展開されていきますので，ゼミのメンバーの相互のやりとり，すなわち参加のあり方次第で，当該のゼミの経験は異なる径路を辿ることになるでしょう。当該ゼミにおけるさまざまな制約のもとで，システムとしての分化が果たされていきます。この様相は，ロゴフ（2006）が概念化した，導かれた参加（guided participation）という視点からよりよく説明できます。導かれた参加は，整合性をもった個人と全体との相互作用の様式が，構成員の役割や責任の変容を導く，この一連の様相を捉える視座を提供します。この概念はシステムとしてのゼミがいかに「有機的に」展開されていくのか，ゼミのもつ独特な特徴を見ることともよく整合します。先に述べたように，ゼミは共同体としての性格をもちえます。それゆえ，ゼミはシステムとして開かれており，教員が学生の学びをオーガナイズするのと同時に，場に開かれた当人が今度は共同体に参加し，共同体の実践全体の構成に一役買い，相互に変容していく分化と構成に寄与する過程が見られます。「自分の発言と相手の発言とのやりとりによって成り立つ有機的な空間」（南田ら，2011）という認識が，当該のゼミの共同体において成立していくのです。その成立如何は，ゼミ独自の制約と参加の諸形式次第であり，システムとしてのゼミでの経験とそこでの学びは実践への参加過程として構成され続けていきます。

[4]　システムとしての支援関係の安定と組織化

　ゼミも佳境に入ると，学習者に寄り添い，少し前を行く学びを見せる仲間の介在があることで，システムとしての支援関係はよく安定し，ゼミ自体が組織化されていくという段階が想定されます。この段階では，ゼミの共同体の規範

は各々に成員性（membership）形成と相俟って内面化され，「ゼミらしさ」がはっきりと見られるようになっています。集団発達の過程という側面から見ると，集団規範に沿って集団雰囲気が発生し，役割分化もすでに十分に認められた組織化に至る段階です。システム全体としては仲間による支援も自然発生的に生じるために，ゼミに特有の探求を互いに行う関係のもとで展開されるゼミらしい学びが随所に見られることも確認できます。このとき，場をオーガナイズする主導権はすでに教員の手からは離れ始めており，明示的で意図的な支援を取り除く足場外し（fading）が見られ，ゼミの発言もおおむね他の仲間が引き取り合うといった仲間同士の対話が軸となった学びが，一定のリズムをもって集合的に展開されていきます。

[5]　システムの豊饒化と再構成

　やがて教授者の意向を反映した直接介入的な形での教育補助に資する仲間の介在があることにより，ゼミでの学びの志向が構成員のそれぞれにとっても明確となり，ゆえにゼミの文化はゼミ構成員の実践によって維持され，さらに拡張的に再構成される，という段階に至ります。明確に意図されてかけられる足場よりも，アドホックな足場かけをそれぞれが互助的に行うというやり方で，足場自体が仲間同士で豊かに自律的に形づくられていきます。「ゼミでは自分自身が運営主体」（南田ら，2011）という意味は十分に場に満ち，個人内では現にそうであるかは別にしても，少なくとも場全体にはそれは価値規範として浸透していきます。ゼミ構成員でなされるゼミのありようをめぐるゼミについての語りも，当該ゼミの環境を下支え，ゼミという実践を維持することに十分に貢献します。たとえゼミの学びや運用のあり方において，成員間で葛藤や矛盾が見られようとも，それがむしろ媒介となり，新たな学びの契機となり，よりダイナミックな維持と発展に展開する過程が見られます（山田，2012）。再構成されたゼミは，年度をまたいで構成員の入れ替わりによって初発の段階へと立ち戻り，システムとしてのゼミは発展的に循環していきます（田中・山田，2015）。

　このように，システムとしてのゼミを考えてみることで，記号としてのゼミに出会い，発生し，変容していく文化の一般的な過程を考えることができるの

です。

2 文化から見るゼミ

　仮に講義の文化，ゼミの文化という言い方をするなら，講義とゼミのそれぞれの場においていかなる記号が発生するかという点について比較検討してみることで，教育活動という営みをよりよく理解することにつながるものと考えられます。教育活動の内容という観点で見るとき，講義はラテン語の lectio に由来するように，もともと「読む」ことが活動の本質にあるとされます。教師がテクストを読み，学生がそれを聞くといった形で，読むという行為が講義の教育活動の中心に位置します。一方，ゼミは，ある特定の見解をもとに議論を組み立てる，ラテン語の disputatio に由来する「討論」が活動の中心となります。この活動の違いに対応する形で，さまざまな記号の発生と働きの違いが認められます。

　ここではとくに講義とゼミのそれぞれの活動の差異に注目して，相対的にゼミという場で発生して機能する記号の働きについて，ゼミの授業形式と座席，ゼミにおける振る舞い，共同体としてのゼミ，ゼミの魅力と不満という 4 つの視点から検討していきたいと思います。

[1]　ゼミの授業形式と座席

　講義は伝統的に授業形式としては集団一斉指導と呼ばれ，平床教室や階段・スロープ教室で行われ，教員が学生全体を見渡し，机間巡視がしやすいように座席も配置されます。一方ゼミは個別・班別による対話的な指導がなされやすいよう，バリエーションはありますが，円卓形式や田の字形式，ロの字形式やコの字形式で討論がしやすいように座席が配置されます。これらの違いに注目して，授業出席に際して発生する記号の働きを比較検討しましょう。

　たとえば，講義で 200 人の座席が存在する教室の場合，個々の座席はその場所に応じて記号的に振る舞っていると考えられます。前すぎず後ろすぎない座席は，友達同士で座りながら授業を聞くのに適していると見なされ，友人と授業を受講したいと望む人は，真ん中後方に座れる座席を探そうとするかもしれ

ません（島田，2001）。一方，ゼミの座席は通常少人数でお互いの身体が向かい合う形となりますので，意見を言う人の表情やしぐさがよく見え，調子を合わせやすくなり，仲間意識や連帯感を生み出しやすくなります。反面，対立が激しいと，逃げ場がなく苦痛になるといった側面もあります。また授業への不参加はゼミの場合，たんに授業に出る，出ないといった話にとどまりません。そこに座っているはずの彼・彼女の席が空いてしまっていることによる，欠席に伴う不在の意味が発生しうるのです。具体的には「決まっていつも顔を出す〇〇くん・〇〇さんがいない」という，顔の見える関係の中で成立する固有名的な記号が発生し，受容されるのです。

[2]　ゼミにおける振る舞い

　またゼミは，学ぶ行為があって成立しうる実践の場です。教員の側からすると，いかに授業という場で学生の発言を介して学び合いを組み立て，どのような言葉を用いて深めていくのかを実践の最中に模索します。ゼミは講義に比べ相対的に，即興的な展開がなされる実践であるともいえます（船曳，2005）。

　一方学生のみなさんからすると，ゼミという場で専門用語になじみ，使いこなせるようになるまでの学びにおいて，最初は教員がなぜあの場でそのような用語をもって発言をしたのか，腑に落ちず意味がわからないことも十分にありうることです。ゼミで何が学ばれるのかは，その時々の文脈に応じ，学びはむしろ端的には討論中のやりとりを通じて状況に埋め込まれる側面があるためです。たとえば，ちょうど私たちが外国語になじみ，運用していくことが可能になる習得過程にも通じる部分があります。はじめはよそよそしく使用する言葉も，あるいは「〇〇ゼミ」らしい振る舞いというものも，やがてはなじみある言葉や振る舞いとなり，討論という実践への参加を通して自分の言葉や振る舞いとして専有（appropriation）されていくのです。

　さらにいえば，たとえば討論に際し，発表者に対して労いの言葉から質疑が始まることが習慣化されているゼミがあります（田中・山田，2015）。仲間同士で展開されるゼミの学びの場は，こうした討議が開始されるための作法が歴史的に引き継がれていく，振る舞いの伝播を通した文化的な継承が見られる局面があります。学び方や知の伝達のやり方如何で講義との差異が強調される議論

はよくありますが，ある行為を方向づける記号の配置と振る舞いの継承の仕方の違いから，講義と相対するゼミの文化的なあり方について眺め直してみるのも興味深い論点であると思われます。

[3] 共同体としてのゼミ

　そしてゼミが講義とは大きく異なり，授業の中でも特殊な位置を占めるのは，共同体としての性格をもちうる点に由来します（毛利，2006）。たとえばゼミは授業の1つでありながら，他の講義には見られない「合宿」や「飲み会」といった，必ずしも授業の一環とは限定できないような行事が課されていることも少なくありません。「○○ゼミ所属」という表現が用いられることやゼミを担当している教員の名前を冠して「○○ゼミ」と呼ばれたりすることからも，ゼミ構成員が共同体に所属するメンバーの一員として，そこにアイデンティティを見出している可能性も十分に考えられます。教員の側も，ゼミを専門教育の方法としてだけでなく共同体としても認識し，専門性の習得を超えた価値をゼミナールに見出す傾向があるとの報告もなされています（伏木田ら，2011）。教員のある種の嗜好や経験，価値観，信念といったものが，結果として学ばれる中身にまで反映されるのがゼミの特徴だということもできるでしょう。たとえカリキュラムの中で明確な目標が位置づけられた授業の1つであっても，共同体的な機能が下支えとしてあって成り立つというのはゼミ特有の特徴といえます。

[4] ゼミの魅力と不満

　講義には見られないゼミの魅力はどこにあるのか，あるいはゼミの不満はどのような点に認められるかに関する調査（伏木田ら，2012）を参考にすると，ゼミの魅力として「構成員間（教員−学生，学生−学生）の仲や雰囲気の良さ」「学生間のかかわり」「先生の人柄や話の面白さ」といった，成員間の相互作用がとくに重視されていることが明らかにされています。一方，不満について，「不活発な発言や議論」「学生のやる気と教員の指導」が挙げられ，授業時間内の活動がとくに問題視されることが多いとされます。ゼミのもつ特徴をいいあてた結果になっていると思われます。

ゼミでの関わりが重視されるということは，密なコミュニケーションが期待されることになり，十分にそれができない状況は，「行きづらい場としてのゼミ」といった記号が発生する可能性も十分ありえます。たとえば，専門教育の4年次ゼミでは卒業論文にはじめて取り組む学生は，しばしばさまざまな困難・矛盾・葛藤を抱えうるとの報告があります（鶴田，2001）。卒業演習を対象に卒業論文を書き上げる過程を追った調査でも，書き進める作業の最中で葛藤のプロセスが存在することが報告されています（山田，2015）。いま，ゼミが大学の中でも大きくクローズアップされ，ゼミに対する期待が大きいがゆえに，ゼミへの行きづらさをつくり出す負の記号の機能という局面にも，注目が集まってよいはずです。ゼミの魅力がとくに人的な関わりにあるからこそ，矛盾や葛藤，戸惑いの発生の過程を，多様な径路とともに丁寧に見ることも大切にしたい視点の1つです。

■ おわりに

　ゼミには教育の場づくりの仕掛けと学びの契機がさまざまに存在していることを記号配置としての文化という観点から見てきました。ゼミには教育活動においての記号の働きを読み解くのに示唆的な事例がいくつも存在します。ただしその働きを読み解くにあたって，AゼミとBゼミの文化を比較する，といった類のアプローチをとるということはしませんでした。「記号は心によって作られ，心は記号を通じてはたらく」（ヴァルシナー，2013）という考え方からすれば，過度に一般的すぎるラベルのもとで集団間の比較を行うのではなく，むしろ具体的なトピックを題材にして記号の働きを読み解き，文化を描き出すことをねらうからです。文化を記号発生の観点から捉える立場（ヴァルシナー，2013）からすれば，各々の実践が次なる実践を生成し，特定のゼミ文化の維持・発展の脈絡を準備し続ける過程の具体像について説明が可能になります。記号の配置としての文化の考え方は，ゼミでの学びの日常，すなわち，新たな知が生み出されて育っていく場としての文化の発生と維持の一般的過程についてより理解を深めることに役立つのです。

●文　献

赤羽潔 (2000). 「「研究」の舞台としてのゼミを創る ── 「ゼミとは何か」を問う（試論）」 『山口県立大学社会福祉学部紀要』 **6**, 143-152.

船曳建夫 (2005). 『大学のエスノグラフィティ』 有斐閣

伏木田稚子・北村智・山内祐平 (2011). 「学部 3，4 年生を対象としたゼミナールにおける学 習者要因・学習環境・学習成果の関係」 『日本教育工学会論文誌』 **35**, 157-168.

伏木田稚子・北村智・山内祐平 (2012). 「テキストマイニングによる学部ゼミナールの魅力 ・不満の検討」 『日本教育工学会論文誌』 **36**, 165-168.

南田勝也・山下玲子・矢田部圭介 (2013). 『ゼミで学ぶスタディスキル』 北樹出版

毛利猛 (2006). 「ゼミナールの臨床教育学のために」 『香川大学教育実践総合研究』 **12**, 29-34.

ロゴフ，B.（當眞千賀子訳）(2006). 『文化的営みとしての発達 ── 個人，世代，コミュニテ ィ』 新曜社

齋木喜美子 (2004). 「演習の方法」 日本教育方法学会編 『現代教育方法事典』 図書文化社, p. 494.

島田博司 (2001). 『大学授業の生態誌 ── 「要領よく」生きようとする学生』 玉川大学出版 部

潮木守一 (2008). 『フンボルト理念の終焉？ ── 現代大学の新次元』 東信堂

田中俊也・山田嘉徳 (2015). 『大学で学ぶということ ── ゼミを通した学びのリエゾン』 ナ カニシヤ出版

鶴田和美 (2001). 『学生のための心理相談』 培風館

ヴァルシナー，J.（サトウタツヤ監訳）(2013). 『新しい文化心理学の構築 ── 〈心と社会〉 の中の文化』 新曜社

山田嘉徳 (2012). 「ペア制度を用いた大学ゼミにおける文化的実践の継承過程」 『教育心理学 研究』 **60**, 1-14.

山田嘉徳 (2015). 「大学教育実践 ── 卒業演習における教師と学生とのかかわり」 安田裕子 ・滑田明暢・福田茉莉・サトウタツヤ編 『TEA 実践編 ── 複線径路等至性アプローチを 活用する』 新曜社, pp. 92-98.

②不登校から見る文化／文化から見る不登校

神崎真実

■ は じ め に

　不登校は，病気や経済的理由を除き，何らかの心理的，情緒的，身体的，あるいは社会的要因・背景により，登校しないあるいはしたくともできない状態を指します（文部科学省の定義）。年間で 30 日以上の欠席（病気や経済的理由を除く）をすると不登校としてカウントされ，その数は小中学生で約 24 万 5 千人，高校生で約 5 万 1 千人に及びます（文部科学省，2022）。不登校にはなっていないものの，学校を心理的に避けている，遅刻や早退を繰り返す，教室外に登校しているといった不登校予備軍の中学生は，約 33 万人いるとの推計も出ています（日本財団，2018）。けっして少なくはない数の子どもたちが，不登校ないし不登校予備軍になっていることが見て取れるでしょう。

　文化心理学的なものの見方（システミックな現象の捉え方）をするならば，不登校は個人内に閉ざされた現象ではなく，学校や家庭，社会との相互作用で生じる現象です。不登校の子どもや家庭，教師の中に原因が内在しているとは考えません。しかし，不登校者数が増え続けているいまも，不登校が個人の問題として処理されてしまうことは少なくありません。不登校がどうして起きたのか，原因探しが繰り返されているのです。

　筆者はこれまで，不登校経験者等を受け入れる高校（以下，受け入れ校）でフィールドワークを行ってきました。不登校について語るとき，多くの人は生徒が学校にいないことに注目し，どうして来ないのかと問います。一方，受け入れ校では，生徒が学校に居ることを当然視せず，どうしたら来ること，居ることのできる環境をつくれるのかが問われます。不登校の「当事者」を変えようとするのではなく，学校の「環境」を変えようとする土壌があるのです。受け入れ校のこうした取り組みを文化心理学の見方で捉えていくことで，不登校という現象を個人内に閉ざすことなくシステミックに理解する道筋が開かれると考えられます。

　ここでは，文化心理学の見方に基づき，不登校を相互作用の中から理解して

いきます。不登校という言葉を聞いただけでは「自分とは関係がない」と思う
かもしれませんが，不登校になるプロセスや相互作用を知って，みなさんが自
分との共通性を少しでも見出してくれたらと思います。不登校に関心をもって
くれた人がいたら，不登校 50 年証言プロジェクト（全国不登校新聞社がインター
ネットで PDF を無料公開しています）等にも目を通してみてください。

1　不登校から見る文化

　多くの人にとって，学校はよくも悪くも行くことが当たり前の場所となって
います。そうしたなかで，学校に行くことが日常ではなくなったとき，世界は
どう見えるのでしょうか。以下では，中学校の間に不登校を経験し，受け入れ
校に入学した生徒たちの事例を紹介します。ここで紹介するのは限定的な事例
であり，実際には学校外に居場所を見つける人や短期間で学校に戻る人など，
もっとさまざまな生き方や選択肢があることを付記しておきます。

[1]　学校生活をもちこたえる —— 静かに訪れる限界

　学校という場では，日々刻々と，さまざまな出来事が起こっています。授業
中に発表の順番がまわってきて緊張したり，居眠りしてノートに変な模様を書
いてしまったり，友人とテレビ番組の話で盛り上がったり，合唱コンクールで
喧嘩したり……。多くの人は，クラスの人たちの姿とともに，学校生活を思い
出すのではないでしょうか。学校は，学習の場であると同時に，他者とともに
喜怒哀楽を経験する生活の場でもあります。

　私たちは学校で何らかの困難に直面したとき，学校を休もうとは考えませ
ん。生活の場として，学校で 1 日をすごすことが当たり前になっているからで
す。それは不登校経験者も同じで，彼らは何らかの困難に直面した後，学校に
通い続けようともちこたえる時期を経験していました。「部活動で県大会に出
ることを目標にして頑張ろう」など，これまでとは異なる居場所を見つけたり，
目標を立てたりしながら，学校生活を続けました。

　とはいえ，学校生活を続けようとして見出した居場所や目標が，うまく機
能するとは限りません。さらなる困難が重なることだってあります。たとえ

ば，保健室に通いながら登校を続けていたけれど，保健室に迎えに来てくれる
友人や先生に申し訳ない気持ちが出てきた人や，大好きな祖母が亡くなって全
部どうでもよくなった人。事情はさまざまですが，徐々に学校に居ることの苦
しさが増していき，静かに限界が訪れます。このとき，何らかの身体症状（朝
起きられない，教室で過呼吸になる，給食がのどを通らないなど）を経験して限界に
気づく場合が少なくありません。とりわけ，自律神経機能不全の1つで，朝に
起きられない，立ちくらみがする，倦怠感があるといった症状をもつ「起立性
調節障害」は不登校の3〜4割に併存するとされています（日本小児心身医学会,
2022）。

　一般論として，学校には問題の早期発見が求められており，心理学では困っ
ている子を見つけるためのアセスメントツールが開発されています。不登校に
関しても，学校生活をもちこたえている子どもの発見は重要です。とはいえ，
そうした状態の子どもを見つけることは容易ではありません。本人がみずから
望んだ行動や役割をとり，周囲が応じていった結果として，苦しい状況がつく
り出されることがあるからです。たとえば，友人をつくるために無理して明る
く振る舞っているうちに，友人から無茶ぶりをされるようになった等，本人が
積極的につくり出した状況によって苦しくなるような場合，本人は「困ってい
る」と認識しにくいのです。対人関係のトラブルや学力不振など明らかな理由
がある場合を除き，学校生活に困難を抱える子どもの発見は，とても悩ましい
問題です。

[2]　欠席し始める・家にこもる ── 周囲の人との不調和

　そして，学校生活を何とかもちこたえようとしている最中に，校門を前に足
がすくんで家に戻ってしまった，体調が悪いと嘘をついてしまったなど「休ん
でしまった1日」を経験します。欠席し始めた頃は「今日は休んでしまったけ
れど，明日は行こう，行けるかもれない」と考えます。しかし実際には，登校
したりしなかったりと不安定な日が続き，徐々に欠席が積み重なっていきます。
　欠席が増え始めると，多くの場合は保護者や教師から「どうしたの」「なぜ
行けないの」と聞かれます。周囲の大人は，子どものことを考えて，何とかし
たいと思って言葉をかけているのでしょう。しかし，子どもにとっては自分を

責めている言葉のように受け取れてしまうことがあります（伊藤, 2006）。直接的な会話でなくとも，暗に学校へ行きなさいというメッセージが伝えられることもあります。たとえば，子どもが「明日は（学校に）行くから」と言ったときに，保護者が安堵の表情を浮かべたことで，学校に行ってほしいという思いが伝わることもあります。

　そもそも，「漢文の授業がわからないから」などと明確な理由があって，他者に言える状態であれば，本人も対処していたはずです。そうした状態ではなくなり，限界が訪れて学校に行けなくなったのです。私たちが日々の暮らしの中で感じていることは，「悲しい」「楽しい」といった言語で表現される感情よりも曖昧なものです（Branco & Valsiner, 2010）。さまざまな感情や思いが次から次へと思い浮かんで圧倒されてしまい，他者に伝える言葉が見つからないことだってあります（Valsiner, 2014 を参照）。そうしたときに，「どうしたの」と聞かれても，「別に」「なんとなく」としか答えようがないのでしょう。こうして欠席が続くにつれ，その理由を知りたい，本人の気持ちを理解したいと思う周囲の大人と，言語化できない曖昧な苦しさを感じる子どもの間でギクシャクすることは少なくありません。

　こうして周囲とやりとりするうちに，本人は不登校に関するさまざまな言説をみずからのうちに取り込み，落ちこぼれの自分，病気の自分といったアイデンティティを形成するようになります（Yoneyama, 1999）。そのような時期に，クラスメイトや担任からの連絡は，登校への抑制的記号として働きやすいようです。周囲の人は本人を支えたい，何とかしたいと思って連絡をとったとしても，その連絡が，学校に行っていない状態を際立たせてしまう可能性もあります。関わることは大事ですが，その関わりが本人を変えることや登校させることを目的としたものになっていないか，留意が必要でしょう。

[3]　行く場所・居る場所が見つかる —— 過去を問われない「普通」の場所

　学校に行かない・行けない日々をどのように終えるかは人によってさまざまですが，筆者が行った調査では共通点があることもわかりました。調査に協力してくれた人たちは，不登校中にアニメや小説といったシンボリック・リソースを用いて，自己効力感・統制感を得ていたのです（神崎・鈴木, 2021）。彼らは，

不登校中に小説を読んで「こんな生き方もあるのか」と気づきを得たり，エッセイの言葉を支えに自身の障害に向き合ったり，ゲームの世界に没頭して1位をとる経験をしたりしていました。こうしてシンボリック・リソースを支えに，自分もやればできるかもしれないという感覚を得ていきました。

　シンボリック・リソースとは，人が世界や他者，自分に対して働きかける過程で，資源になった文化的エレメントのことを指します（Zittoun, 2017）。アニメや小説，映画や音楽といった文化的エレメントは，常に誰にとっても資源になるわけではなく，使用する人がその人にとっての意味を見出したときに資源となります。そしてシンボリック・リソースは，世界を理解することやいまここの現実から離れてイマジネーションすることを支える，ともいわれています（Zittoun & Gillespie, 2016）。不登校になった子どもたちは，各々が自分に合うシンボリック・リソースと出会ったことで，それまでとは異なる生き方や考え方へと想像が及んだのだと考えられます。

　その後，調査に協力した人たちは，フリースクールや習い事，保健室やオンラインのコミュニティなど教室以外の場に通うようになりました。子どもたちが無理なく居られる場には，いくつかの共通点があるようです。第1に，彼らの緊張や心理的負担を想像することができる人の存在です。彼らが外へ出るときには，「混雑した電車に乗ることができるだろうか」「あの人たちは自分のことを笑っているのではないか」など，何重もの不安を抱えながら，自分とは異なる他者がいる世界に飛び込んでいきます。そうした緊張や負担について想像できる人がいるのといないのとでは，安心感が異なるでしょう。第2に過去を問われない場であることです。誰しも，不登校としての自分や過去と折り合いをつけて新たな環境へ移行しようとしているときに，過去を問われることは苦痛でしょう。ただし，彼らの負担を想像し，過去を問わないといった態度が行きすぎると，彼らを「特別扱い」することにつながります。不登校者を受け入れる学校や施設の中には，一般的な施設や学校のイメージとはかけ離れた癒しの空間をつくろうとしたり，無理をさせないことに重点をおいたりするところがあります。しかし，誰しも不登校だからといって特別扱いされたいわけではありません（樋口，2022も参照）。したがって第3に，「普通」に接してくれる場であることも居場所の条件となります。

不登校の前後では，周囲の人が本人を思ってとったはずの行為が，本人からは違った意味で受け取られてしまう事態が多発します（不登校期における「どうしたの」という声かけなど）。こうしたコミュニケーションにおける解釈のズレは，ネガティブに捉えられる傾向にあります。しかし，人間の発達は，決められた方向に向かう一元的なものではなく，未来に開かれたオープンエンドなものであり（Valsiner et al., 1997），こうした解釈のズレこそが新しい関係性や発達の多様性を生み出します。口出しをしないよう心がけていた親と，親は自分への興味を失ったのだと解釈する子，達成感をもってほしいと個別指導に時間を割く教師と，自分ができないから個別指導されていると解釈する生徒など，解釈にズレが生じる場面は枚挙に暇がありませんが，「相手がそういうふうに解釈していたのか」と気づくところから新しいコミュニケーションが始まり，関係の変化と発達の多様化が起こります（くわしくは白井，2014 を参照）。

[4]　居ることが背景になる —— 友達，恋人，宿題，帰り道

　不登校経験者を受け入れる高校（受け入れ校）には，生徒がそこに「居ること」を支える工夫があります。たとえば，筆者が関わってきたフィールドでは，生徒が無理なく居ることができる場所として，職員室やオープンスペースが活用されていました（神崎・サトウ，2015）。一般的に，職員室は教職員のための場であり生徒が立ち寄ることはありません。また，教室以外で生徒が居られる場は，不登校傾向の子に限定された別室や，障害をもつ子に限定された特別支援教室くらいしかありません。しかし受け入れ校では，職員室やオープンスペースが生徒全体に開かれ，そこに教師やボランティアなどの支援者が常駐していました。生徒たちは，同級生から特別視されることなく，かといって放置されることもない空間で，休憩を挟みながら学校生活に参入していきました。

　言い換えると，受け入れ校では「場のデザイン」を通した支援が行われていたのです。生徒が無理なく居られる場をつくるという支援のあり方は，学校では一般的ではないかもしれません。しかし，学校に身をおくことそのものに緊張する生徒や，教師と面と向かって話すことに抵抗を覚える生徒，同級生集団に恐怖心を抱く生徒にとって，教室以外に居ることのできる場は不可欠です。受け入れ校では，さまざまな思いを抱えながら再び学校という場に足を踏み

入れた生徒が，学校に居られるような場が生成されるのです。デザインが，de + sign（記号を置く）を意味することを踏まえると（サトウ，2015），生徒が無理なく居られるような記号を配置しているともいえます。

このとき，教師が配置する記号は，静的・固定的なものではありませんし，それが誰にとっても支援として成立するようなことはありません。そもそも，「『居場所』には人がある場所に居るという具体的な事実を表す側面と同時に，社会の中でその存在がどのように受けとめられているかという共同主観性の側面とが含まれて」います（南，2009, p. 42）。たとえば，そこに居る人の多くが「休息の場」として一休みしていたとしても，ある一組の教師と生徒がその場所で個別指導・個別学習を毎日行っていたら，その場には異なる記号が生じるでしょう。生徒たち全体が無理なく居られる記号は，その場ですごす人たち全員によって調整されます。

こうして，当初はその場に居ること自体に居心地の悪さや不自然さを感じていた生徒も，徐々に場に居ることが自然になっていきます。そして居ること自体が背景と化し，学校生活の具体的な出来事や高校内外での人間関係，進路などが主題として立ち現れてきます。AさんとBさんは両想いなのにどちらも告白しない，生徒指導の先生が私にだけ髪留めを注意してきた，アルバイトのマネージャーが苦手で困っている……こうした何気なく，かつ具体的で日常的な様子こそが，彼らの新しい生活がつくられはじめていることの証です。このような様子は，教師にとって指導（たとえば，自分で考えて動くよう伝える）の促進的記号となります。

2 文化から見る不登校

後半は，心理学とその周辺領域における不登校研究について，不登校の理解，登校することの理解，人生における不登校の理解という3つの側面から概観します。

[1] 不登校の理解

日本において，不登校が臨床例として取り上げられたのは，1950年代後半

のことでした。当時，経済的理由や病気，勉強嫌い（怠学）による欠席は珍しくありませんでしたが，そうした理由なく，学校を欠席する子どもが現れたのです。豊かになりつつあった都市部での生活は，子どもたちに繊細で敏感な自意識を生み出しました。そうした子どもたちが学校での集団生活に参入したとき，過剰な適応努力や強迫的な完全志向が生じ，神経症的な失調をもたらしたといわれています（滝川，2010）。

　貧困や病気の問題も抱えておらず，怠学でもない子どもが学校を休む。こうした事例は当初，学校恐怖症（school phobia）と見なされました。そして母親と離れることへの不安から学校を休んでいると見なされ，母子関係への介入が行われました。しかし，必ずしも恐怖症の症状を呈す子どもばかりではなかったことから，登校拒否（school refusal）という概念も使用されてきました。初期の定義や捉え方についてくわしくは稲村（1994）を参照してください。

　ある現象を何らかの基準や理論をもってカテゴライズすることを，類型化と呼びます。1970年代に入ると，不登校の類型化が進みました。たとえば，学校教育相談の第一人者でもある小泉英二氏は5つの類型を示しています。その類型とは，①神経症的登校拒否：優等生の息切れタイプと甘やかされたタイプ，②精神障害によるもの：統合失調症やうつ病などを発症した結果，③怠学傾向：無気力傾向と非行傾向，④積極的・意図的登校拒否：学校に行く意味を認めない，⑤一過性の登校拒否：転校や病気など明らかな原因があり，それが解消すると登校するようになる，です（小泉，1973）。

　これらの類型は，欠席の要因や背景に関する理解を促し，支援方針を立てる際に役立てられます。しかし，1990年前後には類型では区分しきれないほどに，欠席の要因や背景が複雑化しました。そして，欠席しているという状態を示す「不登校」という語がしだいに普及していきました。School absenteeism や不登校傾向，長期欠席といった概念を用いることで学校の欠席を広く捉える試みも行われています（保坂，2019）。学校にいないことをどのように理解するかによって，その名称も変わるのです（Kearney et al., 2019）。

[2]　登校することの理解

　不登校を理解するということは，登校がどういう意味をもつのかを理解する

ことと不可分の関係にあります。社会学者の森田（1991）は，ハーシのボンド理論に依拠して「なぜ学校に行かないか」ではなく，「なぜ学校に行くことができているか」を問いとして不登校の調査を行いました。そして，登校回避感情を抱きながら登校する子どもや，欠席日数は規定に達さずとも遅刻を繰り返す子ども（グレーゾーン）の存在を浮き彫りにしました。また，不登校に対して罪障感をもたない者が約3分の1に及び，生徒と学校のつながりに関わる価値認識が揺らいでいることを指摘しました。その後1992年には，文部科学省の学校不適応対策調査研究協力者会議の報告書で，不登校が「誰にでも起こりうる」ことが謳われました。

　つまり，1990年頃を境として不登校だけではなく登校が検討されるようになったということです。それまでは，学校はみなが行きたがる場所ないし行くべき場所であるという前提で「不登校の子どもたちは，どうして学校に行けないのか」が検討されてきましたが，1990年代以降，「登校している子どもたちは，どうして登校し続けているのか」「登校や学校生活を支える要因は何か」が検討されるようになったのです。具体例として，教育心理学では登校している子どもたちの不登校傾向と，ソーシャルサポートやソーシャルスキルとの関連が検討されてきました。日本以外でも，登校はしているけれど学校生活に関与していない子どもの存在が浮き彫りとなり，学校従事（school engagement）という観点からの研究が行われるようになりました（Fredricks et al., 2004）。

　「学校生活」が意味するものは，学校や生徒の状況によって異なります。学校生活を構成する要素としては，たとえば学業，教師との関係，友人関係の3つが挙げられますが，これら3つが学校での居心地に等しく影響しているとはいえません。勉強ができる人に羨望のまなざしが集中する学校もあれば，学級の団結に重きをおく学校もあるでしょう。大久保（2005）は，公立の中学校と高校3校ずつ計6校で質問紙調査を行い，学校適応感を規定する要因は学校によって異なること，友人関係はどの学校においても学校適応に影響することを示しました。また，過剰適応やスクールカーストなど，さまざまな観点から居心地のよい学校生活のあり方が検討されています。

　2000年以降は，地域住民や専門家を巻き込んだ学校（開かれた学校）づくりも進められ，学校生活は多様になりつつあります。一昔前までの学校教育は，

担任の教師が1人で教卓の前に立ち，児童生徒は一斉に授業を受けるというものでした。しかしいまでは，特別支援教育の支援員やボランティアが授業に入って個別補助を行うなど，担任以外の支援員が教室にいることは珍しくありません。また，学校の空き教室や図書館などを活用して校内に居場所やカフェをつくる法人も登場しており，学校に関与する人は広がりを見せています。学校生活が変わりつつあるいま，登校することの意味をあらためて検討することが求められます。

[3] 人生における不登校の理解

　ここまで学校生活との関わりから不登校を論じてきましたが，不登校は当事者の人生にも関わっています。不登校に関する調査研究協力者会議では，2003年の報告以降，不登校が社会的自立の問題であることが繰り返し指摘されてきました。2016年には，義務教育の段階における普通教育に相当する教育の機会の確保等に関する法律（教育機会確保法）が公布され，学校以外の場における教育機会の確保が法整備されました。こうした動向については賛否両論ありますが，これまで原籍校に戻るという選択肢しか示されてこなかった子どもたちに，他の学び方もある，ということを示せる点では意義があると思います。

　子どもたちが学ぶ場は，学校に限定されているわけではありません。学級復帰をおもな目的として，教育委員会によって設置される教育支援センター（旧・適応指導教室）や，居場所の提供をおもな目的とする施設などがあります。不登校に特化した場ではなく，お稽古事や塾，高校生ならアルバイトという選択肢もありますし，ホームスクーリングの可能性もあるでしょう。不登校経験者の約85％は高校に進学しており（不登校生徒に関する追跡調査研究会, 2014），高校で学ぶという選択肢もあります。

　不登校の意味づけは，その後をどのように生きるかによって変わります。ある人にとって不登校は一時期の出来事として過去になるかもしれませんし，別の人にとっては不登校がアイデンティティになるかもしれません。不登校を契機として異なる生き方を見出していく人もいるでしょう。先行研究では，望み通りの職や学校に出会ったり，信頼できる人と出会ったりした人の方が不登校によるマイナスの影響を小さく評価すること（森田, 2003），自尊心や将来への

自信をもつことが不登校を過去のものとして捉えることと関連すること（伊藤ら，2013）が示されています。不登校後をどのように生きるかによって，不登校の意味は変わってくるでしょう。

　そして，不登校の意味は，個人の内側ではなく他者や場との関わりの中で形づくられていきます。さまざまな理由や背景から学校を欠席した人々が，各々の人生を背負って新しい場へと参入していくなかで，いかに不登校の意味が形づくられていくのでしょうか。これからは，インタビュー調査の中で当事者に見出される不登校の意味（貴戸，2004）だけでなく，さまざまな人と関わる日常生活の中で形づくられる不登校の意味や，不登校後の生活を紐解いていくことも必要になるかもしれません。

■ おわりに

　以上，不登校に対する捉え方が名称とともに変化し，学校生活も変わってきていること，教室以外の居場所や高校進学の間口が広がっていることを記しました。学校に通う子どもと不登校の子ども，双方の学びの場が多様化してきていることがうかがえます。ただし，学びの場が多様化しているからといって，それが子どもたちの生活を豊かにするとは限りません。前半で見てきたように，周囲の人が良かれと思って行うことが，かえって本人を苦しめるといった，コミュニケーションにおける解釈のズレはさまざまな場面で起こります。また，学びの「場」は，そこにあるモノや，そこに居る人たちによって絶えず調整され続けて成立します。だからこそ，不登校を個人内に閉じた現象として捉えるのではなく，環境に開かれたシステミックな現象として捉え，当事者−家庭−学校の関係性や，当事者の経験の組織化を検討していくこと（文化心理学的に検討していくこと）が必要なのではないでしょうか。

●文　献

Branco, A., & Valsiner, J. (2010). Towards cultural psychology of affective processes: Semiotic regulation of dynamic fields. *Studies in Psychology*, **31**, 243-251.

不登校生徒に関する追跡調査研究会 (2014).『不登校に関する実態調査——平成 18 年度不登校生徒に対する追跡調査報告書』

Fredricks, J. A., Blumenfeld, P. C., & Paris, A. H. (2004). School engagement: Potential of the concept, state of the evidence. *Review of Educational Research*, **74**, 59-109.

樋口くみ子 (2022). 『不登校後を生きる』学びリンク

保坂亨 (2019). 『学校を長期欠席する子どもたち —— 不登校・ネグレクトから学校教育と児童福祉の連携を考える』明石書店

稲村博 (1994). 『不登校の研究』新曜社

伊藤美奈子 (2006). 「不登校の子の理解と援助 2 —— 不登校の子どもの気持ち」『児童心理』**841**, 121-127.

伊藤美奈子ら (2013). 「不登校経験者の不登校をめぐる意識とその予後との関連 —— 通信制高校に通う生徒を対象とした調査から」『慶應義塾大学大学院社会学研究科紀要』**75**, 15-30.

神崎真実・サトウタツヤ (2015). 「通学型の通信制高校において教員は生徒指導をどのように成り立たせているのか —— 重要な場としての職員室に着目して」『質的心理学研究』**14**, 19-37.

神崎真実・鈴木華子 (2021). 「不登校経験者が高校を経由して進路選択に至るプロセス —— 複線径路等至性モデリングによる学校経験の理解」『発達心理学研究』**32**, 113-123.

Kearney, C. A., Gonzálvez, C., Graczyk, P. A., & Fornander, M. J. (2019) Reconciling contemporary approaches to school attendance and school absenteeism: Toward promotion and nimble response, Global Policy Review and Implementation, and Future Adaptability (Part 1). *Frontiers in Psychology*, 1-16.

貴戸理恵 (2004). 『不登校は終わらない —— 「選択」の物語から〈当事者〉の語りへ』新曜社

小泉英二 (1973). 『登校拒否 —— その心理と治療』学事出版

南博文 (2009). 「子どもたちに居場所はあるか —— 「居方」というサイン」『教育と医学』**57**(2), 42-50.

文部科学省 (2022). 『児童生徒の問題行動・不登校等生徒指導上の諸課題に関する調査』

森田洋司 (1991). 『「不登校」現象の社会学』学文社

森田洋司編 (2003). 『不登校—その後 —— 不登校経験者が語る心理と行動の軌跡』教育開発研究所

日本財団 (2018). 「不登校傾向にある子どもの実態調査」https://www.nippon-foundation.or.jp/who/news/information/2018/20181212-6917.html

日本小児心身医学会 (2022). 「小児の心身症 —— 各論（1）起立性調節障害（OD）」https://www.jisinsin.jp/general/detail/detail_01/

大久保智生 (2005). 「青年の学校への適応感とその規定要因 —— 青年用適応感尺度の作成と学校別の検討」『教育心理学研究』**53**, 307-319.

サトウタツヤ (2015). 『心理学の名著 30』筑摩書房

白井利明 (2014). 「青年心理学研究の課題」日本青年心理学会企画，後藤宗理ら編『新・青年心理学ハンドブック』福村出版，pp. 14-25.

滝川一廣 (2010). 「不登校理解の基礎」田嶌誠一編『不登校 —— ネットワークを生かした多

面的援助の実際』金剛出版，pp. 58-72.

Valsiner, J. (2014). *An invitation to cultural psychology.* Sage.

Valsiner, J., Branco, A. U., & Dontas, C. M. (1997). Co-construction of human development: Heterogeneity within parental belief orientation. In J. E. Grusec & L. Kuczynski (Eds.), *Parenting and children's internalization of values: A handbook of contemporary theory* (pp. 283-304). Willy.

Yoneyama, S. (1999). *The Japanese high school: Silence and resistance.* Routledge.

Zittoun, T. (2017). Symbolic resources ans sense-making in learning and instruction. *Europian Journal of Psychology of Education*, 32(1), 1-20

Zittoun, T., & Gillespie, A. (2016). Imagination: Creating altenrnatives in everyday life. In V. P. Glaveanu (Ed.), *The palgrave handbook of creativity and culture research* (pp. 225-242). Palgrave.

第4章

文化心理学×自己

①ジェンダーから見る文化／文化から見るジェンダー

滑田明暢

■ はじめに

　私たちは，男性や女性という性別カテゴリーを日常的に用いています。この性別カテゴリーの定義は大きく分けると2つあります。1つは，身体的，生物学的な根拠をもとにした定義であり，もう1つは，社会文化的な考え方が反映された定義です。本稿で取り上げるジェンダーは，この2つの定義のうち，後者の定義に該当し，男性や女性を含む各性別カテゴリーについての社会的定義のことを指します。

　ジェンダーは，時代や社会状況によって影響を受けます。言い換えれば，時代や社会状況が変われば，ジェンダーが指し示すもの（厳密には，男性と女性という性別カテゴリーと結びついている考え方やイメージ）は移り変わります。たとえば，平安時代に綴られた『土佐日記』（紀貫之：西山，2007）の冒頭の一句「をとこもすなる日記といふものを，をむなもしてみむとするなり」を見ると，「をとこ（男）」は漢字を使い，「をむな（女）」は仮名を用いて文章を記すことが一般的であったことが想像されます。このことから，1000年以上も前の時代においても，男と女という性別のカテゴリーが存在し，それぞれの性別カテゴリーには，社会的に一般的とされる行動様式が付与されていたことがうかがえます。一方で，現代社会においては，男性はおもに漢字を用いて文章を書き，女性はおもに仮名を用いて文章を綴る，という考え方は一般的ではありませんから，この性別ごとに付与された行動様式は，時代や社会状況によって移り変

わるものであることがわかります。つまり，私たちが日常生活の中で言及している性別は，身体的，生物学的な性別であることを明記しない限りは，不変不動の特徴をもった性別ではなく，ジェンダー（社会的につくられた性別カテゴリー）であると理解をすることができます。本稿では，時代や社会状況から影響を受けて揺れ動くジェンダーと文化との関係，とくに「男は仕事，女は家庭」といったそれぞれの性別に一定の役割や振る舞いを期待するような考え方と文化との関係を考察します。

1 ジェンダーから見る文化

[1] 人がライフイベントと向き合うなかでのジェンダー

(1) 結婚とジェンダー

　私たちが日常の暮らしを重ねて人生を歩んでいくうえで，ジェンダーが関わっていると考えることができる場面は多数あります。たとえば，結婚もその1つです。結婚は，ライフイベントの1つであり，その後の人生のすごし方を左右するものですが，その結婚にも，私たちを一定の方向へと導く記号は隠されていると考えられます。

　谷村ら（2008）は，1980年代に結婚を経験した女性たちが結婚するまでの過程をインタビュー調査によって検討を行いました。その結果，「ふつうの結婚」を展望して結婚へと至る過程があることが示されました。谷村ら（2008）の研究協力者（インタビュー協力者）が展望した「ふつうの結婚」とは，協力者自身が家庭のことを担い，その夫が稼得役割を担う核家族を想定した結婚でした。谷村ら（2008）によれば，1980年代の日本社会では，女性が結婚を機に退職し，専業主婦になることは一般的であった一方で，専業主婦になることとは異なる人生を選択する意識ももたれてきた時代でした。しかし，その専業主婦になることとは異なる生き方は，「男は仕事，女は家庭」といったその時代の社会通念には縛られない進学，職業選択を自分自身が展望し，その実現に向けて動くことを親や配偶者が理解しているといったような状況においてはじめて実現されるものでした。そうでなければ，親の働き方を見て専業主婦になることを展望して「ふつうの結婚」に至るか，父親が期待した性役割（女性は進学

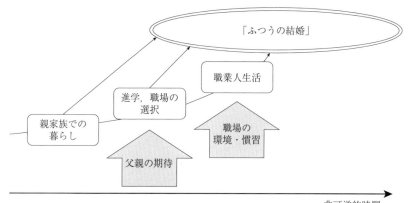

図1 「ふつうの結婚」に至る典型的な人生径路とそれに加わる影響

(注) 図中の灰色矢印は,制度や状況も含めた社会的な力や影響を示します。
(出典) 谷村ら (2008) をもとに筆者が考察を加えて作成。

しない,手に職をつけないなど)を受け入れる形で「ふつうの結婚」に至る,あるいは,当初は「ふつうの結婚」を明確に展望していなくても,学校卒業後に勤務した職場において,女性の先輩や同僚が次々と結婚を機に退職していく環境に身をおくうちに,自分自身も退職して専業主婦になる(寿退社する)ことを選択して「ふつうの結婚」に至っていました(谷村ら,2008)。

　図1は,筆者が谷村ら (2008) の研究結果をもとに,「ふつうの結婚」に至る人生径路とそれに加わる影響を簡略化して図にしたものです。「ふつうの結婚」という記号と,その記号へ向かうように人生を方向づける諸力(ここでは,父親の性役割期待と,職場での寿退社の慣習)が働いている様相を,図として表現しました。図を見ると,はじめから記号が顕在していたかのように見えますが,実際には,親家族での暮らし,進学や職場の選択,職業人としての生活を送っていくそれぞれの経験の中で,記号は立ち現れてくるものと考えられます。そして,いったん記号が立ち現れると,その記号が示す方向へと導かれると考えられます。

　当然ながら,「ふつうの結婚」とは異なる形での結婚,すなわち結婚をしても就業を継続する「継続就業の結婚」へと至る選択肢もあります。図1では示しませんでしたが,「継続就業の結婚」という記号が立ち現れ,先の段落でも

示した通り，進学や職場の選択の際に父親が娘の選択に理解と尊重を示し，就業を継続する生き方に理解のある配偶者を得て，寿退社などの社会的慣習の影響を受けない職業人生活を得た場合（谷村ら，2008）（上記の図でいえば，「ふつうの結婚」へと向かわせる力に対抗するような諸力が働いている場合）に，結婚をしても就業を継続することが実現されるであろうと考えられます。

(2) 就業継続とジェンダー

　結婚と同じように，職業の選択および就業の継続についても，記号の観点から考察を加えることができます。ここでは，研究の1つを事例として示します。中野（2014）は，子育てや出産時にも継続的に就業する意欲をもって仕事に就いた女性が，なぜ子育てや出産を機に退職していくのかを，インタビュー調査によって検討しました。この調査への協力者は，就業後10年以内に，20代の半ばから30代の前半に出産をした女性たちでした。中野（2014）によれば，子育てや出産を機に退職した人たちは，就職活動の際に女性が働きやすい職場であるかどうかを重要視せずに就職した結果，出産を経てからも就業継続を後押しするような職場環境を得ることができず，夫の育児参加も限定的な状況であることに加えて子どもの病気や夫の転勤などがあったことで，退職に至っていました。一方で，就業継続の見通しをもてている人たちは，就業の継続を可能としやすいような職場の制度の利用や周囲の人たちの対応を得ており，夫の育児参加も比較的ある状況でした。

　子育てや出産を機に退職する場合としない場合があることに関して，中野（2014）は，退職する人たちにおいては「男なみ発想」がもたれていることを指摘しています。ここでの「男なみ発想」とは，「女性をサポート役や性的客体とするようなジェンダー秩序を意識してこなかったり抵抗してきたりして，男性と同等の競争意識を持って」（p. 279）いることです。つまり，男性と女性という性別カテゴリーとそれに付与されている期待などについては意識をせず，自分も男性と同じように働き，活躍するという意欲をもって就職をした一方で，就職後に出産，子育てを経験するなかでは，性別カテゴリーとそれに付与されている期待および社会的な構造からくる現実的な影響を受けて，退職へと導かれてしまうという力動があると解釈することができます。

　図2は，筆者が中野（2014）の研究結果をもとに，「男なみ発想」をもって就

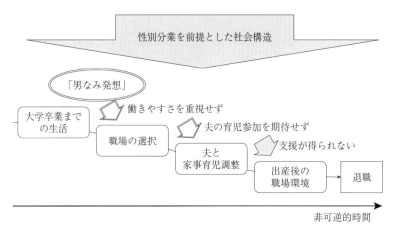

図2　「男なみ発想」をもって就職，出産を経験し，退職に至る人生径路とそれに加わる影響

（注）　図中の灰色矢印は，制度や状況も含めた社会的な力や影響を示し，白色矢印は，記号によっ
て生まれた力や影響を示します。
（出典）　中野（2014）をもとに筆者が考察を加えて作成。

職，出産を経験し，退職に至る人生径路とそれに加わる影響を簡略化して図に
したものです。「男なみ発想」という記号と，その記号があることによって発
生している人生を方向づける諸力（ここでは，職場の選択時に働きやすさを重視し
ていなかったことと，夫との家事育児調整をするときにも夫が参加しないことを仕方な
いと思うこと），そして，性別分業を前提とした社会構造の影響（ここでは，出産
後の職場環境において就業継続に向けての支援を得ることができないこと）が働いて
いる様相を，図として表現しました。大学卒業までの生活において「男なみ発
想」という記号が立ち現れることで，男性と女性という性別カテゴリーによっ
て区別されることを望まない生き方を追求し，それゆえに結果として，女性へ
の両立支援策等を利用できる環境には向かわずに，性別分業が実践される職業
世界に入ることが導かれると解釈できます。
　「ふつうの結婚」の解説で述べたことと同じように，本来であれば，「男なみ
発想」という記号は立ち現れず（あるいは立ち現れても），性別分業が実践され
る環境に身をおかずに生活をし，退職をせずに継続的に就業する，という人生
径路もあるはずです。たとえば，興味・関心から選んだ就職先が，偶然にも職
員すべての人たちにとって働きやすい職場環境をもっていたり，パートナーが

家事育児を 1 人の担い手として引き受けるとともに妻の継続就業を望む（あるいは応援する）人であったりすることもありえます。そのときには,「男なみ発想」とは異なる記号が立ち現れている可能性もあります。図で表現していることは, 起きていること, そして起きうることの一部のみを簡略化して表現しているものであることを付記しておきたいと思います。

(3) 家事遂行とジェンダー

ここまでは, 女性の結婚や就業に関連する話に注目してきましたが, ここでは, 男性の家事にも焦点をあてたいと思います。滑田（Nameda, 2011）は, 夫婦間の家事分担の変容過程を, インタビュー調査によって検討しました。インタビュー協力者は, 50 代と 60 代の夫婦や個人でしたが, その中には, 定年退職後に家事の分担方法を変えた夫婦もいました。より具体的には, それまで行っていた性別分業の形の家事分担をやめ, 夫も近所づき合いや公共料金の支払い, 買い物, 料理をつくる, などの活動をするようになっていました。

夫の定年退職前後の家事分担の変容過程に注目すると, 定年退職後に夫婦相互の話し合いがもたれていたことがその決め手になっていたことは夫婦の語りからもうかがえましたが, それ以前にも, その夫は定年退職以前から料理教室にも通っていました。その夫から語られた言葉は「ぬれ落ち葉になりたくなかった」ということでした。つまり, 自分が家のことをできないことによって妻が外出できない, という状況にはしたくない, ということでした。これらのことを踏まえて解釈すると, 夫は「ぬれ落ち葉になりたくない」というイメージをもって, 定年退職前から準備をしていたことになります。

図 3 は,「ぬれ落ち葉になりたくない」という発想をもってから, 定年退職を経て話し合いに至るまでの過程を図として示したものです。「ぬれ落ち葉になりたくない」という記号が発生し, それに従って, それまでに行われていた性別分業の実践とは異なる実践方法を想像し, 夫婦間の話し合いを経て, それを実現させた過程であったと理解することができます。定年退職して以降も性別分業の形の家事分担を継続する選択肢はありましたが, それをしない, という方向へと舵を切った事例といえます。

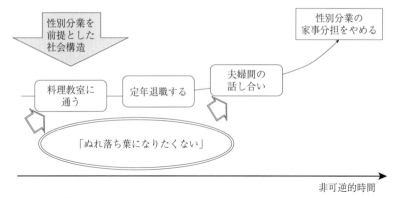

図3 「性別分業の家事分担をやめる」に至る人生径路とそれに加わる影響

(注) 図中の灰色矢印は，制度や状況も含めた社会的な力や影響を示し，白色矢印は，記号によって生まれた力や影響を示します。

(出典) Nameda（2011）をもとに筆者が考察を加えて作成。

[2] ジェンダーをめぐる記号と私たちの人生との関係

　さて，ここまでは，記号が立ち現れることによって，人生が一定の方向へと導かれる現象に焦点をあてて理解を進めてきました。ジェンダーをめぐる記号は多様で，さまざまな形で立ち現れます。最初に示した2つの研究事例は，性別分業の考えに沿う形へ，もう1つの事例は，性別分業の考えに沿わない形へと，私たちの人生や考え，行動を方向づける記号が立ち現れていました。そして，いったんその記号が立ち現れることによって，一定の方向へと向かわせる諸力が複数，何段階にも重なって人生に影響を与えていました。これは，ジェンダーをめぐる記号の働きの1つの特徴でもあると考えられます。一方で，ここでは示しませんでしたが，さまざまな記号が同時に立ち現れ，それぞれの記号がそれぞれの方向性をもって働く，ということが考えられます。そのときには，当事者は葛藤を抱えることになりますが，そのときにこそ，どういった記号がどのように働いているのかを理解することによって，葛藤を抜け出す道筋を探ることもできるでしょう。

2 文化から見るジェンダー

[1] ジェンダーについての固定的な考え方やイメージ

　突然ですが，1つ問いかけをしたいと思います。あなたの職場の部下が「育児休業をとりたい」と言いました。あなたが上司の立場にあるとすれば，その言葉を聞いて，どういった考えが頭に浮かびますか。これからすべきことを思い浮かべながら職場での対応を考えたり，当人はいまどういう状況でどのくらいの期間の育児休業を取得したいと考えているのかなどについて話を聞くことに思いをめぐらせたり，あるいは，そういった経験や事例は職場にはなく，ただただ戸惑うこともあるのかもしれません。

　さて，ここであなたは，「育児休業を取得したい」と希望を伝えてきた人については，どのような人を想像していたでしょうか。性別に関していえば，男性だったでしょうか，女性だったでしょうか。もしかすると，実際に育児休業を取得している人の割合は女性に多い現実がありますので（厚生労働省，2017），女性を想像していたかもしれません。身近に育児休業を取得した人がおり，男性を想像していたかもしれません。あるいは，性別については想像をしていなかったかもしれません。

　では，以下の事例はどうでしょうか。

　　「ドクター・スミスは，コロラド州立病院に勤める外科医です。沈着冷静，大胆かつ慎重で，周囲の人々からの信頼も厚い医者でした。ドクター・スミスが夜勤をしていたある日，緊急外来の電話が鳴りました。交通事故のけが人の搬送を受け入れてほしい，という電話でした。親子でドライブ中に，高速道路で事故に遭い，父親は死亡，子どもは重体とのことでした。しばらくして，その重体の子どもが病院に運び込まれてきましたが，ドクター・スミスはその子どもの顔を見て，衝撃を受けました。その子はドクター・スミスの子だったのです。」

　さて，ここで問題です。ドクター・スミスとその子どもの関係はどのような

ものだったでしょうか。養子縁組の関係や，離婚をして離れて暮らしていた子どもとの関係を想像された方もいるかもしれません。しかし，この問題の答えは，母子の関係です。つまり，ドクター・スミスは子どもの母親だったのです。この問題は，私たちが日々暮らすなかで，医者という職業，さらには，沈着冷静，大胆かつ慎重，といった性格特性と男性という性別を結びつけて，知らず知らずのうちに性別を想像してしまっていることを実感する話として，心理学に関連する書籍や授業においてよく用いられています。

　このように，私たちは，特定の行動や職業と性別とを自動的に結びつけて思い浮かべるような傾向をもっているのかもしれません。性別と結びついた固定的な考えやイメージ（ステレオタイプ）は，日常的に私たちが触れているものではありますが，時に私たちの人生や行動，考え方に制約を加える形で機能することもあります。フィスクとクリーガー（Fiske & Krieger, 2012）は，性別と結びついた考えやイメージであるステレオタイプに注目して，それがもたらす影響や結果についても概観しています。たとえば，私たちが，時に「男性はこういうことをしがちだ」「女性にはこういう人たちが多い」といったように，一般的な男性像や女性像があることと同じように，職業上の地位や役職と結びついているイメージも存在します。フィスクとクリーガーが伝えているのは，職業上，高い地位と結びついたイメージと，男性と結びついたステレオタイプは一致しているため，男性が高い地位の役職に就いていたとしても，その周囲の人たちは不自然さを感じず，その男性はその役職に適合していると感じられる一方で，女性が高い地位の役職に就いていた場合には，女性に向けられたステレオタイプと職業上の高い地位についている人のイメージは合致しないため，女性が高い地位の役職に就いているときには，周囲の人々から不適合感をもたれる，ということです。具体的には，一般的に女性は親切であるが有能ではない，というステレオタイプをもたれており，そのステレオタイプをもって当事者であるその女性も見られているとすれば，そのステレオタイプに従って，高い地位の役職に就いているその女性への評価も低くなり，結果としてそうした役職に就きづらくなる，ということがあります。

　こうしたステレオタイプからの偏った見方によって不利益を受けるのは，女性だけではありません。男性も，そのステレオタイプと合致しないときには，

その不利益を受けることが想定されます。たとえば，夫婦の関係性の中では，男性である夫に家計責任が期待されており，妻もその考え方に強く賛同していると仮定しましょう。その場合，家計責任を担えている場合には，その夫は妻から高評価を得ることになりますが，家計責任を担うことができない夫は，家計責任を満たさない点が評価されないばかりか，家計責任以外の貢献，たとえば，家事や育児に参加する，といった貢献をしていたとしても，その家事育児は貢献として見なされないことがある，ということが研究でも示されています（Zuo & Bian, 2001）。実際には，妻が家計責任を共に果たすことも可能であり，夫の家事育児は貢献として認められてもよいものですが，そういった認識が得られないのは，社会で共有されている性別と結びついた考えやイメージによって，私たちが何を期待するかについて方向づけが行われていることの表れといえるかもしれません。こうした方向づけが働いている状況は，その共有されている考えのもと，他者の考えや行動をいろいろと予測しやすいという面がある一方で，当事者の想像力や可能性を狭めていると考えることもできるでしょう。

　育児休業を取得する男性の割合が少ないことについても，たとえ当人が育児休業を取得したいと考えていても，「周囲の人はその利用を否定的に受け止めるのではないか」と考えることで，その取得に消極的になる心理過程も検討されています（Miyajima & Yamaguchi, 2017）。共有されている一定の考え方やイメージに従って行動することによって，私たちが当初望んでいた結果とは異なる結果を得る，ということがありうると考えることもできます。

[2]　ジェンダーの理解へ向けた多様な視点

　チャンとハルパーンは，性別と特定の役割や行動とを結びつける性役割規範が国をまたいで共有されていることを指して，「ジェンダー文化」（the culture of gender）と呼びました（Cheung & Halpern, 2010, p. 190）。この表現は，リーダーシップの異文化間比較研究の知見をもとに見出されたものですが，それぞれの性別の人たちに期待される役割や行動様式が広く共有されていることをうかがわせます。私たちが性別と結びついた固定的な考え方をもち，それに代替する多様な考え方やイメージをもたない限り，私たちはまさに，固定的なジェンダー文化を生き続けるといえるでしょう。

代替する多様な考え方やイメージ，ということに関していえば，実際には，職業的役割を全うすることを最も重要なこととは考えず，主体的に家庭に関与することを志向する男性像も見出されてきています（大野，2016）。このように，既存の固定的な考え方やイメージに沿わない形の生き方を実践している人たちも，少しずつ見られるようになってきているといえます。社会一般に共有されている行動様式は少しずつですが，確実に変化していると考えられます。その変化の過程を理解するとき，さらには，自分たちがその当事者として変化をつくり出していくときには，ジェンダーとそれを取り巻く考え方やイメージの理解が必要になってくると考えられます。

これまでに示してきた事例は，「男は仕事，女は家庭」といった性別分業の考え方に強く影響を受けたものを扱っていることから，その考え方をさらに強調してしまっている，というところがあるかもしれません。しかし，いつも身近にあって気づかないような考え方でありながら，常に私たちに影響を与え続けている，という様相は，文化とジェンダーに理解を深め，考察するうえでは重要な一視点であると考え，示しました。

[3]　中間まとめ

ここで，ジェンダーについての議題は，性別分業だけではないことを付記しておきたいと思います。たとえば，性別を決める根拠自体にも多様な見方があることから（上野，2016），男性や女性といった性別カテゴリーを用いて議論することが，あらためて性別の枠組みを強調してしまっている，といった反省的な視点をもつことも可能です。これも，私たちが，（性別があること，つまり男性と女性に分かれることを前提として考えているという）ジェンダーについての文化をまといながら生きていることを考えさせられる視点となると思います。

[4]　性の多様性と文化

(1) 性は女性と男性に分かれるという考え方から性の多様なあり方の認識へ

前項では，性別を決める根拠にも多様な見方がある（上野，2016）と述べました。現在は，性のあり方は多様であり，性は女性と男性に二分されるものではないという考え方が認知されてきています。生物学的に見ても，女性と男性

の境界は曖昧であり，女性と男性ではっきりと分けることはできないことが指摘されています（Ainsworth, 2015）。

　近年では，SOGI といった言葉で性の多様なあり方を表現することがあります。SOGI は，性的指向（Sexual Orientation）と性自認（Gender Identity）の略称であり，それらのさまざまなあり方を示す表現です[1]。実際に，個人の性自認と性的指向にはさまざまな状態があることが調査結果によって示されています。たとえば，大阪市民が回答した調査では，出生時の性別と現在の自分の性別を同じととらえているかが尋ねられており，結果として回答者 4271 人のうち 4213 人（98.6%）が「出生時の性別と同じ」を回答として選択し，37 人（1.1%）が「別の性別だととらえている」「違和感がある」のいずれかあるいは両方を回答として選択していました（釜野ら，2019）。出生時に付与された性別と性自認が一致している回答が多かった一方で，その両方が必ずしも一致しない場合があることを示している結果といえます。また，同調査では性的指向に関する問いも尋ねられており，その設問に対して「異性愛者，すなわちゲイ・レズビアン等ではない［異性のみに性愛感情を抱く人］」を回答として選択した人が回答者 4285 人のうち 3567 人（83.2%）であり，「ゲイ・レズビアン・同性愛者［同性のみに性愛感情を抱く人］」を選択した人が 31 人（0.7%），「バイセクシュアル・両性愛者［男女どちらにも性愛感情を抱く人］」を選択した人が 62 人（1.4%），「アセクシュアル・無性愛者［誰に対しても性愛感情を抱かない人］」を選択した人が 33 人（0.8%），「決めたくない・決めていない」を選択した人が 222 人（5.2%）でした（釜野ら，2019）。性的指向も多様であり，異性のみに性愛感情を抱く人が多い一方で，必ずしも異性のみに性愛感情を抱かない人や，誰に対しても性愛感情を抱かない人がいることが示された結果といえます。

　性の多様なあり方は，戸籍が新たに作成された明治時代以前からあったことが指摘されています（三橋，2015）。その一方で，人の性別は 2 つに分かれておりそのどちらかに属している，とする考え方，そして，出生時に身体的特徴を

---

1)　SOGIESC といった言葉が用いられることもあります。SOGIESC は，SOGI に性表現（Gender Expression）と性的特徴（Sex Characteristics）を加えた表現です。白石ら（2021）において示されているように，性的特徴は，身体の性の特徴として位置づけられることが多いように思います。

もとに付与された性と性自認は合致しており，その性愛感情を抱く対象となる性は異性である，とする考え方を前提として，今日の社会の慣習や制度は実践されてきたことがうかがえます。その証左の1つとして，異性間のパートナーシップを育む人々と同性間のパートナーシップを育む人々とでは，法的に平等な処遇がなされてきたのか，といった議論がなされてきたこと，そして，同性パートナーシップを育む人々が日常生活での不便や不利益を感じてきたことで，同性パートナーシップの法的保護を求める声が大きくなってきたと考えられること（堀江，2010）が挙げられます[2]。

(2) 性の多様性があることを前提とした際に見えてくる多数の意味づけ方

「社会の想定する「普通」からはじき出されてしまう性のあり方を生きる人々」（森山，2017，pp. 16-17）をセクシュアル・マイノリティと呼ぶとすれば，これまでに一般的とされてきた性別のイメージ（人は女性と男性のどちらかの性をもっており，出生時に付与された性あるいは身体的性と性自認が合致しており，異性に対して性愛感情を抱く，というイメージ）に合致する性を生きてきた人たちと，そのイメージに合致しない性を生きてきたセクシュアル・マイノリティの人たちでは，性別の情報に対する意味づけも異なることが考えられます。たとえば，カミングアウトと呼ばれる，自分の性のあり方を他者に伝えること（LGBT法連合会，2022），の意味は両者において異なることが考えられます。セクシュアル・マイノリティの人たちが回答した1つの調査では，7割以上（71.1%）の回答者が職場や学校で差別的発言を経験したと回答しており，職場や学校でカミングアウトをしていると回答している人たちの割合は回答者の3割弱（27.6%）でした（日高，2016）。この結果を踏まえると，セクシュアル・マイノリティの人々は，差別的な発言を受けることを避けるために，自分の性のあり方を他者に伝えない判断をしていると考えられます。

　一方で，相対的に見ると，これまでに一般的とされてきた性別のイメージに合致する性を生きてきた人たちにとっては，自分の性のあり方を他者に伝えることに違和感や抵抗感は少ないだろうと推測されます。たとえば，トイレ

---

2)　婚姻関係は恋愛や性愛関係を前提としない制度である，という考え方をしたときには，ここでの記述は，人は異性に性愛感情を抱くという考え方を前提とした社会制度の具体的な事例にはならないかもしれません。

利用に関する調査の結果を見ると，「男女別々に分かれている公共のトイレを利用することにどの程度ストレス・不満を感じていますか」という問いに対して，ストレスや不満を「感じている」「やや感じている」と回答した人の割合は，トランスジェンダー（出生時に付与された性別と性自認が異なる人）の回答者においては約4割（42.7%）であったのに対して，シスジェンダー（出生時に付与された性別と性自認が一致する人）の回答者においては約1割（11.4%）でした（TOTO 株式会社，2018）。同調査では，多機能トイレを利用したことがある回答者に利用の理由も尋ねており，その問いの選択肢（複数選択可の選択肢）の1つとして設定されていた「自身の性や性のあり方を人に知られず利用したかったから」は，トランスジェンダーの回答者においては4割（40.0%）の人たちによって選択されていたのに対して，シスジェンダーの回答者においては，1割に満たない人たち（2.9%）によって選択されていたという結果でした（TOTO 株式会社，2018[3]）。

　自分自身の性や性のあり方を他者に伝えるあるいはそれらが他者に知られる，ということについては，一般的とされてきた性別のイメージと合致しない性を生きてきた人たちとそのイメージと合致した性を生きてきた人たちとの間をはじめとして，個々人によってその意味づけが異なる可能性があります。一方では，自身の性別情報は個人情報であり，私的な情報として守られるべきものとして認識されていることが考えられ，他方では，自身の性別情報は特別な情報ではないものとして認識されていることが考えられます[4]。

　先ほど，トイレ利用のことも話題に挙げましたが，トイレ利用の意味づけ方にも，個々人で一致しない側面があることが考えられます。

　交通機関の駅や公共の施設のトイレを見てみると，多くの場合において，文字情報を除けばトイレそのものを具象化した表示ではなく，女性と男性を想起させる人の形をした視覚表現が表示として用いられています。このことから，

---

3)　シスジェンダーの回答者においても，「自身の性や性のあり方を人に知られず利用したかったから」という回答がゼロではなかったことにも注目する必要があると考えられます。

4)　大学が性の多様性への理解と対応を進めるという文脈においては，性に関する情報は個人情報であり守られるべきものである，という視点を共有することが必要である（藤井・神谷，2022）ということが指摘されています。

トイレの場所を表示する際には，性別情報が強調されていることを読み取ることができ，現代の日本社会においては，性別に一致したトイレを利用する，という記号が共有されていると考えられます。

　女性用と男性用のトイレのいずれかのみを利用できる状況において，自分の性に合致したトイレを利用する，ということを指し示す記号は，トイレ利用のしづらさを導く働きをすることがあるかもしれません。たとえば，トランスジェンダーの人たちにとっては，女性用と男性用のいずれかのトイレを利用しようとすると，出生時に付与された性か性自認のいずれかが一致しないということが起こることもあり，性別で分けられたトイレの利用時には違和感をもつことにつながることが考えられます。また，先に紹介した調査とは別のトイレ利用に関する調査においても，職場や学校，公共施設のトイレで，他の利用者から不審な目で見られた，と感じている回答者の割合は，シスジェンダーよりもトランスジェンダーの回答者において大きいことが報告されています（特定非営利活動法人虹色ダイバーシティ・株式会社 LIXIL，2016）。シスジェンダーの人たちにとっては，性別情報が強調されたトイレ表示は，性別に一致したトイレ利用を促す記号として働くことが考えられますが，トランスジェンダーの人たちにとっては同様の意味をもつ記号としては働かず，より複雑な意味をもった記号として機能する可能性があります[5]。

■ おわりに

　本稿の前半では，性別カテゴリーと結びついている考え方やイメージと文化との関係を論じてきました。そして後半では，性別カテゴリーと結びついている考え方やイメージを題材として議論をしている状況自体が，ジェンダーをめぐって私たちのまとっている文化がどのようなものであるかを示していることも述べました。私たちがジェンダーをめぐって抱いているイメージ，とくに女性と男性という性別カテゴリーと結びついている考え方やイメージは，新たな考え方の出現とともに日々変動しているとはいえ，とても強く性別カテゴリーと結びついたもののように思えます。ジェンダーや性別カテゴリーに関しては

---

5)　注3と同じく，シスジェンダーの人たちであっても，そのすべての人たちにとって同様の記号として働いていない可能性もあります。

多様な考え方があると考えられます。文化心理学のアプローチによって個々人がどのようにジェンダーや性別カテゴリーを意味づけながら生活を営んでいるかについての理解が深められ，その知見によって人々の相互理解が促されることが望まれます。

●文　献

Ainsworth, C. (2015). Sex redefined. *Nature*, **518**, 288-291.

Cheung, F. M., & Halpern, D. F. (2010). Women at the top: Powerful leaders define success as work + family in a culture of gender. *American Psychologist*, **65**, 182-193.

Fiske, S. T., & Krieger, L. H. (2012). Policy implications of unexamined discrimination: Gender bias in employment as a case study. In E. Shafir (Ed.), *The behavioral foundations of public policy* (pp. 52-74). Princeton University Press.

藤井ひろみ・神谷悠一 (2022).「大学における根拠に基づいた性的多様性への対応」『大手前大学論集』**21**, 53-67.

日高庸晴 (2016).『LGBT 当事者の意識調査「REACH Online 2016 for Sexual Minorities」』宝塚大学看護学部日高研究室 https://www.health-issue.jp/gay-report/2016/index.html

堀江有里 (2010).「同性間の〈婚姻〉に関する批判的考察 —— 日本の社会制度の文脈から」『社会システム研究』**21**, 37-57.

釜野さおり・石田仁・岩本健良・小山泰代・千年よしみ・平森大規・藤井ひろみ・布施香奈・山内昌和・吉仲崇 (2019).『大阪市民の働き方と暮らしの多様性と共生にかんするアンケート報告書（単純集計結果）』JSPS 科研費 16H03709「性的指向と性自認の人口学 —— 日本における研究基盤の構築」・「働き方と暮らしの多様性と共生」研究チーム（代表 釜野さおり）編，国立社会保障・人口問題研究所内

紀貫之（西山秀人編）(2007).『土佐日記（全）』角川学芸出版

厚生労働省 (2017).『平成 28 年雇用均等基本調査』厚生労働省雇用均等・児童家庭局

LGBT 法連合会 (2022).『LGBTQ 報道ガイドライン —— 多様な性のあり方の視点から〔第2 版〕』（一社）性的指向および性自認等により困難を抱えている当事者等に対する法整備のための全国連合会（通称：LGBT 法連合会）https://lgbtetc.jp/wp/wp-content/uploads/2022/04/lgbtq-media-guideline-2nd-edit-1.pdf

三橋順子 (2015).『歴史の中の多様な「性」(1)』ニューズウィーク日本版 https://www.newsweekjapan.jp/stories/culture/2015/11/15-4_2.php

Miyajima, T., & Yamaguchi, H. (2017). I want to but I won't: Pluralistic ignorance inhibits intentions to take paternity leave in Japan. *Frontiers in Psychology*, **8**, 1508.

森山至貴（2017).『LGBT を読みとく —— クィア・スタディーズ入門』筑摩書房

中野円佳 (2014).『育休世代のジレンマ —— 女性活用はなぜ失敗するのか？』光文社

Nameda, A. (2011). Changing process of performing family work in a gender culture: From interviewing with about sixty years old Japanese. Paper presented at British Psychological Society Psychology of Women Section Annual Conference 2011. Windsor: The United Kingdom.

大野祥子 (2016). 『「家族する」男性たち —— おとなの発達とジェンダー規範からの脱却』東京大学出版会

白石雅紀・酒井美里・戸田有一 (2021). 「複合マイノリティに関する諸課題の検討 —— ムスリム SOGI マイノリティ」『東京未来大学研究紀要』15, 79-92.

谷村ひとみ・サトウタツヤ・土田宣明 (2008). 「「ふつうの結婚」を目指させた親の性別役割意識 —— 1980 年代に結婚を経験した女性たちの語りから」『立命館人間科学研究』17, 61-74.

特定非営利活動法人虹色ダイバーシティ・株式会社 LIXIL (2016). 『性的マイノリティのトイレ問題に関する WEB 調査結果』 (2016 年 11 月 18 日資料改訂) 特定非営利活動法人虹色ダイバーシティ・株式会社 LIXIL https://newsrelease.lixil.co.jp/user_images/2016/pdf/nr0408_01_01.pdf

TOTO 株式会社 (2018). 『2018 年 性的マイノリティのトイレ利用に関するアンケート調査結果』TOTO 株式会社 (株式会社 LGBT 総合研究所協力) https://jp.toto.com/ud/summary/post08/report2018.pdf

上野淳子 (2016). 「セックスとジェンダー —— 性別はどうして決まるのか, そして誰が決めるのか」青野篤子編『アクティブラーニングで学ぶジェンダー —— 現代を生きるための 12 の実践』ミネルヴァ書房, pp. 13-25.

Zuo, J., & Bian, Y. (2001). Gendered resources, division of housework, and perceived fairness: A case in urban China. *Journal of Marriage and Family*, **63**, 1122-1133.

②キャリアから見る文化／文化から見るキャリア

番田清美

■ はじめに

「キャリア」という言葉を聞くと，キャリアウーマンや大学のキャリアセンターという言葉から，仕事を意味すると思う人も多いでしょう。しかし，「キャリア」とは，仕事のみを表すのではなく，「生涯にわたって人が経験する径路」を示しています。

職業心理学者のスーパーは「人の一生を時にたとえると，45歳は人生の正午である」と言いました。たしかにこの時期は多忙です。労働者として組織での役割や責任が重くなっているだけではなく，子どもを育てる親（家庭人）として，または地域に貢献する市民として，あるいは年老いてきた親を看る子どもの立場としてなど，さまざまな役割を同時にこなす時期です。図1のライフ・キャリアレインボー（Super et al., 1996）は，1人のアメリカ人男性の人生経歴を描いたものです。45歳あたりが，頂点にきています。注意深く見ると，この男性は50歳の手前で一度仕事を辞めていることがわかります。大学に入り直して勉強し，専門性を新たに身につけてから，仕事を再出発させているのです。図1に示されるさまざまな虹の層（ライフ・スペース）は役割を示しており，年齢ごとにその色（オリジナル版はカラフルです）の比重を変化させながら，彼が80歳を過ぎてその生涯を終えるまで続いています。

このようにキャリアは人生そのものを指します。そのため，総括して「ライフ・キャリア」と呼ばれます。「ライフ・キャリア」中の職業経歴の部分を指して「ワーク・キャリア」と呼ぶことができます。研究として「キャリア」という場合には，ワーク・キャリアを表している場合が多いのです。

ライフ・キャリアレインボーの視点に立つと，大学生という時期は，まだ夜明け前です。太陽が昇る前の，ワーク・キャリアをスタートさせる前の，人生の黎明期ともいえるのです。

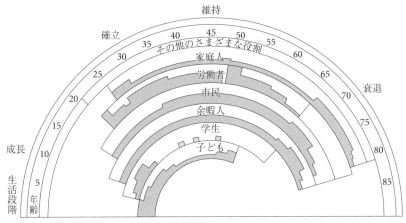

図1　ライフ・キャリアレインボー

（出典）　Super et al.（1996）。

1　キャリアから見る文化

　さて，ここでは，キャリアを構築する個々人が，企業文化の中にどのように自分を埋め込むか，また文化をどのように意味づけるかという視点から，発生の三層モデルの考え方をもとにキャリアから見る文化を考えていきたいと思います。

[1]　意味づけの領域──「微視発生」「中間発生」「個体発生」から考えるキャリアの発達

　文化心理学者ヴァルシナー（Valsiner, 2007）の論をもとに説明していきます（第3部第1章④参照）。ヴァルシナーは，人が価値観を形成する行程において，3つの層があると考えました。私たちは，常に新しい事態に瞬間瞬間に直面しながらさまざまな行為を発生させ，生きています。この層を「微視発生」といい，第一層と考えます。

　このように常に私たちは新たな経験に遭遇し続けますが，未知との遭遇に対する精神的な混沌から一時的に精神を安定させるために，ある意味の領域を創り出しています。その意味領域のほとんどは，その後破棄されるのですが，そ

の意味づけとともに保持されるものもあります。つまり，人はすべての経験を意味づけするのではなく，混沌とした経験の中から特定の意味の領域を作り出します。それが，意味づけとともに人に認識されます。経験のもつ不安定性を背景として，主観的安定性を作り出すために，個人的文化は作られていると考えることができます。ここでの個人的文化として構成された活動発生レベルを「中間発生」と呼び，第二層と考えます。中間発生では，比較的繰り返される一定の文脈をもつ活動により，個人が経験する範囲が設定され，主観的な経験が一定の方向へと意味づけられていきます。

　最後に，第三層として，その繰り返される行動が永続的になる，意味構造の変容が起きる層があると考えられます。この層は，「個体発生」と呼ばれています。この層まで到達すると，その行為はその人の人生の中で安定した意味構造をもちます。個体発生は，人生を通して，その人の発達を導くものとなります。つまり第三層は，価値観の層と考えることができます。このように，第一層から第二層さらに第三層へと意味づけの過程が内在化し，価値観が形成されます。第三層で形成された価値観は，今度は外在化を起こし，第二層に影響を及ぼし，価値観に裏づけられた意味づけを作り，さらには第一層では価値観に従う行動を生みます。

　さて具体的に，どのような内在化・外在化が起こっているのでしょう。日本社会での新入社員採用のあり方を通してキャリアから見た文化を考えていきましょう。日本の代表的な社員雇用システムは，大学3年生の終わり頃から一斉に開始される新卒一括採用です。会社は採用者を長期に雇用することを念頭に，将来の管理職となる人材を毎年一斉に採用しているのです。しかしながら，その新入社員の3割が，3年後に離職しているという実態が，ここ20年の厚生労働省の調査で明らかになっています。

　図2で，新入社員の3年後の離職あるいは継続勤務の意思決定時に起こりうる三層内での意味づけモデルを示してみたいと思います。新入社員は，日々，直接的な経験を積み，非可逆的時間（戻ることができない時間）の中で，常に新たな仕事を体験しています。これが第一層の微視発生レベルです。日々の業務が，個人文化の中で組織化され，一定の行為の繰り返しができてくるのが第二層の中間発生レベルです。

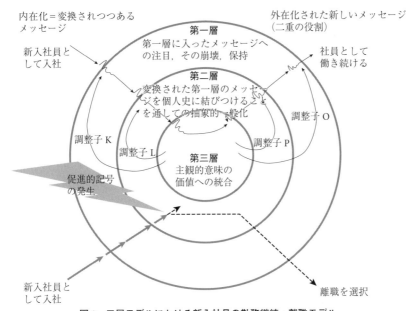

図 2 三層モデルにおける新入社員の勤務継続・離職モデル

（出典）Valsiner（2007），翻訳書 p. 427 に筆者が加筆。

採用された会社で長いその後の人生を，自分をキャリア発達させながら生きていこうとすることで，第三層での個体発生に到達していきます。この第二層から第三層への移行には，促進的記号（Valsiner, 2007）の発生が関わっているといえます。つまり，ルーチンとなっている事柄を，永続的に価値観づけるレベルに変容させる，意味づけの事象の発生があったと考えられます。第二層から第三層に移行できないときに，若手社員は離職という道を選ぶのであろうと推測されます。離職の場合は，第二層の段階で働く意味づけを妨げる促進的記号が発生したと考えることができます。それが第三層への到達を阻み，第二層の仕事への継続性を崩壊させることになります。

[2] キャリア形成から見た移行と分岐点

私たちの人生には，それまでの価値観が覆されるような事態に遭遇することがあります。その出来事によって，意識が変容することがあります。そういっ

た転換点を分岐点（Bifurcation Point；サトウ，2009）と呼びます。たとえば，大学生2年生の夏休みに，社会見学のつもりでインターンシップに行った先で，社員が大きな受注を勝ち取る場面に遭遇するかもしれません。新規顧客を獲得していくような開拓者的精神を自分がもっていたことに気づいて，営業を将来の仕事にしたいと思い始めるかもしれません。あるいは，大学4年生になり，大学での学習を活かそうと，商品企画職を希望して何十社も就職試験を受ける人もいることでしょう。ところがすべての企業からことごとく不採用通知をもらい，私には企画職の適性がないのか，と未来の展望を変え始めるかもしれません。私たちがキャリアに迷うとき，あるいはキャリアチェンジをするときには，分岐点に「ラプチャー」（rupture）が生じているのです。

　以下，ズゥイットンら（Zittoun et al., 2013）を参考にして解説していきます。この「ラプチャー」は，肯定的な出来事と，否定的な出来事の双方を含みます。いずれにせよ日常生活や現在の慣例に対して，問いが生起された出来事を指します。「ラプチャー」には，予想していたこと（大学卒業後の就職など）もあるでしょうし，予期せぬ出来事（突然の海外転勤など）もあるでしょう。このように私たちが「ラプチャー」を経験するのは，真新しい変化が起きたときです。その出来事が引き金となって，私たちは新しいキャリアに移行（transition）することがあります。移行期では，以前の日常に戻ることがないように，新たな現実へと向き合っていく必要があります。つまり，移行の時期そのものが，新たなキャリアステージの形成の時期ともいえるのです。

　新たなキャリアへの移行を誘発する「ラプチャー」は，必ずしも，外から降りかかってくる出来事だけとは限りません。自己の中で沸き起こる対話や葛藤などに動機づけられて起こることもあるからです。私たちの思考の流れが，ある日突然，自分に何かの関心に向かって進ませる姿勢をとらせることがあります。この「思考上の出来事」（thought event）は，過去の日常の行為が，その状況を処理するにあたって有効でないと見なされたときに，生起されるものです。たとえば，いつも一緒に仕事をしていた仲間が突然あるプロジェクトのリーダーに抜擢され，一方，自分はまだ何も任されていないではないか！と気づいたとき，これも「ラプチャー」なのです。想定外の結果を得た際の思考によっても生じ，新しい意味づけを引き起こします。

このように，「ラプチャー」とキャリアの移行には関連があります。そして移行という，1つの枠組みから別の枠組みに移る過程には，自己内部で起こる対話（葛藤や想像）と，自己と社会で起こる外的な対話の双方が絡み合います。それらの双方の対話によって，自己は継続的に再生産され続けるのです。つまり，移行という自己変容期において，自己を維持する一種のシステムとして，人間は常に自己対話を行っているといえるのです。

[3]　対話的自己から見るキャリア

　ハーマンスが提唱した対話的自己（dialogical self）理論は，他者との関係によって自己が意味をなすという構想に基づいています（Valsiner, 2005）。ハーマンス（Hermans, 1996）は，自己内のダイナミックな対話を説明するためにⅠ（アイ）－ポジションという概念を生み出しました。そして空間や時間を超え多様な他者をも含んださまざまなⅠ－ポジションが，それぞれ声をもち，対話的関係を作り出しているのが，自己の総体であると考えました。私たちは，個人の人生において道標となるべき記号が失われた不定（uncertainty）の状態にいるとき，つまり分岐点において，何をするべきなのか内的な対話が活発に行われるのです（サトウ，2012）。

　ここで，新卒入社をして5年目でキャリアチェンジをしたAさんを例にとり，分岐点においてどのような自己が構成されているのかを見てみましょう（図3）。Ⅰ－ポジションの変化を表すために，ハーマンスの自己対面法（self-confrontation method）を援用したⅠ－ポジションシート（Banda & Sugimori, 2017）を用いています。このシートは，Ⅰ－ポジションを位置づけて，対話的自己フィールドの構造を表すものです。図の内側の円は内的自己を，外側の円は主観的社会環境を表しています。内的自己とは，自分内のⅠ－ポジションが位置づくフィールドです。主観的社会環境とは，自己が捉える他者や外的な事象を表すⅠ－ポジションが位置づくフィールドです。この内的・外的双方の包括的な自己を，さらに社会的・個人的，肯定的・否定的の4つの面に分け，さまざまなⅠ－ポジションがどのような対話をしているかを描いています。

　Aさんは某国立大学から大手企業に就職した，いわゆるエリート社員です。相手を注意深く観察し自分の対応を考える思慮深さや判断力の優秀さが決め手

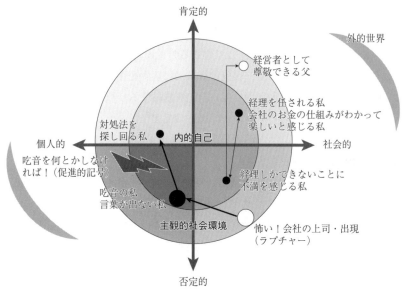

図3　Ａさんの対話的自己内のＩ−ポジション

となり，かなり早い段階で内定を得ています。入社後は順調で，すぐに経理に抜擢されます。しかし，4年後に「ラプチャー」が訪れます。新たな上司が，大変威嚇的な人物だったのです。Ａさんは相手を十分観察して言葉を選んで話すという姿勢をとってきました。この物腰が入社試験の際に高評価となったのです。しかしじつは，Ａさんは小さい頃から吃音であったため，その物腰は吃音への対処法だったのです。話す前に，どう話せばよいか心を落ち着かせて話す，その訓練が，いままでは順調にできていたのです。ですが，この上司が来てからは，吃音が出てしまい，うまく言葉が出ない自分にも落胆することになります。この上司の出現による，吃音との対峙がＡさんにとって，「促進的記号」となったのです。また同時期，経理という専門的な仕事を任されていることに関して，会社の成り立ちの仕組みに面白さを感じると同時に，経理しかできないことにも働く魅力を感じなくなります。この状態における対話的自己内のＩ−ポジションの関係を描いたものが図3です。

　Ａさんは，このままこの企業に勤めていても，行き着く先が見えてきてしまうように思えます。自営をしていた父親から，仕事を継がないかという話があ

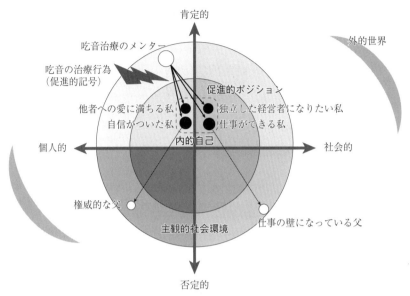

図4 Aさんの対話的自己内のI−ポジション

り，企業を退職するという選択肢をとり，父親のもとで働き始めます。この不定性の中で，Aさんを変えていくのが吃音を治療するメンターとの出会いでした。じつは幼少の頃から，Aさんの父親も威嚇的であり，父親がAさんの吃音の原因である可能性も否定できませんでした。メンターにより，Aさんは自信を回復していきます。図4に示されている，たくさんの肯定的なI−ポジションの集合体は，促進的（promoter）ポジション（Hermans & Hermans-Konopka, 2010）を形成し，Aさんが父親から独立し，起業家の道を進む決心を強く後押ししていきます。

　キャリア選択のから文化を捉えると，新卒生の3年後の離職の原因も，個人の文化の確立のための，プロセスであることが見えてくるでしょう。

2 文化から見るキャリア

　次に，キャリア構築が，文化の中に取り込まれるとどのように変容するのかを見ていきましょう。

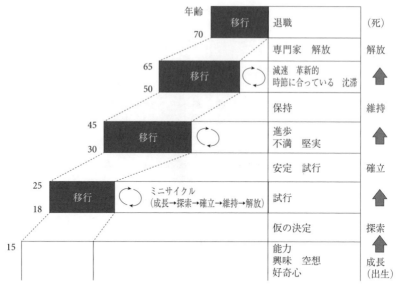

図5　スーパーの職業的発達段階モデル

（出典）　岡田（2007），p. 40 に筆者が加筆。

[1]　キャリア発達から見た個人の生涯

　私たちは，生涯を通して，自分の目標に到達するために，経験や技能を継続的に獲得するプロセスを踏みながら，自分のキャリア発達を促進させています（山本，2005）。スーパーは一生涯を通じて行われるキャリア発達を説明するために，階段状の職業的発達段階モデル（図5）を提示しました（岡田，2007）。それは暦年齢に緩く関連しており，成長，探索，確立，維持，解放という5つの段階で構成されている，1つの大きなサイクル（マキシ・サイクル）だと考えました。さらに，それぞれの発達段階には，移行期があると考えました。移行期は，新しい次の段階に進むための意思決定期となります。次の段階に移る過程です。この移行期にも，成長，探索，確立，維持，解放といったミニ・サイクルをまわしながら，螺旋状にキャリア発達はなされていくとしました。

　従来であれば，この図のように退職を迎えたときに，移行のステージは最終になるとされていました。しかし人生100年時代となり，退職を迎えたその先のキャリアも考える必要が出てきています。キャリア発達は，ワーク・キャリ

アのみならず，ライフ・キャリアという観点からも，生涯における人間生活の充実のためにも，再検討されなければならない時期を迎えています。

[2]　学校から仕事への移行

　日本の大学生は，3年生の終わり頃に就職情報会社が運営する情報サイトのオープンとともに，本格的に就職活動を始めます。就職活動開始の時期は，毎年，経団連（日本経済連合団体）によって決定され，経団連に所属する日本の大手企業によって紳士協定として守られています。というのも，新卒一括採用という，日本の文化的な新人採用慣行を維持するためには，社会全体の足並み合わせが必要だからです。そもそも，この新卒一括採用という慣習は，1895年に三井財閥が新たに大学を卒業する学生をある定数採用したことに始まるそうです（西川，2013）。

　このように日本という社会の中では，大学からの間断のない仕事への移行のシステムが整備されています。卒業後すぐに企業に雇用されると，その企業風土の中で教育されていきます。入社後，企業の各組織を網羅的に人事異動させられながら，企業の幹部として，ジェネラリストとして，時間をかけて育成されていく傾向があります。ジェネラリストとして育成されていくわけですから，大学でどの専門を学んで来たのかはあまり重要視されません。一般的管理職を育成したい企業においては，専門性を高めている修士取得者も歓迎されない場合があります。専門的知識があるかということよりも，いかに新しい問題を解決できる能力があるか，タフな人間性が備わっているか，多様な人と協働できるかが，採用のポイントとなることが多いのです。現在，日本企業の人材育成の仕方も変化してきたとはいえ，まだまだ新卒一括採用から始める人材育成の企業文化は根強いのです。

　では欧米ではキャリア構築はどのようになっているのでしょうか。そこには，まったく異なる様相が見えてきます（図6）。欧米では，大学など高等教育で得た専門性を，キャリアとして個人がもち運び，企業間を渡り歩きながら，みずからのキャリアを構築していきます。

　長年欧米の統治下にあった東南アジアの国々においても同様です。たとえば筆者がフィードワークを行っているインドネシアは，第2次世界大戦まで350

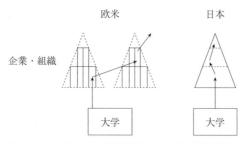

図6　日本と欧米における組織とキャリア発達の違い

（出典）　Koyama（2014）。

　年もの間オランダの統治を受け，キャリア構築の仕方も欧米の影響を受けています。大学において専門性を身に着けた学生たちは，その専門性を携えて，卒業後（人によっては在学中に）企業にアプローチをかけます。日本のように就職サイトはウェブ上にありますが，そこで扱われる情報の信頼性は大変低いようです。学生たちは企業がブースを出展する就職フェアに行ったり，直接企業の募集に応募したり，人からの紹介を受けるなどして，採用してもらう企業を見つける独自の努力をしています。大学生が行えるアルバイトがほとんどなく，コンビニやファストフードの店員も，そのほとんどが正規に雇用された大人の仕事です。ですから，インターンシップで企業での就業を体験することは，企業と巡り合う重要な機会となっています。

　大学卒業後間断なく企業に就職できることを私たちは当たり前だと思っていますが，日本では世界に例がないほど，システマティックな移行が整備されているのです。

[3]　キャリア研究文化の変遷

　アメリカはもともと移民によって建国された国です。アメリカにおけるキャリア研究は，さまざまな文化的背景や適性をもつ移民に，どのように職を紹介していくか，つまり適職判断という立場から研究が発展していきました。以下，アメリカのキャリア研究にくわしい神戸（2016）に基づいて述べていきます。

　アメリカにおける最も伝統的なアプローチは，人をある種の特性によって分けようとする特性論アプローチです。その最も代表的な研究者がホーランドで

す。ホーランドは，キャリアを個人の人格（personality）の延長と捉えて，個人の人格がわかれば，向いている仕事がわかると考えました。個人の人格の特徴を，現実的（Realistic），調査的（Investigative），芸術的（Artistic），社会的（Social），起業家的（Enterprising），保守的（Conventional）の6つに分け，その頭文字をとって「RIASEC」理論（Holland, 1985）を提唱しました。このように特性によって人の適職を見極めるという雇用方法は，大変便利であったため，アメリカ社会において爆発的に起用されたのです。現在のアメリカにおいても，標準的なキャリアのテキスト（Sharf, 2008）の中で，「特性とタイプに関する理論群」は，いまもなお活用されています。

　上記の特性論と並んで，アメリカのキャリア理論のもう1つの柱は，発達理論アプローチです。発達理論アプローチでは，社会で活躍するためのキャリア発達に何が必要なのか，その因子を特定することが研究の目的になっています。スーパー（Super, 1990）は，キャリア開始前の子どもの発達について，キャリア・マチュアリティー（成熟）のモデルを示しています。まず，好奇心から，キャリア成熟は始まり，それは探索へとつながります。探索行動によって，情報を得ることができますし，重要な情報源となる人物と会うことができます。つまりロールモデルに出会えるのです。しかし，探索行動がうまくいかないと，衝突が起きて，衰退が起き，発達が滞ってしまいます。

　このように，従来は，人の発達には何らかの正解があり，それを特定するような研究の立場が採用されていました。社会・文化から見たふさわしいキャリア構築の仕方そのものが，研究の的となっていたのです。

　しかしながら，アメリカのキャリア研究の潮流は変化し，人がどのように世界を意味づけしながら生きているのかが重要視されつつあります。文化心理学的視点がますます必要とされるようになってきたといえます。

■ おわりに

　神戸（2016）は，アメリカのキャリア研究の潮流が変化してきたと述べています。人を社会が求める枠組みで捉えようとする特性論アプローチや発達理論アプローチに対して，人の性格タイプや発達段階等を社会的構成物と見る立場「社会構成主義」が現れました。人はそれぞれ個人の現実を知覚し構成して

いるとする考え方です（Neimeyer & Stewart, 2002）。この新たな潮流である社会構成主義では，人がどのように世界を意味づけながら生きているのかを重要視しており，より意味深いキャリア意思決定をするにはどうすればよいかを論点とした研究がなされています。とくにサヴィカス（Savickas, 2011）は，「キャリア・ストーリー・インタビュー」というキャリアカウンセリングの手法を開発し，その人の「人生のテーマ」が社会の中でどのように構築されているのかを探っています。本人にとってのより意味深いキャリア意思決定をするためのアプローチが，キャリア研究の中でも関心をもたれるようになってきています。

　考えてみれば，社会の中で自分が生きる意味をどのように見つけるかということを，日本人は昔から「生き甲斐を見つける」という言葉で表現してきました。「甲斐」には，行動の結果として表れる，努力した効果や，期待できるだけの値打ちという意味があります。つまり「生き甲斐」というのは，生きるに値する張り合いや喜びです。生きることに対して，人間が主体的に価値観の高い意味づけをさせた結果，心の高揚感や平安さを得ることができるという考え方を，私たち日本人はその文化の中に保持してきたといえます。

　山口（2009）は日本人の考える「生き甲斐」は，海外ではどの要素と類似しているのか，文献を比較して研究を行いました。well-being や happiness という英単語と比較しても，「生き甲斐」の方が，より自己の中心に迫っていること，価値の認識が含まれているところに違いがあり，なかなか同一の要素を見つけることができませんでした。そこでさらに，仕事という言葉を付加して「仕事を通じた生き甲斐」として調べたところ，"meaning at work""meaning of work" が海外では適切な概念であることがわかりました。山口（2009）はシュレヒターとエルゲルブレヒト（Schlechter & Engelbrecht, 2006）による "meaning" の意味を下記のように述べています。「存在する理由を発見し，またその理由が意味あるものであるという感情，経験，知覚であり，これがさらに高次の目的を見出したり，達成したいという感覚をもたらすもの」。文化心理学的に言い換えるとすれば，三層モデルの第三層にどのような促進的記号によって，どのような価値観が生み出され，どのように自己を動かしているのかを解明する研究が，いまや，日本のみならず海外でも注目されてきているということができるでしょう。

●文　献

Banda, K., & Sugimori, K. (2017). Career development of Japanese students in middle classed universities. Congreso Internacional de Orientación Educativa 2017, Mexico City, Mexico.

Hermans, H. J. M. (1996). Voicing the self: From information processing to dialogical interchange. *Psychological Bulletin*, **119**, 31-50.

Hermans, H., & Hermans-Konopka, A. (2010). *Dialogical self theory: Positioning and counter-positioning in a globalizing society*. Cambridge University Press.

Holland, J. L. (1985). *Making vocational choice: A theory of personalities and work environments* (2nd ed.). Prentice Hall.

神戸康弘 (2016).『「意味マップ」のキャリア分析 ――「個人の意味」が「社会の意味」になるメカニズム』白桃書房

Koyama, K. (2014). The limited effects of internal career concerns of self-initiative work style. *International Journal of Management Sciences and Business Research*, **3**(4), 66-75.

Neimeyer, R. A., & Stewart, A. E. (2002). Constructivist and narrative psychotherapies. In C. R. Snyder & R. E. Ingram (Eds.), *Handbook of psychological change: Psychotherapy processes and practices for the 21st century* (pp. 337-357). Wiley.

西川清之 (2013).「我が国の若年者雇用の現状と課題」『龍谷大学経営学論集』**53**(1), 32-49.

岡田昌毅 (2007).「ドナルド・スーパー ―― 自己概念を中心としたキャリア発達」渡辺美枝子編『キャリアの心理学〔新版〕』ナカニシヤ出版，pp. 23-46.

サトウタツヤ編 (2009).『TEM ではじめる質的研究 ―― 時間とプロセスを扱う研究を目指して』誠信書房

サトウタツヤ (2012).「理論編 ―― 時間を捨象しない方法論，あるいは，文化心理学としての TEA」安田裕子・サトウタツヤ編『TEM でわかる人生の径路』誠信書房，pp. 210-243.

Savickas, M. L. (2011). *Career counseling*. American Psychology Association.

Schlechter, A. F., & Engelbrecht, A. S. (2006). The relationship between transformational leadership, meaning, and organizational citizenship behavior. *Journal of South Africa Institute of Management Scientist*, **15**(4), 1-15.

Sharf, R. S. (2008). *Theory of psychotherapy and counseling: Concepts and cases* (4th ed.). Brooks Cole.

Super, D. E. (1990). A life-span, life-space approach to career development. In D. Brown & L. Brook (Eds.), *Career choice and development: Applying contemporary theories to practice* (pp. 197-261). Jossey-Bass.

Super, D. E., Savickas, M. L., & Super, C. M. (1996). The life-span life-space approach to careers. In D. Brown, L. Brooks & Associates (Eds.), *Career choice and development* (3rd ed., pp. 121-178). Jossey-Bass Publishers.

Valsiner, J. (2005). Scaffolding within the structure of Dialogical Self: Hierarchical dynamics of semiotic mediation. *New Ideas in Psychology*, **23**, 197-206.

Valsiner, J. (2007). *Culture in mind and societies: Foundations of cultural psychology*. Sage.（サトウタツヤ監訳，2013『新しい文化心理学の構築 ――〈心と社会〉の中の文化』新曜社）

山口勝士 (2009).「日本人従業員の仕事を通じた生きがいをもたらす要素についての研究」『異文化経営研究』**6**, 71-81.

山本寛 (2005).『転職とキャリアの研究——組織間キャリア発達の観点から』創成社

Zittoun, T., Valsiner, J., Vedeler, D., Salgado, J., Gonalves, M. M., & Ferring, D. (2013). We are migrants! *Human development in the life course* (pp. 261-284). Cambridge University Press.

第5章

文化心理学×法

①裁きから見る文化／文化から見る裁き

中田友貴

■ はじめに

(1) 司法制度と裁き

　私たちが日常生活をしていると，さまざまな問題が生じたり，場合によっては他者と争いが生じたりします。家庭内で誰かにおやつを食べられたとか，隣の家のピアノがうるさいとかもありますし，深刻なものであれば，貸したお金を返してくれないとか，学校で体育の時間に財布がなくなったとかもあるでしょう。

　こうしたとき，多くの場合，私たちは自分たちでそれなりに解決を図り，それなりに丸く収めていきます。子どもの世界であれば，親や先生が争っている人たちの言い分を聞き，それなりに判断をして，たとえ不服であったとしても（私がおやつを食べたわけじゃないのに私のせいにされた！），それを乗り越えていきます。大人の世界であっても，それなりに信頼できる人（たとえば交番の駐在さん）が場を収めるというようなことがあるものです。

　ところが，こうした収め方では収まらない問題もあります。日常生活の範囲内で収まらない問題については，国家の機関としての裁判所が具体的な問題に即してどのように処理するのかを検討し，判断が下されることになります。このような裁判所における，法に基づいた判断を本稿では裁きとして扱っていきます。

　では裁判においてどのように裁かれているのでしょうか？　裁判では具体的

な事案に対して，法律の中でも裁判の際に基準となる裁判規範という基準にあてはまるかの判断が行われています。これは裁判官による勝手な判断を防ぐためであり，また基準がないと裁判官としても困ることになり，裁判を円滑に進めるためであるといえます。裁判は公平でなければならず，そのための基準が必要なのです。裁判規範として代表的なものは刑法や民法であり，裁判では抽象的な裁判規範をもとに，具体的な事例にあてはまるのか判断がなされます。

(2) 刑事裁判と民事裁判

裁判所における裁きは，刑罰が科される行為を行った人を裁く刑事裁判と，個人間（法人も含む）における権利義務の争いを扱う民事裁判の2つに大別されます。刑事裁判と民事裁判では，裁く基準や方法が大きく異なっています。同じ問題でも，刑罰を決定するために刑事裁判で行い，損害の賠償を求めるために民事裁判も行うこともあります。さらには民事裁判においては過失が認められたにもかかわらず，刑事裁判においては刑法上の過失が認めらないということもあります。

民事裁判では，私人間の権利義務に関わる争いを扱うため，当事者は私人（原告）と私人（被告）となります。このとき，当事者の私人同士は，刑事裁判での国家と私人のように権力関係があるものと異なり，対等であることが前提となっています。また国家機関から起訴を行う刑事裁判と異なり，民事裁判においては，私人からの要求がなければ開かれることは基本的にありません。原告の請求に基づいて裁判所は，原告と被告が提出した証拠から，原告の請求する法律構成が認められるか，また認められる場合，原告の請求範囲内での損害賠償を判断します。民事裁判においては必ずしも判決がなされるわけではなく，当事者の和解により決着することもあります。

対して刑事裁判では，まず当事者は国家（検察官）と私人（被告人）であり，私人には弁護人（弁護士）をつける権利が認められています。これは国家と個人との関係の中で，犯罪が社会秩序を乱すものであると捉えられてきたからです。また被害者に対する損害についても，あくまで民事的に解決されるべき問題として基本的には考えられています。刑事裁判の手続きでは，まず検察官は被告人が行った行為が犯罪行為に該当すると見なした場合，起訴を行います。このとき犯罪行為とされるものは，刑事法（刑法や特別刑法）によってあらかじ

め明確に規定されたものでなければなりません（罪刑法定主義といいます）。起訴された事件に対して，裁判官はその行為が定められた犯罪行為に該当するかを検察官から示された証拠から判断を行い，該当すると判断した際には，どの程度の刑罰を科すことが妥当であるか判断を行います。そのため刑事裁判における裁きには，刑罰が伴うことになります。2009 年以降には裁判員制度が施行され，一部の事件において，裁判官と一般市民から選ばれた裁判員により裁きを下すことも行われています。

　このように日本における法的な裁きには，方法や目的，基準が大きく異なる 2 つの種類が存在します。さらに細かく見ていくと家庭裁判所で扱われる家事事件や少年事件に関しては，目的や基準，方法などが少し異なります。家事事件とは民事事件の中でも，家族や親族間などの家庭内における問題について扱ったもので，相続や離婚，親権等についての事件を指します。家事事件では，家庭内のことを扱うことからプライバシーの保護を重視するため，家庭裁判所において非公開にて行われ，審判が下されます。また少年事件とは，20 歳未満の少年による犯罪行為や不良行為などの事件を指します。少年事件も基本的には家庭裁判所で扱われ，プライバシー保護および少年の育成の観点から基本的には非公開で審理が行われ，審判が下されます。以下では刑事裁判を中心として，その裁きの制度から文化のあり方を考えていきます（第 1 節）。また文化から裁きについても考えていきます。具体的には刑事事件で科せられる刑罰，とくに最高刑である死刑の問題を通して文化と法の関係を考えていきます（第 2 節）。最後にまとめを行います。

　法と文化はまったく違うもの，時には対立するものだと思われるかもしれませんが，善悪の判断や行為の習慣が道徳を形成し，その道徳が法という制度にも含まれるのですから，法は文化事象にほかならないのです。近代心理学の父と呼ばれるヴントが晩年に全 10 巻の『民族心理学』という本を著したときには，その中には法律も入っていました（民族心理学は現在の文化心理学のルーツです。第 1 部第 2 章参照）。人間の精神を理解するために法の理解はきわめて重要だと考えることもできるのです。

1 裁きから見る文化

[1] 日本における近年の裁判の状況

　最高裁判所（2022）が発行している裁判所データブックによると，令和2年度には，すべての裁判所において約341万件の事件が新たに受け入れられています。そのうち40.2％の約137万件が民事・行政事件であり，刑事事件が24.7％（約84.5万件），そして家事事件は33.7％（115万件）と続き，少年事件は1.4％（約4万6000件）となっています。戦後以降，刑事事件は1950年代，60年代をピークとして減少し，その後70年代，80年代に少し増加するものの長期的には減少しています。民事事件は，過払い訴訟の増加から2003年をピークに，以降は減少しています。家事事件は平成以降では一貫して増加しています。最後に少年事件は平成以降一貫して減少しており，過去7年でも半減しています。

[2] 刑事司法制度から見る文化

　日本の刑事司法は精密司法と呼ばれることもあり，大量の証拠から動機や背景などまで精査し，検討したうえで裁判が行われています。その1つの理由として可能な限り証拠を検討することが，正しい判断を行うために必要であり，ひいてはえん罪を減らすためということがいえます。また日本の刑事法は法定刑の範囲（たとえば，殺人罪では死刑又は無期若しくは5年以上の懲役）が幅広く定められており，裁判官の裁量が広く認められているため，多くの情況を考慮し判決に導いていることも考えられます。ただし，そのために日本では裁判が非常に長期に及んでいます。

　日本では刑事裁判における起訴率が高い傾向にありましたが，1980年代の89％をピークに起訴率は年々減少し，近年では35％程度になっています。それに対して，起訴されて有罪・無罪が争われた際の無罪率は80年代から一貫して0.1％ほどであり，高い有罪率が維持されていることがわかります。裁判員裁判導入の際には，市民感覚の反映とともに，マスメディアの影響や過度の厳罰化の可能性から批判がなされました。2009年に裁判員裁判が導入され約

15年経った現在，刑事裁判の1.5％が裁判員裁判の対象となり，専門裁判官と市民から選ばれた裁判員により，判決が下されています。当初の予想と異なり，裁判員裁判対象事件においても有罪率は上がることも，下がることもなく，基本的には裁判官裁判と同じ有罪率となっています。量刑に関しても基本的にはほとんど変わりありませんが，犯罪の種類によって違いが出たものもあります。たとえば，性犯罪では厳罰化の傾向があります。少しではありますが，市民感覚が取り入れられていると考えることができます。

　なお，年々裁判員の対象者の辞退率は増加する傾向が認められます。そのため，当初の裁判員裁判の理念を実現できなくなる可能性が問題視されています（株式会社NTTデータ経営研究所，2017）。株式会社NTTデータ経営研究所（2017）は意識調査などから，辞退率の悪化は①審理予定日数の増加傾向，②雇用情勢の変化，③高齢化の進展，④裁判員裁判に対する国民の関心の低下，⑤名簿規模の縮小に伴う年間名簿使用率の上昇などの複合的な理由により辞退率が上昇していることを指摘しています。とくに審理予定日数は当初3日が想定されており，実際，制度開始時には平均審理日数は3.4日でしたが，2017（平成29）年になると6.5日にまで増加しており（最高裁判所，2018），正規雇用されている労働者でも参加しづらい状況が生まれています。裁判員裁判は，刑事裁判が適正に行われているかをチェックする側面もあるため，雇用情勢などに合わせて制度を改善していくことが求められています。

[3]　市民が裁判を行うことはどういうことか

　日本の裁判員裁判など市民が裁判を行う制度は，世界中の多くの国で見られます。大きく分けて陪審制と参審制の2つの制度に分類されます。陪審制はイギリスで古くから発展し，アメリカ，オーストラリアなどで採用されており，事件ごとに任命された12人の市民により評決が行われ，専門裁判官が評決に基づき判決を下します。また参審制はおもにヨーロッパ諸国で採用されており，一般市民からなる参審員と職業裁判官による評議によって判決が下されます。参審員は，多くの国で事件ごとではなく数カ月から数年の任期がある点が陪審員や裁判員と異なっています。このように制度としては異なっていますが，世界的に市民の判断を重視しようとする視点は共通しているといえるでしょう。

一般に司法権（争いを法に基づいて裁く権利）は，三権の1つとして重視されています。他の2つの権利，行政権，立法権においては市民または市民の代表が関与することが普通に行われているのと同じように，司法権にも主権者である市民が関わることはけっしておかしなことではないのです。

2009年に導入された日本の裁判員制度は制度として定着しているといえます。ただし参加する市民は二極化しているといえるでしょう。つまり，辞退率が当初は53％でしたが，2016年には約65％にも達しています。また2018年の最高裁判所の調査でもじつに8割の方がやりたくないと感じています。一方で裁判員を経験した人の満足度は高く，96％がよい経験であったと感じています。

日本においては，なぜ，市民が裁判に関わることが，負担に感じられてしまうのでしょうか。大岡裁き，水戸黄門などのドラマ（＝社会的表象），また森鷗外の『最後の一句』での「お上の事には間違いはございますまいから」というセリフにもあるように，奉行＝行政側の人間が裁判を行い，それが正しいものである，あるいは，それが正しくなくても，糺す人物が行政側にいるということが信じられているようです。このような信念から市民が裁くことに違和感があるのかもしれません。

[4]　民事司法制度から見る文化

最後に，民事司法制度についても考えてみましょう。民事裁判は私人と私人の争いです。2020年の一審を見てみると，判決がなされたのは全体の43％程度であり，35％程度は和解が成立しています。また18％は取り下げられています（最高裁判所，2021）。民事裁判で和解や取り下げがあるのは，①ある程度裁判が進むと，裁判官の心証が類推でき，有利・不利の判断ができるため，早期解決を目指すため，また②勝訴したとしても，条件が悪くなる可能性があるため，③そして裁判所としても和解という円満な解決が望ましいという考え方があるため，という理由によると考えられます。日本では，民事事件が長期に及ぶことについては問題視されています。ビジネス領域やメディア報道などを巡る問題のような趨勢の変化が速い業界を中心に，迅速に対応することが求められるのです。

ここまでに述べたように，日本では，刑事裁判において長い時間をかけて証

拠を吟味した裁判を行うことが（結果として）維持されていること，民事裁判では，場合によって和解や取り下げでスピードアップが図られていることが，それぞれの特徴といえます。これが裁きの構造から見る日本文化の特徴といえるでしょう。

2 文化から見る裁き

　これまで日本における裁判の制度について見ることで裁きから見る文化について考えてきました。次に文化から裁きに関わる制度を見ていきます。まず，刑罰について，次に，生命を奪う極刑である死刑について考えてみましょう。そのうえで刑罰以外の司法としての修復的司法，最後に被害者の問題について考えていきます。

[1]　刑罰の歴史と文化

　先に挙げたように刑事事件においては裁きと刑罰は切り離せないものとなっています。では刑罰とはどのような役割があるのでしょうか？　近世まで遡ると，現在から考えると残虐な刑罰が一般市民の目の前で行われており，一般市民への見せしめの効果もありました。犯罪をするとこうなるからやめておけという予防的効果も期待されていました。これを目的刑と呼びます。その後，明治になるとそのような残虐な刑は廃止となり，刑罰は犯罪行為を行った犯罪者に対しての国家による制裁であるという応報刑論が主流となります。おもな論者としてはカントやヘーゲルが挙げられます（松宮，2006）。このため，被害者による私刑は国家秩序の崩壊となると考えられ，禁止されています。また20世紀初頭には，それに対して刑罰は犯罪者への矯正教育や更生を促すものであるという教育刑論も主張されるようになりました。現在では，応報刑を基盤としながら目的刑の考えも取り入れた相対的応報刑論が取り入れられています。

　ただし2022年6月に刑法が改正され，懲役刑と禁錮刑が統合し，拘禁刑となることとなりました。刑罰の種類が変わるのは明治40年に刑法が制定されて以来，115年間で初です。現在の応報的で刑務作業中心の懲役刑から，拘禁刑は改善更生に向けて指導や作業を行うことになるため，再犯防止に向けた教

表1　刑罰の種類

刑罰	内容	例
生命刑	人の生命を奪う刑罰	死刑
身体刑	人の身体に対して苦痛を与える刑罰	鞭刑，杖刑，黥刑（入れ墨の刑）
自由刑	人の身体の自由を奪う刑罰	拘禁刑，居住地の制限
財産刑	財産（財物・金銭）を奪う刑罰	罰金，没収，損害賠償命令
名誉刑	人の名誉を奪う刑罰	公権の停止，剥奪

（出典）　瀬川（2013）を参考にして作成。

育刑への変更といえます。近年，再犯防止を国は推進しており，また成人年齢変更による少年法の適用年齢引き下げからの18～20歳の教育的支援の問題，後期高齢者の受刑者の増加による実質的な懲役が厳しい状況などもあり，今回の改正に至ったと考えられます。とはいえ，現状の体制からすぐに大きく変わるわけではなく，教育プログラムの開発や刑務官のあり方，社会での生活と刑務所の生活の乖離，社会側の出所者の受け入れ体制などが課題となるでしょう（浜井，2022）。

　現代の刑罰は，何かを剥奪することによって罰を与えるものであり，剥奪する法益の種類によって，生命刑，身体刑，自由刑，財産刑，名誉刑に分類されています（瀬川，2013。表1）。現在日本では，身体刑と名誉刑は行っていません。

［2］　死刑制度と文化

　表1において，死刑とは生命刑の一種であり，人の生命を奪う刑罰です。この制度は残酷で非人道的かつ品位を傷つける究極の刑罰とされており，国連でも1989年に市民的及び政治的権利に関する国際規約の第2選択議定書が採択され，世界的にも死刑廃止の潮流となっています。2017年現在，死刑制度は140カ国で廃止されています（アムネスティー・インターナショナル，2018）。日本は死刑制度を存置している57カ国の1つであり，また上記条約にも未署名，未批准となっています。しかも，日本においては，死刑制度廃止に対して反対の立場をとる人が大半となっています。内閣府（2020）による3000人に対する面接調査では，80.8％が「死刑もやむを得ない」と回答を行っており（「死刑

を廃止すべき」という回答は9％），その理由としては，「死刑を廃止すれば，被害を受けた人やその家族の気持ちがおさまらない」を挙げた者の割合が56.6％，「凶悪な犯罪は命をもって償うべきだ」を挙げた者の割合が53.6％となっています。さらに終身刑が導入されたとしても，52.0％が死刑を廃止するべきでないと回答していますから，死刑そのものが容認されている状況となっています。ただし死刑判断を抑止することを目的とし，終身刑の導入を行ったアメリカのカルフォルニア州においては，従来であれば死刑に処されるはずであった者が終身刑となるよりも，従来であれば短い刑期であったはずの者が終身刑となる方が多くなりました。このように死刑と終身刑を併置する場合，より厳罰傾向になる可能性が想定されます。死刑廃止の世界的な動きは，先に挙げたように進む一方です。日本においても刑罰の目的やあり方を考えたうえで，さらに日本文化を勘案した制度を構築していく必要があると考えられます。

[3]　文化から見る刑事司法制度と民事司法制度と被害者

　先に挙げたように刑事裁判ではえん罪を防ぐために厳格に適用がなされているので，刑事事件では不起訴や無罪となる一方で，民事事件では敗訴するということが見られます。また当事者が刑事裁判と民事裁判では異なることから，刑事事件において被害者を中心に問題になることがあります。

　近代法治国家での刑事裁判において被害者は当事者ではありません。そのため被害者の意見については，ほとんど顧みられることはありませんでした。実際の被害に加え，時にはメディアや世間の好奇の目や被害者も悪いというバッシングにあうこともあります。1970年代からようやく被害者の被害の回復について世界的に考えられはじめました。日本では1974年に三菱重工爆破事件で死者8名，負傷者376名が出たことから，被害者の救済が問題となり，1980年に犯罪被害者等給付金支給法が制定されました（河合，2000）。その後，2000年になり，犯罪被害者保護法の成立により，公判手続きの傍聴や記録の閲覧，謄写が可能となりました。さらには2000年の刑事訴訟法改正で刑事裁判において被害者が意見陳述を行うことが認められるようになり，また性犯罪被害者など強い精神的な圧迫が予想されるような場合には，ビデオリンク方式にて参加することが認められました。また家族やカウンセラー，支援者が証言中に付き

添うことも認められています。さらに2008年には被害者参加制度が制定され，証人尋問や被告人質問が可能となりました。このように刑事裁判における被害者参加を認め，また支援する制度が徐々にではありますが進んでいます。

[4] 文化と修復的司法

被害者をめぐってはさらにさまざまな問題があります。たとえば民事裁判が基本的に金銭でしか賠償されないという点です。「なぜその事件が起こったのか？」ということを被害者が明らかにしたくとも，民事事件では，事実について主張の争いがあり，また法的に問題になる部分しか判断を行ってきませんでした。さらには民事事件が金銭的な賠償の補償しか求めないため，「お金のため」という世間からの批判が社会的抑制となることがあります。これに対して，関係者やコミュニティ関係者という第三者を入れ，より対話的な紛争解決を行う修復的司法（restorative justice）という新しい仕組みが諸外国から導入されつつあります。これまでにも民事裁判においては調停という形で，第三者を組み入れる制度は存在していました。さらに修復的司法では，地域社会との関係が強いものであるという点に特色が見られます。修復的司法は1990年にゼアにより体系化され，事件の被害者と加害者，そしてコミュニティが一堂に介して対話を行い，将来的な関係性まで考慮したうえで，当該犯罪行為による損害の回復を目指すプロセスです。現在日本では，NPO法人対話の会や兵庫県弁護士会の犯罪被害者・加害者対話センターなどにより，実践が始まっています。しかし課題も多くあります。修復的司法はカナダやオーストラリアで見られるような先住民コート[1]（法廷）のように，宗教色や文化色が強いものであるため，国外の制度を日本へ直接導入するのではなく，日本にあった文化的，宗教的な制度を構築し，さらなる模索を行っていくことが必要だと考えられます。

■ おわりに

裁きの基準である法や付随的な刑罰は，文化的な規範や道徳と切り離すこと

---

1) 先住民族の犯罪者などが対象となり，通常の手続きとは異なった扱いで，裁判が行われています。裁判においては刑事司法関係者や社会福祉関係者だけでなく，先住民の長老が参加し，文化的な側面も考慮しつつ，支援計画が考えられます。

ができず，常に互いに影響し合っています。司法制度や刑罰制度，また日頃テレビや新聞などのメディアで見聞きする事件に対して，私たちと関係のない"犯罪者"による凄惨な行為として捉える人も多いかもしれません。けれども，文化心理学的な考え方で理解しようとすることで，日本の文化への考え方や他の文化に対する態度に広がりを見せるでしょう。

●文　献

アムネスティ・インターナショナル (2018).『2017 年の死刑半径と死刑執行』

浜井浩一 (2022).「法律家のための犯罪学入門（第 50 回）新たに創設された「拘禁刑」と刑務所の課題」『刑事弁護』**112**, 146-152.

株式会社 NTT データ経営研究所 (2017).『「裁判員候補者の辞退率上昇・出席率低下の原因分析業務」結果』最高裁判所

河合幹雄 (2000).「日本の被害者学と被害者運動の動向」『犯罪社会学研究』**25**, 141-147.

松宮孝明 (2006).「法定刑引き上げと刑罰論（特集：刑罰思想の現在と課題 —— 法定刑引き上げの意味するもの)」『法律時報』**78**(3), 27-47.

内閣府 (2020).『基本的法制度に関する世論調査』内閣府大臣官房政府広報室

最高裁判所 (2018).『平成 29 年における裁判員裁判の実施状況等に関する資料』最高裁判所事務総局

最高裁判所 (2021).『裁判の迅速化に係る検証に関する報告書（第 9 回)』最高裁判所事務総局

最高裁判所 (2022).『裁判所データブック 2022』最高裁判所

瀬川晃 (2013).「罰することの意味」三井誠・曽根威彦・瀬川晃編『入門刑事法』有斐閣, pp. 239-259.

②えん罪から見る文化／文化から見るえん罪

山田早紀

■ は じ め に

(1) 本稿で扱うえん罪

「えん罪」と聞いても，みなさんにはあまりなじみがないかもしれません。しかし，家族や友人と「私のおやつ食べたでしょ！」「食べてないよ！」「この前も勝手に食べていたんだから，あんたに決まっている！」というような会話をした経験はないでしょうか。この場合，もし「食べてないよ！」という主張が真実であるにもかかわらず「私が食べました」と言ってしまったなら，この「あんたに決まっている！」という発言は「えん罪」を生んでいるということになります。つまりえん罪というのは「その人がやっていないことについて疑われたり犯人だとされたりすること」です。おやつを食べたかどうかというえん罪であれば，（たしかにえん罪の1つではありますが）「やってもいないことで怒られて腹が立つなあ」という程度ですむのかもしれません。一方で殺人を犯したかどうかという刑事裁判で扱われるようなえん罪もあります。場合によっては，無実の人が死刑判決を受ける可能性もありうる非常に深刻な問題です。このような深刻なえん罪はなぜ，そしてどのように起こるのでしょうか。ここでは，「犯していない罪について逮捕・起訴され，裁判にかけられること」という刑事裁判でのえん罪事例について検討していきます。

(2) 実際のえん罪事例とえん罪の原因

1990（平成2）年5月，栃木県足利市で女児が行方不明になり，その翌日に遺体が発見されました。本件について逮捕・起訴（その後，別の2人に対する誘拐・殺人罪でも逮捕・起訴）された男性と現場遺留物のDNAが一致するというDNA鑑定がおもな証拠となり2000年に有罪が確定しました。取調べ時と第一審の途中まで男性は自白していて，その後，否認しましたが，裁判ではこの自白も証拠となりました。男性が弁護団とともに再審請求¹⁾を行っていた2008年，裁判所はDNA鑑定の再鑑定を行うことを決定しました。最新の鑑定技術によ

---

1) 判決が確定した事件について裁判のやり直しを求めること。

って遺留物と男性の DNA を再分析したところ，両者は一致しないことがわかりました。これによって 2010 年に男性の無罪が確定しました（足利事件）。本件は，（現在から見れば）精度の不十分な DNA 鑑定という誤った科学的証拠と虚偽の自白が原因となってえん罪となった事例で，日本ではじめて DNA 鑑定によって雪冤²⁾が果たされたケースです。また弁護団は，男性の自白が虚偽であることを示す心理学者らの意見書も提出していました。

　さらに逮捕，起訴されたものの一度も有罪判決が出されなかったえん罪事例として，甲山事件というケースがあります。1974（昭和 49）年 3 月，兵庫県西宮市にある養護施設「甲山学園」で行方不明になっていた 2 人の園児が遺体で発見されました。本件について逮捕・起訴されたのはこの施設の女性職員で，取調べでは一度自白したものの，その後，一貫して否認していました。逮捕のきっかけは，この女性が被害者らを連れ出したのを見たという目撃証言でした。1975 年に女性は不起訴処分となりましたが，1976 年に検察審査会によって「不起訴不当」の議決が出され，再捜査が行われました。その結果，事件から 3 年後の 1978 年，当時の園児から再三にわたる聞き取りで得られた目撃証言がきっかけとなって女性は再度逮捕されました。第一審で無罪判決，控訴審で差戻しの決定が出されましたが，地裁での差戻し審でも無罪判決，女性の無罪は 1999 年になってからようやく確定しました。本件は誤った目撃証言と虚偽の自白があったものの，裁判においてそれらの不正確さが適切に判断され，無罪となったケースです。しかしながら被告人となった女性は無実の罪について 25 年もの間，戦わなければなりませんでした。

　これまでに明らかになったえん罪事例で共通する原因は何があるのでしょうか。ギャレット（Garrett, 2011）は，アメリカで起こったえん罪事件で無罪が確定した 250 事例を分析して，虚偽の自白（16％），嘘の情報提供（21％），誤った科学的証拠（74％），目撃証言の誤り（76％）が証拠として有罪判決を支えていたことを明らかにしています（カッコ内の数値はその証拠が用いられた事件の割合）。また，大川（2009）は，誤起訴・誤判事例について犯罪類型から検討しつつ，自白の信用性判断の誤りが犯罪類型の相違にかかわらずえん罪の原因となっていることを指摘しています。

---

2)　えん罪が晴れること。

ここまで見てきたようにえん罪事例は，①誤った証拠が採取されてしまうこと，②さらにそれが誤っていることが見抜かれることなく刑事裁判において証拠として採用されてしまうことによって発生しているといえます。

　日本の刑事訴訟法第317条では「事実の認定は，証拠による」と定められています。つまり，証拠が刑事裁判の判決を決定する「記号」となります。そして日本の刑事裁判では「自白」という証拠は真偽を問わず，強い記号として働いています。誤った証拠に基づいた判決はえん罪を生んでしまいます。ここからは虚偽の自白を中心にしてえん罪の問題について考えていきたいと思います。

1 えん罪から見る文化

[1]　虚偽の自白への「転落」と「展開」

　虚偽の自白は，これまで見てきたように無実の人が犯していない罪について自白してしまうことです。カッシンとライトマン（Kassin & Wrightman, 1985）によると，この虚偽の自白には①任意（自発）型，②強制－迎合型，③強制－自己同化型の3つのタイプがあり，グッドジョンソン（Gudjonsson, 1992）はこれらのタイプは互いに排他的ではなく重複して起こることもあると述べています。①任意（自発）型の虚偽の自白は，警察での取調べなどの外的圧力がないにもかかわらず生じます。これにはいくつかの要因があり，たとえば犯人だと名乗ることで有名になりたいという病的欲求や，想像と現実の区別ができなくなること，あるいは真犯人をかばいたいという欲求から虚偽の自白をしてしまうのです。②強制－迎合型の虚偽の自白は，取調べの圧力によって生じます。身近な当面の利益を得るために取調官の圧力に屈する形で虚偽の自白を行ってしまいます。利益というのは，自白をすれば帰宅できるとか，留置場に泊まらずにすむとか短期的な利益であり，刑罰が科されてしまう可能性という不確かな長期的な結末よりも重要だと判断されてしまったとき，虚偽の自白が生じます。③強制－同化型の虚偽の自白は，罪を犯した記憶は実際にはないにもかかわらず取調べ中に自分が罪を犯したと信じ込んでしまうときに起こります。自分自身の記憶が信頼することができなくなり，取調官など外部の情報を頼りに虚偽の自白を行ってしまいます。

それではこうした虚偽の自白がどのような過程を経て起こるのでしょうか。この問いに対して，多くの刑事裁判において虚偽の自白などについて心理学鑑定を行っている浜田寿美男は，虚偽の自白を行うとき，「転落」と「展開」の過程があることを示しています。最初の「転落」のメカニズムについて浜田（2017）は「取調べは徹底的に非日常の場である」としています。そして取調べという場の圧力から，以下のような要因が重なることによって最終的に「犯人」になって自白してしまうといいます。

① 　日常生活からの隔離と他者による支配と自己コントロール感の喪失
② 　まったく聞き入れられない弁明
③ 　「証拠なき確信」に囚われた取調官による長期間の追及
④ 　刑罰の非現実感

　そして次の「展開」の過程は，「やりました」という自白の後，取調官から犯行について詳細に語るように求められることから始まります。このとき無実の人は「犯人」になったつもりで犯行の筋書きを考えなければいけないのですが，実際に犯罪を行ったわけではないため，整合性をもった供述ができません。そこで取調官がその供述へ指摘や訂正を加え，筋書きが練り直されます。この過程の繰り返しによって，客観的証拠等にも一致する，およそ矛盾のない虚偽の自白が生み出されます（浜田，2005）。つまり，無実の人は取調官とともにみずからをえん罪へ導く可能性のある記号を共同生成してしまっているのです。

　それではこうした虚偽の自白が生み出される過程においてどのような「文化」を見出すことができるでしょうか。ここからは上記の「転落」「展開」のメカニズムをもとに，えん罪から見た文化を考えます。

[2]　虚偽の自白を生み出す「取調べの中の文化」

　日本では通常，逮捕されると警察署や検察庁の一室で取調べを受けることになります。そのとき取調べる側は，複数の取調官が取調べにあたります。一方，取調べを受ける側はたった1人でこの状況に立ち向かう必要があります。もちろん弁護人に相談する権利はありますが，取調室の中に味方はいません。目の前にいるのは自分を「犯人だ」と疑っている人たちだけです。またその期間は，最大で23日間にも及びます。逮捕されている場合，自宅には帰ることができ

ず，おもに警察署の留置場での生活を余儀なくされ，食事や睡眠など生活の基礎をすべて他者に委ねることになります。上記①はそうした状況を示しています。これを文化心理学の観点から見ると，個人の「これまでの日常生活の文化」がすっかり停止させられてしまう，という事態に陥っていることになります。そしてこの状況は身柄が勾留されている間じゅう継続されます。代わりに与えられるのは，警察署の留置場での寝食と取調室（場合によっては事件現場）への往復とに終始するという，すべて自分でコントロールできないような「取調べの中の文化」なのです。この状態で果たして 23 日間も耐えられるでしょうか。

　上に取調室への往復と書きましたが，取調室に行って楽しくおしゃべり，というわけではありません。自分が「犯人である」と思っている取調官から再三にわたって事件について知っていることを話すように求められます。もちろん黙秘権といって，話したくなければ話さなくてよい，という権利があるので黙っていることもいちおうは可能であるとされています。しかし，無実の人は自分が事件には関係がないこと，事件について知っていることはないということを知っています。だから，それを一生懸命説明しようとします。しかし，どんなに「やってません」と否定し，説明しても取調官は聞き入れてはくれません。上記②の状況はそうした状況を示しています。これを文化心理学的観点から見ると，ちゃんと説明すればわかってくれるし，わかってくれないのならそれ以上関わらない，というような「これまでの日常生活」と異なる経験をすることになります。説明をしてもわかってもらえないし，他者との関係の調整が不可能になるというはじめての状況に陥ります。しかもこの状況は取調べが続く限り継続されるのです。

　こうした状況を作り出すのが，上記③の，取調官のもつ「証拠なき確信」です。そもそもなぜ無実の人を取調室に連れてきて，何時間も，何日間も取調べ続けるのでしょうか。取調官はなにも「無実の人」を無理やりにでも自白させてやろうとしているわけではありません。目の前にいる被疑者が「犯人である」という確信をもって，事件について知っていることを話させ，そしてその犯罪について反省をさせ，更正に導こうとしているのです。もちろん被疑者が真犯人であれば，この確信は，正しく機能するでしょう。しかし，被疑者が無

実の人であれば，この確信はたんなる「思い込み」ということになります。

　確たる客観的証拠はないものの，捜査の中で疑わしい人物として被疑者が特定されると，逮捕して取調べを行うということが，日本の捜査では多く行われています。そして取調べの中で無実の人が繰り返し「やっていません」と言って説明してもそれを聞き入れることはめったにありません。ここで平成27年度版『警察白書』を見てみます。通常第一審事件の終局人員における否認率は平成25年で12.2％だそうです（『警察白書』では，この数値について平成16年〔8.7％〕以降のデータを示しつつ比較して否認事件が増加している，と指摘）。つまりほとんどの被疑者は自白するのに，強硬な否認をする無実の人が，取調官にとってますます疑わしい人物に写ってしまいます。こうした状況を説明する心理学用語として予言の自己成就があります。これはある予期があるときに，それを無意識的に現実化するような行動に向かわせ，予期された状況を現実化させるプロセスです。取調べ場面にあてはめると，とくに確たる証拠はないけれど，この人物が犯人であると予想することで無意識的にその人を犯人にするような状況を作り出してしまうことを指します。こうした有罪方向の予想によって取調官が虚偽の自白を引き出しやすくなる傾向があることは実験的にも示されています（Narchet et al., 2011）。またその過程で無実方向の証拠を無視するというようなことも起こります。これを文化心理学的観点から考えると，無実の人であっても，疑わしい人物として取調べを開始すれば，「やっていない」と強硬に否認する人は，通常であれば，「こんなに否認するんだから犯人ではないかもしれない」という抑制的記号となるはずです。しかし，「証拠なき確信」をもった取調官にとってそれは，「本当のことはなかなか言わない強情な犯人だ」という，その人を犯人が犯人であるという確信を増大させる促進的記号として機能します。そして，ますます確信を深めていくことで，無実方向の言動を無視して，強硬に自白を迫り続けることになるのです。

　このような過酷な取調べが際限なく続くことで，無実の人はついに，あきらめて自白をした方が楽なのではないかと思い始めます。それに，いま自白しても後で「あのときの自白は間違いだった」と説明すれば何とかなると考えます。しかし実際はこうした自白がもとになってえん罪が発生してしまいます。それなのになぜ自白してしまうのでしょうか。取調官による強硬な取調べを止める

ために，無実の人は「やりました」と認めることになるのです。無実であるからこそ，その犯罪の重大性が実感できないために自白することを選択してしまいます。上記④はこの状況を指します。これを文化心理学的に見ると，真犯人であれば実際に犯行の体験があるため，事件の重大性や結果の深刻さを実感することができるため，自白することは抑制的記号として機能します。しかし，無実の人はその実感がないために，自白することがむしろこの苦しい状況を脱却するための促進的記号として機能してしまうのです。

　このように，「取調べの中の文化」で，無実の人は，「日常の生活文化」から断絶され，ここから脱出するための記号となる，虚偽の自白に至ります。一方で取調官は「証拠なき確信」に基づき「取調べの中の文化」を維持して，自白という記号の発生をガイドし，無実の人とともに虚偽の自白を共同生成していきます。そうして得られた自白がえん罪を生む一因となるのです。

[3]　えん罪から見る文化

　先に紹介した「取調べは徹底的に非日常の場である」という言葉は，言い換えると，「取調べは徹底的に〈これまでの日常生活という文化〉を奪われる場である」といえるでしょう。そして徐々に〈取調べに順応する文化〉へ移行せざるをえない状況に陥ります。そして虚偽の自白が生まれてしまうのです。〈これまでの日常という文化〉がいかに私たちの根幹を支えるものであるかということがわかります。そして，私たちにその文化がしっかりと根づいているからこそ，そうした虚偽の自白やえん罪が生まれてしまうという状況が生じうるということが理解されにくいというのが現実であるように思います。

2　文化から見るえん罪

[1]　無罪推定の原則と報道

　日本の刑事裁判で扱われる事件の約 99.9％で有罪判決が下されていることはご存じの方も多いでしょう。日本の刑事裁判で扱われる事件はそのほとんどが有罪の事件です。そしてすでに見たとおり否認する被告人も少ないのです。一方，日本の刑事裁判の大原則として「無罪推定の原則」があります。これは，

検察官によって裁判でその人が「有罪である」と立証されるまでは無罪として扱われることを指します。しかしながら，被疑者が逮捕されると「犯人が捕まった」という意識をもちやすくなります。2009 年に日本では一般市民が一部の重大事件の刑事裁判に参加し，有罪・無罪の判断，有罪であればその量刑も判断するという「裁判員制度」が始まりました。裁判員による裁判に関する心理学的研究は多くなされています（くわしくは本章①「裁きから見る文化／文化から見る裁き」の記述を参考）。この中で，報道による裁判員の判断への影響については国内外で多くの研究が行われています。報道の影響は裁判官の説示（裁判における判断に報道内容などの裁判以外で得た情報を反映させてはいけないことを説明すること）によっては排除されないという研究結果もあります（若林ら，2014）。すでに述べたように有罪方向のバイアスは間違った判断につながりやすくなります。また後になってえん罪だとわかる事件や，警察による誤認逮捕などの報道も数多くなされています。そのような中で，それでもやはり逮捕された人を犯人だと見てしまいやすいのはなぜなのでしょうか。

[2]　警察への信頼と刑事裁判の有罪率

　小林（2013）によると，1990 年代と比較すると 2000 年に入って警察に対する国民の信頼は低下しており，2000〜2004 年頃に最低水準となりましたが，2000 年代中盤以降は一定水準で改善されていないそうです。つまり，日本における警察への信頼は近年，低い水準にあるということです。これは，諸外国と比較しても非常に低いといいます（浜井・津島，2012）。ここで逮捕について見ると，日本では被疑者を通常逮捕する場合，逮捕状という裁判所が発行する令状が必要になります。平成 28 年度『司法統計』（裁判所，2016）によると，通常逮捕のための逮捕状を地方裁判所が発布した総数は 1 万 4975 件であり，却下されたのは 3 件，取下げ（撤回）は 209 件であったといいます。つまり裁判所もほとんどの事件で逮捕を認めているということになります。警察への信頼は低いけれども，裁判所などほかの機関による担保があるために逮捕＝犯人という意識になるのでしょうか。議論は必要ですが，1 つは刑事裁判で扱われるような事案が少ないが有罪率は非常に高いこと，そしてその中で誤っている（とわかる）件数が圧倒的に少ない（ように見える）ことが要因であるよう

に思われます。こうした状況が要因となって無罪推定を前提に判断することが難しい文化がすでに発生しているではないでしょうか。また，虚偽の自白もその信用性について判断が誤ってしまうのも，取調官と被疑者の入念なやりとりによって非常に「本当らしく」つくられたものである，ということも一因ではあるように思われます。ただ，すでに有罪方向で判断しやすい文化がそこにあるとすると，無罪という選択をしにくくなることは想像できるでしょう。

[3] 文化から見るえん罪

このよう見ると，えん罪や虚偽の自白を取り巻く文化自体にも発生要因があるように思われます。さらなる検討は必要ですが，えん罪から見る文化でも検討したように，虚偽の自白の見抜けなさには，こうした理解のしにくさも要因の1つとして存在するのではないでしょうか。

ただし，こうした虚偽の自白についての学術研究は数多く行われ，議論が続けられています。①浜田式供述分析，②コミュニケーション分析，③コンピュータによる分析などが虚偽の自白を読み解くための実践と理論化を行っています。

①浜田式供述分析は，すでに述べた日本の心理学者・浜田が行っている分析手法で，事件に関するすべての情報（警察や検察で録取される供述調書，公判で記録される公判調書，その他の証拠類）を対象に行われます。浜田式供述分析では，供述者がその事件について「実体験をもっている」か「実体験をもっていない」かという2つの仮説を立て，そのどちらの仮説がすべての情報をよりよく説明できるかということを吟味し，供述の真偽について検討します。上で見たような有罪方向のバイアスに陥ることを防ぐために「無罪方向のバイアス」についても考慮を行うことでどちらの仮説がよりよい説明を行うことができるかを検証していきます。分析は，誘導可能性分析（誘導の可能性がないか），嘘分析（嘘をつく理由があるか），逆行的構成分析（体験した時点で有している情報に基づいて供述しているか），無知の暴露分析（真犯人であれば知っているはずのことが供述できていない場面がないか）といういくつかの観点に基づいて行われます（大倉，2017）。

②コミュニケーション分析は，とくに公判調書など，本人が供述した言葉そ

のものの記録を対象に行われます。コミュニケーション分析は浜田式供述分析と同様に，供述者の体験性／非体験性に着目して分析を行いますが，供述の真偽について検討を行うのではなく，その供述が検討するべき「品質」を有しているかということを判断するために用いられます。体験性のある供述かどうかを検討することで，その供述を証拠として採用すべきかどうかを判断する，供述の「品質管理」を行います。コミュニケーション分析は「スキーマ・アプローチ」という分析手法に基づいて，供述者が自分の体験を説明するときに現れる個別性（その人らしさ）がその供述に見られるかどうかを読み解いていきます（大橋，2017；大橋ら，2002）。

　③コンピュータを用いた分析は，電子化された供述調書や公判調書を対象に行われます。「テキストマイニング」と呼ばれる，電子化された膨大な文字情報から重要な言葉や情報を取り出す情報の可視化技術を用いることで供述を検討する手法です（稲葉，2017；村山・大倉，2015）。また，ⓐ事件自体の出来事の流れ，ⓑ有罪ストーリーと無罪ストーリー，ⓒその供述がいつ録取されたかという3つの観点に基づいて供述を整理する「KTH Cube システム」というコンピュータ上の可視化技術を用いて検討する手法もあります（山田・サトウ，2012）

■ おわりに

　本章ではえん罪と虚偽の自白を中心に文化について考えてきました。えん罪を生まないようにするには，まずはこうした社会で起こっている問題について関心をもつことが必要です。たしかにえん罪という問題はけっして身近に起こるとは思えないし，起こっても少数であると思うかもしれません。しかし現実にそうした問題で苦しんだ人やいまも苦しんでいる人がいて，もしかしたら自分にも起こりうるかもしれないと想像することはできるでしょう。自分には関係がないと切り捨てずに，まずは関心をもって考えてみてください。さらに，目の前で起こっていることが自分の文化で理解できるものであるかを考えることも必要です。虚偽の自白をしうるような文化状態が存在するということを理解することも重要です。将来，裁判員になるときや，日頃テレビやインターネットで犯罪報道に触れるときなど，上記のようなことに注意してもう一度，目

の前にある情報を見つめなおすことで，新たな視点をもつことができるでしょう。そしてこれはえん罪や虚偽の自白の問題に限ったことではありません。自分の文化では理解しにくいような言動をしている人がいたとしてもそれは，その人がいま選択している文化的背景によるものであると想像できるようになれば，多くの問題は解決への一歩を踏み出せるでしょう。

●文　献

Garrett, B. (2011). *Convicting the innocent: Where criminal prosecutions go wrong.* Harvard University Press. (笹倉香奈・豊崎七絵・本庄武・徳永光訳，2014『冤罪を生む構造——アメリカ雪冤事件の実証研究』日本評論社)

Gudjonsson, G. (1992). *The psychology of interrogations, confessions and testimony* (Psychology of Crime, Policing and Law). John Wiley & Sons. (庭山英雄・渡部保夫・浜田寿美男・村岡啓一・高野隆訳，1994『取調べ・自白・証言の心理学』酒井書店)

浜田寿美男 (2005). 『自白の心理〔新版〕』北大路書房

浜田寿美男 (2017). 『「自白」はつくられる——冤罪事件に出会った心理学者』(叢書・知を極める 10)，ミネルヴァ書房

浜井浩一・津島昌寛 (2012). 「社会調査（世論調査）の理論と仕組み——「Trust in Justice」の調査結果から」『季刊刑事弁護』**70**, 132-137.

稲葉光行 (2017). 「コンピュータを用いた供述の可視化とその分析」浜田寿美男編『供述をめぐる問題』(シリーズ刑事司法を考える 1)，岩波書店，pp. 269-291.

Kassin, S., & Wrightsman, L. (1985). *The psychology of evidence and trial procedure.* Sage.

警察庁 (2015). 『平成 27 年度版 警察白書』https://www.npa.go.jp/hakusyo/h27/honbun/index.html

小林良樹 (2013). 「「警察に対する国民の信頼」に関する理論的考察」『警察学論集』**66**(6), 1-25.

村山満明・大倉得史 (2015). 『尼崎事件——支配・服従の審理分析』現代人文社

中島義明・安藤清志・子安増生・坂野雄二・繁桝算男・立花政夫・箱田裕司編 (1999). 『心理学辞典』有斐閣

Narchet, F., Meissner, C. A., & Russano, M. B. (2011). Modeling the influence of investigator bias on the elicitation of true and false confessions. *Law & Human Behavior*, **36**, 425-465.

大川治 (2009). 「犯罪類型ごとに見る誤起訴・誤判原因」日本弁護士連合会人権擁護委員会編『誤判原因に迫る——刑事弁護の視点と技術』現代人文社，pp. 428-448.

大橋靖史 (2017). 「コミュニケーション分析——やり取りに現れる体験性／非体験性」浜田寿美男編『供述をめぐる問題』(シリーズ刑事司法を考える 1)，岩波書店，pp. 231-249.

大橋靖史・森直久・高木光太郎・松島恵介 (2002). 『心理学者，裁判と出会う——供述心理学のフィールド』北大路書房

大倉得史 (2017).「供述分析 —— 体験者の語りと非体験者の語りを判別する」浜田寿美男編『供述をめぐる問題』（シリーズ刑事司法を考える 1），岩波書店，pp. 190-208.

裁判所 (2016).「15　令状事件の結果区分及び令状の種類別既済人員　全裁判所及び全高等・地方・簡易裁判所」『年報　刑事　平成 28 年度』http://www.courts.go.jp/app/files/toukei/376/009376.pdf

山田早紀・サトウタツヤ (2012).「供述調書の理解を促進するツールの有用性の検討」『立命館人間科学研究』25, 15-31.

若林宏輔・渕野貴生・サトウタツヤ (2014).「公判前の事件報道に対して理論的根拠を含む裁判官説示が与える影響」『法と心理』14(1), 87-97.

文化心理学×移行

①お小遣いから見る文化／文化から見るお小遣い

サトウタツヤ

■ はじめに

　現代の日本において，お小遣いをもらうということは，子どもたちにとって当たり前のことです。当たり前は言いすぎとしてもそれなりに知られたことだと思います。お小遣いという私的制度をまったく知らない人はほとんどいないことでしょう。ところが，こうしたことは，お小遣いが仮に経済行為だとするならば，少し変なことだと気づく人はいるでしょうか？

1　お小遣いから見る文化

　一般に，お金というのは努力をして稼ぐことによって得ることができるものです。努力もせず（稼ぎもせず）にお金がもらえて，そのお金で何かを入手することができるのは例外的なお金のあり方なのです。もちろん，努力せずにお金を手に入れるルートがたくさんあるわけではなく，お小遣いをくれる人は限られていますから限定的なルートによっています。具体的には親子のように限られた人間関係に埋め込まれています。親子以外でも何らかの人間関係のルートを通って流れていくものです。話をお年玉に広げると，親以外からももらうことはありえますが，お年玉をくれるのは父母の関係者でしかない＝親の人間関係に埋め込まれている，ということは明らかだと思います。おじいちゃんやおばあちゃんは父母の父母という関係ですし，新年に挨拶にきた父の会社の人

からお年玉をもらうなら，当然ながら，お父さんの関係者です。

　このように，お小遣い（または，お年玉）が入ってくる経緯は，自分が稼ぐというわけではないという意味で特殊であり，その入手ルートも限定的であるということがわかったと思います。では，その使い方についてはどうなのでしょうか？

　一般にお金の効能は，等価のものであれば「何とでも交換できる」ということにあります。100 円をもっている人が，100 円の値段がついた品物を買えないということはありえないし，どのような 100 円の品物であっても買える，というのがお金（貨幣）の基本的な機能です。ところが，話はそれほど単純ではなく，お金には良い使い方，悪い使い方，というのがあることが経験的に知られています。そして，子どもの場合，悪い使い方をすると親に叱られるかもしれませんし，場合によってはお小遣いを取り上げられてしまうかもしれません。お小遣いはその入手にも，使用にも，一定の制約が課せられていることがわかります。

　また，良い悪いとは別に，常識的な意味で買うことが想定されていないものも存在します。筆者は後述のようにかつて韓国でお小遣いの調査をしたことがありましたが，韓国の子どもたちが，お年玉でイヌを買っていたことに仰天しました。多くの日本人の方もそう思うことでしょう。「お金をためてイヌを買う?!　ありえない！」と思う人が多いと思われます。つまり日本では，子どもが買えるもののリストには「イヌ」は含まれていないのです。もちろん，すべての韓国の子どもたちがお年玉でイヌを買うわけではありませんが，友だちがイヌを買ってきたとしても，驚きはしないのです。イヌを買うということは飼うということを意味します。この「飼う」行為について日本では親の承認が必要なのであり，それを抜きにして「買う」ことはできないのが日本のあり方です。一方で韓国では買うことも飼うことも親の承認は不要であり，お金をためればイヌを買って飼うことができるのです。

　以上，お小遣いから見た文化で一番面白い点は，お金の基本機能である対価交換が不可能な場合があるということです。ここで重要なのは，国や文化によって違う，という差異的な考え方をするのではなく，貨幣という普遍的に見えるものであってさえも文化の影響を受けるという一般法則的な考え方をするこ

表1　お小遣い研究で用いた項目

1.	おかしや飲み物を買う	2.	外食をする
3.	文房具を買う	4.	自分の服を買う
5.	参考書・問題集を買う	6.	通学の交通費を払う
7.	給食費や学費など学校納付金を納める	8.	貯金をする
9.	玩具を買う	10.	ゲームセンターに行く
11.	流行歌などの CD を買う	12.	遊園地に行く
13.	漫画を買う	14.	アクセサリーを買う
15.	映画を観る	16.	カラオケに行く
17.	おやつを友だちにおごる	18.	友だちにご飯をおごる
19.	友だちにお金を貸す	20.	友だちにプレゼントを買ってあげる
21.	家族にプレゼントを買ってあげる	22.	家で使う日用品を買う
23.	家のおかずの食材などを買う	24.	友だちと賭け事をする
25.	困っている人のために学校や教会や街などで寄付する		

（出典）　高橋・山本（2016）。

とです。

　人類普遍のお小遣いの使い方，というような大上段な問いに答えるのは難しいのですが，私がかつて関わった，日中韓越の 4 カ国で行ったデータから少し素材をひっぱり出してみたいと思います（アンケートによるデータ収集は 2002〜2005 年に行いました）。この研究の全体については，ずばり『子どもとお金』というタイトルで本が出版されています（高橋・山本，2016）。この調査では日本，中国，韓国，ベトナムの研究者たちと協力して，この 4 つの国や文化がお小遣いにどのような影響を与えているかについて調査をしました。対象者はそれぞれの国の子どもたちで，日本でいえば小学 5 年生，中学 2 年生，高校 2 年生に相当する男女でした。

　まず，子どもたちがお金を使ってどのようなものを買うのか，ということに絞って紹介していきます。具体的には，表 1 の項目についてそれぞれの国の子どもたちに対して 3 件法で回答を求めました。それぞれの項目について，お

小遣いを使うことが，それぞれ「良い（3）～悪い（1）」かをまず尋ねました。さらに，良し悪しは別として，「使うことが許される（3）～許されない（1）」かを尋ねました。2はいずれの項目でも「どちらでもない」，ということになります。

　お小遣いの使い方として悪いと判断される項目は，使うことは許されない，と判断されると思われますが，はたしてそんなに単純なものでしょうか？

　ここではまず――国や文化による違いではなく――共通する側面を取り出してみたいと思います。どの国でも，賭け事が悪い使い方だということは同じでした。つまり，賭け事が良いお金の使い方だとしつけられている子どもはいないようです。

　次に「（悪いと）わかっているけど，やっちゃう！」という側面に注目してみましょう。子どもたちは，お金を使うのが悪いと思うことについて，素直に，使うことは許されないと思うものでしょうか？　たとえば，「賭け事」という項目について，「悪い（1）」と答えて，「やることは許されない（1）」と答えるなら，そこに矛盾はありません。便宜上，引き算をすれば，後者と前者の差（引き算の答え）はゼロになります。一方で「悪い（1）」と答えても「やることは許される（3）」と答えるなら，後者と前者の差は2となります。「やることは許される（3）」－「悪い（1）」＝2です。

　このようにして算出された数値を仮に「悪いことでもやっていいと考えている指標」と名づけます。「悪いとされていることはやってはならない」としているのであれば，この指標はゼロとなります。この指標はプラスになるのでしょうか，マイナスになるのでしょうか。そして発達につれて変化するでしょうか？

　先ほどの25の項目について，項目ごとにこの数値を算出したうえで全項目の合計点をグラフにしたのが図1です。

　この図においてはゼロが，善悪と許容度が一致しているラインです。国別の比較をするなら，ベトナムの子どもたち（とくに小学生）は，良いと思ったことにもお金を使うことが許されないと思いがちであるという点で他の国の子どもたちと違うということはいえると思いますが，ここでは4つの国すべてで小中高と年齢が上がるにつれて右肩上がりになっていることに注目したいと思い

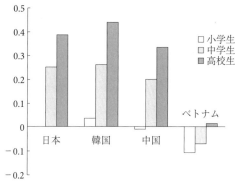

図1　（許容度－善悪）得点（4カ国）

ます。

　グラフの右肩上がりが意味していることは，子どもたちは，成長につれて「悪いと思っていることでもやってもいい」と思うようになるということです。どの国に生まれようとお金の使い方に関しては，悪いことにも使ってもよいと思うようになっていくのです。これがおそらく自立ということなのでしょうし，成長につれて変化する普遍的なありようを示しています。

　次節では，同じ調査結果をもとにしながら，文化（とくに，その違い）について考えていきたい思います。

2　文化から見るお小遣い

［1］　日中韓越のお小遣いの使い方

　お小遣いの前提は貨幣経済にあります。そうであるならば，お小遣いとして入手したお金は——貨幣というものの機能を考えるならば——原理的には何を買ってもよいと思われるのですが，実際にはさまざまな制限が課せられているようです。本節では，日中韓越の4カ国調査から，国や文化の違いによるお小遣いのあり方を考えていきましょう。第1節では一般的・普遍的な面に注目しましたが，この第2節では差異に着目して考えていきます。先の25の項目を用いて，何が良くない使い方かを尋ねてみてワースト項目を調査したところ，国別・小中高別で表2のようになりました。

表2　国別学校段階別のお小遣いの悪い使い方ワースト5

国	学校	1	2	3	4	5
日	小	賭け事	金貸す	食事おごり	ゲーセン	カラオケ
	中	金貸す	食事おごり	賭け事	菓子おごり	納付金
	高	賭け事	金貸す	菓子おごり	食事おごり	納付金
韓	小	賭け事	おもちゃ	ゲーセン	食事おごり	マンガ
	中	賭け事	おもちゃ	マンガ	ゲーセン	金貸す
	高	賭け事	ゲーセン	マンガ	おもちゃ	金貸す
中	小	賭け事	ゲーセン	カラオケ	CD	食事おごり
	中	賭け事	ゲーセン	カラオケ	食事おごり	おもちゃ
	高	賭け事	ゲーセン	おもちゃ	カラオケ	マンガ
越	小	カラオケ	外食	賭け事	菓子おごり	装飾品
	中	賭け事	カラオケ	装飾品	ゲーセン	菓子おごり
	高	賭け事	カラオケ	ゲーセン	外食	菓子おごり

　すでに述べたように，日本の中学生が「友だちにお金を貸すこと」，ベトナムの子どもたちが「カラオケに行くこと」が最も悪いと認識していることを除けば，賭け事がほとんどの国と年齢段階（小中高）で最も悪いこととして認識されていました。

　ワースト2になると国ごとの違いが見えてきます。日本では「友だちにお金を貸すこと」，韓国では「玩具（おもちゃ）を買うこと」，中国では「ゲームセンターに行くこと」，ベトナムでは「カラオケに行くこと」がワースト2でした。あえてまとめると，韓国，中国，ベトナムでは自分の遊興のためにお金を使うことが悪いと思われているのに対し，日本では友だちにお金を貸すことが悪いと思われているということがわかります。

　ワースト3，4を見るとさらにこの傾向が顕著になり，日本では「お金をおごること」が悪いとされているのに対し，韓国，中国，ベトナムでは自分の遊興のためにお金を使うことが悪いということがわかります。

　次に，因子分析という手法を用いて25の項目を分類してみたところ，子どものお小遣いの使い方としては家族との生活のために支出する項目群（因子），

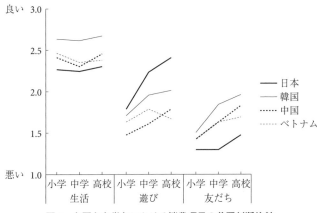

図2　各国と各学年における消費項目の善悪判断比較

（出典）　高橋・山本（2016），p. 45。

自分が遊びのために使う項目群（因子），友だち（人間関係）のために使う項目群（因子）の3つの因子が抽出されました。生活因子には「家で使う日用品を買う」や「給食費や学費など学校納付金を納める」などが含まれており，遊び因子には「遊園地に行く」や「漫画を買う」などが含まれており，友だち（人間関係）因子には「おやつを友だちにおごる」「友だちにご飯をおごる」が含まれています。

　図2を見ると，各国の小中高の子どもたちが，どのようなことにお金を使って良いと考えているのかがわかります。「良い（3）〜悪い（1）」の3件法ですから，生活に関することにお金を使って良いと思っていることがわかります。遊びに関する因子については，日本の高校生のみが良いという判断に傾いています。友だちに関する項目は，生活や遊びに比べると，悪い，と判断されていることがわかります。

　ここで日本の子どもたちに注目すると面白いことがわかります。生活関連に使うことや友だちに関して使うことについては，他の国よりも良くないと考えているのに対し，遊びについて使うのは良いことだと考えているということです。それと逆のパターンなのが韓国で，生活について使うことや友だちのために使うことが，他の国よりも良いことだと判断されていることがわかります。

日本の子どもたちは，お小遣いを家族や生活のため，友だちのために使うことは良くないと考え，自分の遊びのために使うことが良いと思っています。そして，韓国では，お小遣いを家族や生活のため，友だちのために使うことがよいと考えられています。

　ここにも項目別のワースト5を見たときと同じ「おごり問題」が現れてきます。次の項で日本と韓国の「おごり」に関する考え方の違いについて考えていきたいと思います。

[2]　差異から共通性を見つけるには

　ここでは，いわゆる「おごり」に関する差異が日本と韓国において顕著であるので，この点について，少し深掘りしていきます。そもそも「おごり」という言葉が日本にのみ存在すること自体（韓国には「おごり」にあたる言葉は存在せず，ただ，「払う」「買う」という語があるだけです）が，おごりが文化的であるということの証拠でもあります。俗に文化は水や空気みたいなもので，なくなると苦しいけれど，普段から気づくのが難しい，ということが言われますが，この「おごり」についても同じことかもしれません。

　ここで「おごり」とは，誰か1人が全員分の支払いをすること，「おごらない」とは個々人が自分の支払いをすること（割り勘）を指しています。

　『子どもとお金』プロジェクトでは，日本と韓国，それぞれの国の人（＝それぞれの文化で育った人）がそれぞれの行為をする理由について，子どもたちを対象に面接調査も行っています。いくつかピックアップしてみると，以下のようでした。

- 「なぜおごるのか（誰か1人が全員分を支払うのはなぜか）？」に対する韓国の子どもの答え
  「皆で食べるのが楽しいから」「次に誰かが払えばいいから」
- 「なぜ割り勘なのか？（それぞれが自分の分を支払うのはなぜか？）」に対する日本の子どもの答え
  「毎回，自分で払う方がすっきりするから」「お互い気を遣わずにすむから」

価値のレベル

記号のレベル

行為のレベル

意識

前意識

無意識

図3　文化心理学における自己の富士山型モデル

（注）　右図は精神分析学者フロイドの無意識モデル。

　「楽しい」「すっきりする」というレベルで考えれば，両国の子どもたちは，それぞれ自分たちらしく振る舞うことで友だちとの大切な時間を楽しんでいるということになるようです。

　さて，韓国で子どもたちのうち誰かが支払う際には，必ずしも順番が平等になっていたわけではなく，誰か1人が何度も支払う（たとえばお金持ちの子どもが何回も支払う）ようなことも許容されていました。このことについて，韓国の親たちに聞いてみると，「そうすることによって親の収入と無関係に子どもたちが仲良くなれる」とのことでした。一方，日本の子どもたちは，誰もが自分でそのつどそのつど支払いをするのですが，こういうやり方についての日本の親の答えは「そうすることによって親の収入と無関係に子どもたちが仲良くなれる」とのことでした。

　驚いたことに，親の収入が子どもに影響しないようにしたい，という親の願いは一緒だったのです。

　以上のことから，2つの国の親と子どもそれぞれの国のやり方について再び考えてみると，子どもたちは，友だちと何かを食べるときにそのたびごとに気持ちよくすごしたいと思っており，親たちは親の関係性が子どもに影響しないようにしたいと思っている，ということでは一致していたのです。つまり，価値のレベルではみなの価値は一致していると思われるのです（しかし，それを実現するための行為がほぼ完全に逆方向であるということにも気づかされます）。

　ここで，文化心理学における自己の富士山型モデル（図3；価値－記号－行為の三層からなる自己を考えるモデル）を援用すれば，価値のレベルでは両国の親子とも「子どもの人間関係を良いものにしたい」ということで一致していると

考えることができます。一方で，行為については割り勘（日本）か1人が支払う（韓国）かという形でまったく異なっています。

　そうであるなら，違いを生み出しているカギになるのはおそらく第二層のレベルだと思われます。この第二層は記号のレベルですが，ヴァルシナーはここで促進的記号が発生すると説明しています。そしてこの第二層は文脈的な枠を与える層だともしています（発生の三層モデル；第3部第1章④参照）。

　駄菓子屋さんで，何人か一緒にお菓子を食べる場面を想定してみましょう。支払いをする場面において，文脈の枠づけとその状況で適切な行為を促す促進的記号が発生します。誰がどのように支払うか，についての記号が発生するのです。そして，その際には文脈の理解が伴っています。たとえば，日本でも韓国でも，自分の親と駄菓子屋さんでお菓子を食べた後で，子どもが支払おうとは思わないはずです。親と一緒という文脈的な枠づけが行われているからです。

　ところが，子どもたち同士で食べているときには，文脈的な枠づけが両国の子どもではそれぞれ異なるため，結果として促進的記号の働き方も異なることになるのです。自分以外の子どもと一緒に駄菓子屋さんでお菓子を食べているという「客観的状況」は同じでも，文脈の理解は違ってきます（これはあまりに自然に行われているので日常では気づきません。他のことをする人がいると，驚いて自文化のことを意識するようになるのです）。

　そして，促進的記号が行為を促すわけですが，価値のレベルでは一致していても行為のレベルが正反対（真逆）になってしまうとしたら，この記号のレベルの違いが大きいのではないでしょうか？　記号が働くという意味では普遍的ではあるものの，その内容については個別性がある，こうした二面性が記号には存在するのかもしれません。

■ おわりに

　育った文化の中である行為を行うということは，価値を育むだけではなく，文脈的な枠づけに沿って行為を一定の範囲に収めることであり，その結果として行為が文化内で許容されるものになるということです。人と人の関係に依拠する行為（対人間の行為）に関していえば，行為の相手も文化を同じくする場合には，価値も記号も行為も一致することになるため，軋轢は小さいと思われ

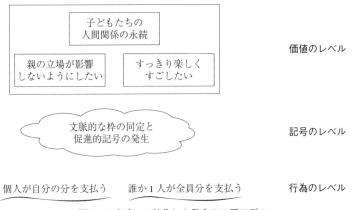

図4　お小遣いに特化した発生の三層モデル

ます。しかし，違う文化で育った人が出会うと，行為のレベルで大きな差異が現れる可能性があります。子どもたち同士のおやつ代金の支払い方法の例で見ると，子どもたち同士のグループでお菓子を食べたとき，誰か1人が支払うのか割り勘で支払うのか，という行為の違いがそれにあたります。韓国の人も日本の人も，人間関係の永続を願い，楽しくすごすための場として文脈的な枠づけを行っています。その上でそれぞれの価値に沿った行為を選ぶことになります。韓国の子どもたちは誰か1人がとりあえず全額を支払おうとし，日本の子どもたちは全員で割り勘しようとするというのが価値を維持するための文脈的枠づけなのですから，それぞれがその文脈的枠づけに沿うように行為することになります（図4）。

　異なる文化は，価値が違っているのではなく，記号のレベルが異なっているということになります。自分と違う行為を目のあたりにしたとき，人は往々にして，自分と違う価値をもっているのではないかと疑ってしまいます。そして，価値が共有できないのだから，違う「人種」だ，あいつらとはつき合えない，みたいになってしまうかもしれません。しかし，自分の行為が価値と記号から生み出されたとするのであれば，目の前の違う文化で違うことをしている人も，同じような価値と記号をもっていると考えることも可能なのではないでしょうか。

自分と違う行為をした人が目の前に現れると，それはその人のもっている価値が違っているからだ，と考えがちになりますが，そうではないかもしれません。自分と同じ価値観をもっているのだけれど，文脈的枠づけと促進的記号が異なっているのだ，と考えることは無用な多文化間軋轢を少なくすることにつながるように思われます。グローバリゼーションが進むと，育った文化とは異なる人と交流・交際・交渉をする必要が出てきます。そのときに，相手のことを理解できないと思うのではなく，相手を理解しようとする胆力 (endurance) が必要になってきます。そしてそのためには相手がどのような文脈的な枠づけを行っているのかを考えることが重要になってくるでしょう。人間の自己を価値−記号−行為の三層からなるとする文化心理学的な自己のモデルは，グローバリゼーション時代の交流・交際・交渉のあり方にとって重要な理論的枠組みを提供することになるでしょう。

●文　　献
高橋登・山本登志哉編 (2016).『子どもとお金 —— おこづかいの文化発達心理学』東京大学
　　出版会

②震災から見る文化／文化から見る震災

日髙友郎

■ はじめに

　「震災の経験」と聞いて，何が頭に浮かぶでしょうか。2022 年から四半世紀（25 年）を振り返ってみると，1995 年の阪神・淡路大震災，2011 年の東日本大震災，そして 2016 年の熊本地震と，日本は大規模な震災にたびたび見舞われてきました。読者のみなさんの中にも，これらの震災を被災者として経験した，あるいは自分の家族や親戚など身近な人が被災した，という人もいるかもしれません。

　一般に震災においては，揺れや火災による建物・交通インフラの損壊，がけ崩れなどの自然災害の併発，それらに伴う医療と安全確保の必要性から，住民は避難をすることになります。そして震災の混乱が収束したら，「避難を終えて，自分の家に帰る」というのが自然なことのように思われます。このように「震災の経験」というと，たとえば「避難所での生活」のように，「一時的に別の環境での生活をする」，つまり「一時避難」をイメージする人も多いのではないでしょうか。

　しかし冒頭で挙げた 3 つの震災の中で，東日本大震災をめぐる「避難の経験」は，他とは異なる特徴をもっているように思われます。東日本大震災においては，地震だけでなく津波によって広大な地域が壊滅的な打撃を受けてしまったことに加え，福島第一原子力発電所事故に伴って生じた放射能汚染の問題もあり，避難者は「地元地域に帰還するのか，それとも避難を続けるのか」という大きな選択を迫られています。

　以上のように見てみると，東日本大震災の震災経験は，「いずれは帰還できる」ことを前提にした「一時的なもの」ではなく，「これまでの生活とこれからの生活が（帰還するにせよ，避難を継続するにせよ）大きく変容する経験」という側面を伴っているように思われます。このような，時間とともに生じる変容の経験は，「移行」（人生移行）の研究として心理学（とくに発達心理学）において蓄積されてきました。

第 6 章　文化心理学×移行　　223

1 震災から見る文化

　本稿では，「移行」（人生移行）ならびに文化心理学の「記号」という概念を用いて，東日本大震災および原発事故によって避難を余儀なくされた人々の震災の経験を読み解くことを試みます。まずは，東日本大震災と福島第一原子力発電所事故の経緯，ならびに避難の現状について，公的な報告からのデータを中心に状況を整理してみましょう。

[1] 避難区域と復興の推移

　2011年3月に発生した東日本大震災，ならびに福島第一原子力発電所事故（以下，福一原発事故）によって，人々の生活は一変しました。公的な記録（内閣府，2011；国土交通省，2012；福島県，2022；復興庁，2022a）をもとに，現在に至るまでの経緯を概観します。

　避難指示区域の推移を表1に示します。まず，福一原発事故の当初は，放射性物質の放出・拡散による住民の生命・身体の危険を回避することを目的とし，東京電力福島原子力発電所を中心とした距離を半径で指定する形で，周辺住民への避難指示または屋内退避の指示が出されました（図1）。2011年4月時点では，警戒区域・計画的避難区域にあわせて12の市町村が含まれるなど，福島県内の広範な地域が避難区域に指定されていました。

　2012年に入り，避難指示区域の見直しが進むとともに，避難者の地元地域への帰還を実現するための支援策がさらに進められるようになりました。その1つに「除染作業」があります。原発事故によって周辺の環境に散らばってしまった放射性物質を取り除き，汚染を除去する作業のことです。除染作業によって地域を居住可能な状態へと戻すこと，ならびにライフライン・交通網・産業の復興が，2017年4月まで公的に実施されました。除染作業はその後，規模を縮小しましたが，帰還困難区域の復興を推進するための特定復興再生拠点区域の中で実施されるなどの形で，2022年に至るまで継続されています（復興庁，2022a）。

　こうした取り組みによって，2022年8月までに，複数の地域・自治体にお

表 1 避難指示区域の推移（概要）

年月	内容
2011 年 3 月	福島原子力発電所を中心とした距離を半径で指定する形で，周辺住民への避難指示または屋内退避の指示
2011 年 4 月	避難指示区域として「警戒区域」（福島第一原子力発電所から 20 キロ圏内であり例外を除き立ち入り禁止），「計画的避難区域」（事故後 1 年間の被ばく線量の合計［積算線量］が 20 ミリシーベルトになりそうな区域のうち，福島第一原子力発電所から 20 キロ圏外の区域），「緊急時避難準備区域」（福島第一原子力発電所から 20～30 キロ圏内であり，緊急時に屋内退避か避難してもらう区域）を設定
2011 年 9 月	「緊急時避難準備区域」の解除
2012 年 4 月	避難指示区域を見直し，「避難指示解除準備区域」（年間積算線量が 20 ミリシーベルト以下になることが確実であり，病院・福祉施設，店舗等の事業や営農を再開可），「居住制限区域」（年間積算線量が 20 ミリシーベルトを超えるおそれがあるが，一時帰宅や復旧等立ち入りは可），「帰還困難区域」（年間積算線量が 50 ミリシーベルトを超えて，5 年経っても年間積算線量が 20 ミリシーベルトを下まわらない区域であり，放射能汚染の程度が厳しいために 5 年以内の帰還は困難）として設定
2014 年 4 月～2017 年 4 月	段階的に複数の市町村の避難指示解除（南相馬市・飯舘村・葛尾村・浪江町・富岡町の一部，大熊町・双葉町は避難指示区域が残存）
2017 年 5 月～	特定復興再生拠点区域（帰還困難区域内で，避難指示の解除により居住することを可能とする場所を指し，除染やインフラ等の整備を優先的かつ国による負担で実施）の指定開始
2018 年 3 月	市町村における面的除染（避難指示が出されなかった福島県内自治体が実施してきた除染事業）の完了
2019 年 4 月	大熊町の避難指示解除準備区域および居住制限区域の指示解除
2020 年 3 月	双葉町の避難指示解除準備区域の指示解除

いて，避難区域指定が段階的に解除され，帰還が可能な状態になっています。しかしながら，地元地域が帰還できる状態になっているにもかかわらず，実際に帰還をした避難者は福島県全体で 5 割程度，自治体によっては 1 割前後という場所もあります（2022 年 6 月時点；時事通信，2022）。なお，避難者の数は，福島県内・県外をあわせると約 3.2 万人であると報告されています（2022 年 8 月 1 日現在；復興庁，2022b）。結果的に，3 万人強の避難者が，住み慣れた土地を追われることになり，そしていまだに帰ることができていない状況であることが

図1　福島県の地図（一部）

示されています。

[2]　人生移行の観点で見る震災経験／震災経験の観点で見る人生移行

　東日本大震災と福一原発事故は多くの人々の人生に影響を与え続けています。避難することや，（将来的に）地元地域に帰還することは，いずれも生活の大きな変容を生じさせます。こうした出来事のことを「人生移行」と呼び，とくに劇的なものは「危機的移行」と呼ばれます（山本，1992）。移行を体験する個人は，自己の目標の均衡・安定が失われている状態であり，人は攪乱や退行を経験するとされています（南，2006）。

　人生移行の過程を簡略化すると図2のように表現することができます。人生移行の視点で震災経験を見ると，震災・原発事故以前が移行前人生段階，震災・原発事故発生から避難生活に至り将来の帰還について検討している状況が移

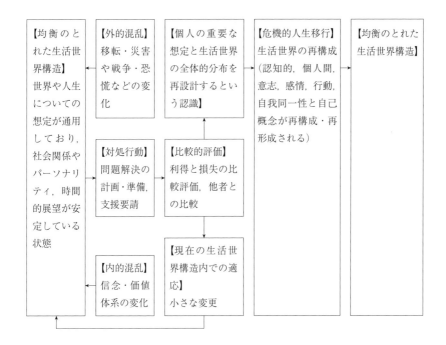

図2　危機的移行の過程および含まれる要因の簡略化した図式的表現

（出典）　Minami（1987）をもとに筆者が作成。

行人生段階，そして帰還する（帰還しない）ことを決めて生活を再構成するで
あろう将来の状況が移行後人生段階であると捉えることができます。

　一方，図2は「段階」という視点に立ったモデルであるために，ある段階か
ら別の段階へと移ろいゆく際に何が起きているのか，という点を詳細に捉え
づらいという難点があります。たとえば，「避難」という現象に注目してみま
す。人生移行の概念から見れば，移行前人生段階と移行人生段階の間に，「外
的混乱」としての「震災・原発事故」が存在しており，それが避難生活の開
始（人生移行の開始）を生じさせている，と考えることもできます。しかしじつ
は，こうした問題設定や解釈は，「研究者自身の恣意的な時間の切り取り」（渡
邊，1995）の産物にすぎません。もしかすると，「震災・原発事故」だけではな
く，それ以前に（移行前人生段階において），人々が地元地域や行政に抱いてい

た思いが，避難に影響しているのかもしれません。

　それでは，「原発事故避難者は，どのように避難や帰還を経験するのか」，という点について明らかにするためには，どうしたらよいのでしょうか。筆者は以下2点が必要と考えます。第1に，理論・概念に現象をあてはめるのではなく，あくまで避難者自身の語りに基づき，震災経験を理解するための分析を試みること。そして第2に，人生移行の概念だけでは読み解ききれない，震災経験をめぐる人々の行動・思考を分析するために，文化心理学（とくに記号）の概念を導入することです。

[3]　震災の経験を記号で読み解く

(1)　移行前人生段階・移行人生段階の間 —— 「震災前」の状況を問い直す

　筆者は，全域が避難指示の対象となった福島県A自治体出身の避難者に，震災経験に関する継続的なインタビュー調査を実施してきました。インタビューから，避難のときを振り返っての語りを抜粋します。

　　「ガソリンスタンドは一杯だし，高速道路は閉鎖されるしで，何がなんだかわからなかった」（30代男性）
　　「避難勧告のときは，ただびっくりした。役場に聞いても答えがないし。とにかく逃げろ，だった」（50代男性）
　　「避難，なかなかできなかったっていう部分もあったんだけど，どうしても自分たちが判断できなかったっていう。そういうそのへんの知識が足りなかったっていうのがあって。結局，本当に深刻な状態になったあとでの避難になってしまった」（40代男性）

　これらの語りを見ると，A自治体の人々が大きな混乱を経験しながら，福島県内外へと避難を行うことになった状況がうかがえます。一見すれば，原発事故，ならびにそれに伴う放射性物質の拡散という事態に際し，行政が避難指示を行うことも，住民が避難することも，当たり前のことのように思われるかもしれません。しかし，ここには「避難するという経験」を理解するうえで重要なポイントが隠れていると筆者は考えます。

表2　インタビュー時に考えを整理し当たり前を問い直すための工夫（一例として）

		住民における避難の有無	
		避難した	避難しなかった
行政からの避難指示	あった	「行政からの避難指示があったから，避難した」という当たり前に思えるパターン	筆者の研究では避難者の方にインタビューしているため，該当者はいなかったが，可能性として想定されうるパターン
	なかった	「自主避難者」と呼ばれる人々が該当されると考えられるパターン	本研究で筆者が尋ねた内容であり，「もしも」を問う形式をとるパターン

　一見すれば当たり前にも思える「行政からの避難指示」と「住民が避難すること」の関係について，問い直すためにはどうしたら良いのでしょうか。筆者はそのための方法として，表2のように考えを整理して，「当たり前」ではない視点から避難者の方々へインタビューを試みました（表2右下の箇所が該当）。つまり「避難指示があったから避難した」を，「避難指示がなかったら避難しなかった」（のですか？）という問いとして組み直し，あえて，避難者の方々にうかがいました。すると，以下のようなご返事をいただきました。

　「原発事故がなくても，いずれこうなったんじゃないですかね」（30代男性）
　「（A自治体からの）脱出のチャンスをうかがっていた人も多いんだ。その人たちにとっては，ちょうど良かったの」（60代男性）
　「20年数年ぶりにA自治体に戻ってきて仕事してるけど，私，以前に，若いときに，A自治体を出たときと同じことを考えているんです。仕事がない，学校もない，そんなんじゃだめだと思って，私，地元を離れたんですけど。いま，同じことを考えている」（40代女性）

　これらの語りからわかることは，A自治体は，震災・原発事故がなかったとしても，産業・教育・医療などの面で選択肢の少ない，もっと露骨にいえば，魅力の薄い自治体であったということです。さらに，それが20数年前から現在に至るまで，同じように維持されてきたということもわかります。
　こうした，過疎の自治体としての問題点は，原発事故の前から存在していた

し，仮に事故が起こらなかったとしても存在し続けていたと思われます。このような歴史が作り出した慢性的な問題が災害を機に露になることを，医療人類学者ポール・ファーマーは「慢性状態の急性増悪」と呼びました（Farmer, 2011）。A自治体は過疎地域であるがゆえに，生活の利便性に難があり，ひとたび住民が離れればなかなか戻っては来ません。いったん人口が減り始めればますます不便になり，さらに人口が減っていくという悪循環が起きます。震災・原発事故はこの悪循環をさらに加速させてしまいました。

(2) 震災が「移行」として経験されるとき —— 避難の促進的記号としての震災

ここまでの考察から，住民が避難することになった原因は，「震災・原発事故に伴う避難指示」であったとしても，「避難をし続けること」もしくは「帰還しないこと」の原因はむしろ，「A自治体に内在し続けてきた地域としての問題点」であったと捉えることが可能になってきます。

もちろん震災・原発事故は，とても衝撃的な，多くの人に影響を与える出来事であったことに疑いはありません。しかし，避難者の「避難の経験」に迫ろうと思ったときには，より丁寧に，人々の語りに寄り添う必要が出てきます。「避難指示があったから避難した」というようなシンプルな説明は，表面的にすぎる，実態とかけ離れたものなのかもしれません。

今回の事例は，文化心理学の概念である「促進的記号」（promoter sign）によって，より深く説明することができます。促進的記号とは，人間にとっての未来を志向する時間を拡張し，可能な未来構築のガイドとして機能するものであるとされます（Valsiner, 2007）。震災・原発事故は，住民にとって，避難行動を促す促進的記号として働いたものと考えられます。もっと踏み込んでいうと，避難行動そのものではなく，避難した先の未来に存在するであろう，「別の人生」へと可能性を開くものとして，震災・原発事故が経験されていたと解釈できるかもしれません。

(3) 移行人生段階・移行後人生段階の間 —— 除染の進展と避難の終わり

2017年3月，4月にかけて，複数の自治体において帰還宣言（避難指示区域の指定が解除され，帰還できる状態であることが公的に表明される）が出されました。この帰還宣言は，該当する地域出身の避難者が，もはや「避難者」としては扱

われなくなるということを意味していました。

　ここで，「『避難者』だったものが，避難者ではなくなる（別の何かになる）」
という事態について考えてみましょう。こうした現象のことを，文化心理学で
は becoming という語で表します。becoming の特徴は，「その時点では未決定
（indetaminate）な何かになっていく動的プロセスである」という点です（Valsiner,
2003）。つまり，お決まりの分類に人や現象をあてはめた結果としてではなく，
どのようなプロセスで「避難者ではなくなる」のかという点を分析する必要
があるという立場をとります。たとえば，「避難者」ではなくなるなら「帰還
者」になるに違いない，と安易に考えてよいのでしょうか。実際のところ，避
難者の方々は避難者ではない何に「なっていく」のでしょうか。

　人々の語りから考えてみましょう。地元地域に帰還するにせよ，しないにせ
よ，避難者にとっては大きな決断です。帰還することについての語りを引きま
す。

　　「一種の通過点が，と考えるしかない。突然，選択肢が増えた」（50 代男性）
　　「住むだけならできるが，住むだけならここでなくてよい」（60 代男性）
　　「帰還できるって（A 自治体の長が）言ってることに，納得はしてない。し
　　てないけど割り切る。妥協しないと進まない。戻ってきて，それなりの考
　　えができれば，納得できるかもしれない」（30 代男性）

　これらの語りでは，「帰還するかしないか」を決めることが難しい選択，つ
まり分岐点になっていることがうかがえます。

　ところで，どうして，帰還することがそんなに悩ましくなるのでしょうか。
少なくとも，A 自治体のさまざまな地域において，原発事故当初より放射線量
は下がっており，生活に支障ないレベルになっています。これは除染が進展し
たからです。除染は，表土の削り取り，落ち葉の除去，土の入れ替えなどの方
法で，人々が生活する空間における放射線量を減らすことが目的です。削り
取った表土や落ち葉など，除染作業によって生じた廃棄物（放射性廃棄物）は，
「フレキシブルコンテナ」（フレコン）と呼ばれるバッグに入れ，保管されます
（図 3，図 4）。

図3　除染作業：重機によって放射能汚染された表土をはぎとることで放射線量を低下させる

（注）　写真は筆者が 2014 年 10 月に撮影。

図4　除染後の廃棄物の仮置き：目算で 5m ほど縦に積まれている

（注）　写真は筆者が 2014 年 10 月に撮影。

　除染作業が進むほどフレコンの数は増えていきます。フレコンの数が増える
ほど，放射能汚染が改善されていくわけですから，帰還の可能性も増すはずで
す。そう考えると，貯まったフレコンは，本来であれば「住みやすさ」を意味
しているものであり，「帰還」の促進的記号であるようにも思われます。しか
し現実には，フレコンが貯まれば貯まるほど，A自治体の人々は帰還の意欲を
失っていくようです。

「仮置き場ですらない。中間処分場が決まらないと動かせないが、1日に100袋を移動するとして、ダンプが何台いるのか、入りきれるのか、とても現実的ではない量の汚染土が置かれている」(40代男性)

「フレコンがなくなったら復興。見えるところにあるうちは帰れない。大丈夫じゃない感じ」(50代女性)

「フレコンには抵抗感がなくなっているんですけど、一般にはありえない状態ですからね」(40代男性)

このように、フレコンの問題、とくに置き場所への懸念や疑問があり、帰還することに抵抗感が生じているように思われます。本来であれば、中間貯蔵施設と呼ばれる場所に保管されるべきものですが、現状ではまだ保管場所や移設スケジュールが確定していないために、A自治体では山のように積み重なったフレコンを見かけることがよくあります。生活の場に近接したところで、一時保管(仮置き)されているものが多く存在しています。

(4) 避難の終わりが「移行」として経験されるとき —— 帰還の抑制的記号としてのフレコン

「もしも」の話ですが、A自治体の避難指示が解除された際に、住民がこぞって帰還する(それこそ帰還率が100%に近いほどに)という状況もありえたのかもしれません。しかし、実際にはそうはなりませんでした。つまり、帰還するという行動は抑制されていたと考えることができます。

理由の1つとして、(3)で示したように、貯まったフレコンの存在が大きな意味をもっているようです。文化心理学的には、さまざまな(帰還行動に影響しうる)記号があるなかで、特定の記号(貯まったフレコン)が人の行動を抑制する(帰還するという行動が抑制される)とき、そこには抑制的記号の働きがあると考えます。そして、抑制的記号が働くのは分岐点(帰還する、しない)です。つまり、貯まったフレコンは帰還(する、しない)行動の抑制的記号である、と考えられます。見た目だけを記述すれば「黒い袋」にすぎないフレコンですが、住み慣れた愛着ある故郷に置かれてしまったことで、住民にとっては「帰還」の促進的記号ではなく、抑制的記号として機能しているのではないでしょうか。

人生移行の概念との関連で重要なことは，帰還行動が抑制された後の生活は，避難生活の「継続」とはいえなくなるということです。以下のような語りがあります。

　　「いま，避難している場所に家を建てたんですね。本籍は A 自治体のまま。転出するということ，移住ですね」(50 代男性)

　震災以来，避難先としている地域に家を建ててこれからも住むという主旨ですから，一見すると，何ら生活には変化がないようにも思われます。しかし，ここでは，これからの生活は避難生活ではなくて「移住」になる，という見込みが明確に述べられています。避難の終わりという事態が，たとえ生活の場や仕事に変化が少ないとしても，生活世界の再構成を要求する「移行」(危機的移行) として経験されているということが，この「移住」という言葉からもうかがえるのではないでしょうか。また，(3) で挙げた becoming の概念と照らし合わせると，「移住者になる」というプロセスが存在していると解釈できそうです。つまり，becoming の概念を用いることによって，「避難者でなくなる」という現象を「移住者」への「移行」のプロセスとして分析できる，という示唆を得ることもできました。

　2022 年 11 月現在，A 自治体のフレコンを福島県大熊町に建設された中間貯蔵施設 (除染作業の結果として産出された汚染土を，最終処分場が確定するまで保管する施設) へと輸送する作業が急ピッチで進んでいます。しかしながら，A 自治体住民の帰還は進んでいない状況にあります。帰還するにせよ，移住するにせよ，あるいは避難を継続するにせよ，住民の意思を尊重し気持ちに寄り添った支援を実現するために，行政・政策のレベルでも厚みを増した対策が求められています。

[4]　移行と文化心理学

　人生移行を段階として描く発想は，簡略した表現としてはもちろん有効です。一方で，人々の変容の過程をより詳細に捉えるという観点に立つと，物足りなさや，説明不足に感じてしまう箇所があるのも事実ではないでしょうか。本稿

表3　災害文化の分類

災害文化の種類	内容
現象論的	①経験の民間伝承，②災害観（運命論など），③現代の災害観（メディアでの報道や芸術作品など）
規範的	①物語による教訓の伝承，②モニュメント，③防災対応としての文化（組織における防災計画等の文化），④都市計画的防災文化（復興公園など）

（出典）　関谷（2007）より。

では文化心理学（記号）の概念を用いて，段階間で生じていると考えられる現象を描出することを試みました。文化心理学においては，記号論に基づき，さまざまな分析枠組みが提供されています。一例として，「発生の三層モデル」(Three Layers Model of Genesis；第3部第1章④参照；たとえば，安田〔2017〕）は，人々の気持ちの微細な揺れ動きをプロセスとして理解するための有用なモデルであり，人生移行概念を再検討するうえでも，重要であると筆者は考えます。

2　文化から見る震災

　本書第2部の「文化から見る＊＊」の節では，比較的まとまった文化単位ごとに当該トピックを比較する（ここでは災害）ことが行われていますが，災害は，新しい文化を作り出すという働きをもっており，次に述べる災害文化というような文化単位を作り出すことがあるため，災害によって作り出される文化から見る震災を考えていきたいと思います。このことは，人間と文化の一般的な理論を構想する文化心理学に合致する野心的な試みと思われます。

[1]　災 害 文 化

　東日本大震災が発生する以前から，震災と文化の関係は多くの分野において研究の対象になってきました。災害に対して，被災地域の人々がとる行動や用いる知識には一定の傾向があるといわれています。こうした傾向のことをムーア（Moore, 1964）は「災害文化」（disaster culture）と名づけました。関谷（2007）が，「災害文化」をさらに2種類に分類しており，全体像をつかむうえで参考になります。（表3）。

災害に対する人々の行動や考えに傾向があり，そのことがかえって被害を拡大しているとするなら，それをもとに，災害を防いだり（防災），被害を減らしたり（減災）するための研究や実践を考案することも可能なはずです。このような観点から実施されてきたのが，防災文化についての研究です。防災文化は，「防災に特化した災害文化」（定池, 2016）であると定義されています。矢守（2013）は，災害時に備えたマニュアルやマップなどが充実するほどに，かえって1人ひとりの住民の防災意識が薄れてしまう，という事態が生じることを指摘し，専門家・非専門家が共同的・継続的に地域の防災活動に参画する仕組みの醸成を，大きな課題として位置づけています。

　たとえば，「津波てんでんこ」，という語があります。これは東北地方，なかでもとくに三陸地方（宮城県，岩手県，青森県にまたがる太平洋側の地域であり，昔から津波被害に見舞われてきた）に伝わってきたとされる言葉であり，「津波の際には，各自ばらばらに，1人で逃げる」という原則を示しています。つまり，「自分の命は自分で守る」ということの重要さを強調しています（矢守, 2012）。津波が発生した際，いったんは高台へ避難したものの，家族の安否を気にして，海に近い自宅に戻って保護しようとしてしまい，戻ったところで津波に遭い命を落としてしまうという事態が多く見られます。「津波てんでんこ」は，こうした，自宅へ戻ろうとする心性に対して抑制的記号を発生させるものであると考えることができます（逆にいえば，個別に避難することに促進的記号を発生させるともいえます）。しかし，この「てんでんこ」がいかに難しいか，ということも実感されており，日常文化に対して，災害に対応する文化を構築すべき重要な契機となっています。

　このように，防災（防災文化）について考えるうえでは，物や人や地域など，災害に関わるさまざまな要素を包括的に捉えていくことが求められるといえるでしょう。また，それぞれの震災ごとに独自の文化が発生することも知られています。日本における心理学的な震災研究文化に注目すると，阪神・淡路大震災をきっかけにPTSDという概念が普及し，東日本大震災をきっかけにPTGという概念が普及しました。次項以降では，災害と心理的ケア，そしてストレス研究へと展開されてきた一連の流れを概観したいと思います。

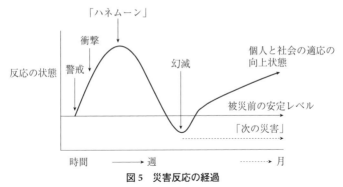

図5 災害反応の経過

（出典）　Raphael（1986），翻訳書 p. 21 をもとに筆者が作成。

[2]　災害と心理的ケア —— 災害ユートピアと災害反応

　震災などの大規模な災害が発生した際，人々がただ無気力化したりパニックに陥ったりするのではなく，むしろ強い連帯感や目的意識をもち，事態に対処しようとすることが指摘されています。このように災害時の人々が，互助的に行動することをソルニット（Solnit, 2009）は「災害ユートピア」と呼んでいます。災害ユートピア現象は，世界中のさまざまな国・社会において広く見られるとの見解もあります（たとえば，立花・増井〔2012〕）。

　災害に対する反応は，時間とともに変容していきます。ラファエル（Raphael, 1986）は，これを「災害反応の経過」として図5のように表しています。「警戒期」は「災害が発生しうる条件が生じたためのある種の不安状態にあるとき」であり，「衝撃期」は「災害が実際に襲来し，死傷と破壊をもたらすとき」であり，「ハネムーン期」は「死と破壊の脅威のなかで生き残ったことの幸福感や，被災体験を共有したことによる相互連帯感の高まりがみられるとき」であり，そして「幻滅期」は「支援体制が解体され，物心両面での喪失という現実に直面するとき」とされます。

　「災害ユートピア」ならびに「ハネムーン期」においては，一見すると，人々が災害後の状況に適応しているように見えます。これに対し，岩井（2012）は，実際には人々の作業効率は低下しており，かつ自分自身の疲労感を自覚することが難しいと指摘し，支援者が被災者のニーズととるべき対策を把握し行動する必要があることを述べています。

[3] ストレス研究 —— PTSD と PTG

　災害や事件・事故など悲惨な出来事（惨事）を体験したり，目のあたりにすることは，私たちにとって恐怖です。こうした恐怖の体験は，私たちの外部から心に傷を与えるという意味で「ポスト・トラウマティック・ストレス（外傷後ストレス）」と呼ばれます。「惨事が頭から離れない」「感情がコントロールできない」などの症状が1カ月以上続く場合には，「心的外傷後ストレス障害」（post-traumatic stress disorder；PTSD）と呼ばれ，専門的な治療・支援が必要となります。

　高橋（2016）は，トラウマティック・ストレスに対する心のケアを，時期に応じて，以下のように整理しています。初期・急性期は，災害直後を開始時点として3カ月から6カ月であり，この時期にはストレスをPTSD化しないことがケアの目的になるとともに，心理教育（災害体験後に心の変化が生じることは当然のことであるとの知識を伝える）やリラクゼーションが必要になります。中・長期は，6カ月以上にわたる時期であり，トラウマティック・ストレスが収まってきた人とPTSD化している人の二極分化が生じます。そのため，ストレスマネジメントや，体験の意味づけ（意味づけの変容）などが必要になります。

　一方，災害などを通じて，強い悲しみや苦しみを経験したことが，その後の人間としての成長につながる場合もあります。これをPTG（post traumatic growth；心的外傷後成長）と呼びます。宅（2014）は，PTGの内容を以下5つの「領域」として整理しています。第1に「他者との関係にまつわる人間としての成長」，第2に「新たな可能性」，第3に「人間としての強さ」，第4に「精神的な変容」，第5に「人生に対する感謝」です。震災などの大規模災害を経験したからといって，それらすべてがネガティブな影響を私たちにもたらすとは限らず，時間を経るなかで，ポジティブに影響するように変容することもありうるという点は覚えておくべきでしょう。

　なお，ストレスやPTSDに関する研究は，文化に着目したものも多く存在しています。一例ですが，ノリスら（Norris et al., 2001）は，アメリカにおけるハリケーン被災者（生存者）を対象とした研究を通じ，PTSDの発症率について多大な文化差・性差が見られることを示しています。東日本大震災においても，被災者が（本当は支援が必要な状況であるにもかかわらず）支援の申し出を遠慮す

るケースがあり，その理由として東北における「我慢」の文化を挙げる報告も
あります（たとえば，鈴木〔2017〕）。

■ おわりに

　これまで整理してきたように，震災のような大規模災害をきっかけにして，
人々の生活・行動の習慣が新しいものへと変容したり，新しい研究が生み出さ
れたりすることがあります。本稿冒頭でも述べたことですが，災害は新しい文
化を作り出す働きがあります。意外に思えるかもしれませんが，災害を経験す
ることは「喪失」の経験である，とは必ずしもいえないようです。むしろ，何
か新しいものを「生成」する契機なのかもしれません。そして文化心理学は，
この「生成」のプロセスに一般的なメカニズムを想定します。被災者における
震災文化と，研究者における震災研究文化とは，まったく異なる現象のように
見えているかもしれませんが，じつは共通の基盤で分析したり論じたりするこ
とが可能なのです。

●文　献

Farmer, P. (2011). *Haiti after the earthquake*. Public Affairs.（岩田健太郎訳，2014『復興するハイ
　チ ── 震災から，そして貧困から 医師たちの闘いの記録 2010-11』みすず書房）

復興庁 (2022a).『復興の現状と今後の取組』https://www.reconstruction.go.jp/topics/main-cat1/
　sub-cat1-1/202210_genjoutorikumi.pdf

復興庁 (2022b).『全国の避難者数』https://www.reconstruction.go.jp/topics/main-cat2/sub-
　cat2-1/20220909_kouhou1.pdf

福島県 (2022).『避難区域の変遷について ── 解説』http://www.pref.fukushima.lg.jp/site/portal/
　cat01-more.html

岩井圭司 (2012).「心の復興と心のケア」藤森立男・矢守克也編『復興と支援の災害心理学
　── 大震災から「なに」を学ぶか』福村出版，pp. 30-41.

時事通信 (2022).『原発避難なお3万人　事故後11年余り，帰還5割 ── 福島』https://www.
　jiji.com/jc/article?k=2022061700743&g=eco

国土交通省 (2012).『東日本大震災の記録 ── 国土交通省の災害対応』http://www.mlit.go.jp/
　common/000208803.pdf

Minami, H. (1987). A conceptual model of critical transitions: Disruption and reconstruction of life-
　world. *Hiroshima Forum for Psychology*, **12**, 33-56.

南博文 (2006).「環境との深いトランザクションの学へ ── 環境を系に含めることによって
　心理学はどう変わるか？」南博文編『環境心理学の新しいかたち』（心理学の新しいかた

ち 10），誠信書房，pp. 3-44.

Moore, H. E. (1964). *...and the winds blew*. Hogg Foundation for Mental Health.

内閣府 (2011).『東日本大震災の概要』http://www.bousai.go.jp/kaigirep/chuobou/suishinkaigi/1/
pdf/sub5.pdf

Norris, F. H., Perilla, J. L., Ibañez, G. E., & Murphy, A. D. (2001). Sex differences in symptoms of
posttraumatic stress: Does culture play a role? *Journal of Traumatic Stress*, **14**, 7-28.

Raphael, B. (1986). *When disaster strikes: How individuals and communities cope with catastrophe*.
Basic Books.（石丸正訳，1995『災害の襲うとき —— カタストロフィの精神医学』みすず
書房）

定池祐季 (2016).「災害文化」日本災害情報学会編『災害情報学事典』朝倉書店，pp. 252-
253.

関谷直也 (2007).「災害文化と防災教育」大矢根淳・浦野正樹・田中淳・吉井博明編『災害
社会学入門』弘文堂，pp. 122-131.

Solnit, R. (2009). *A paradise built in hell: The extraordinary communities that arise in disasters*.
Penguin.（高月園子訳，2010『災害ユートピア —— なぜそのとき特別な共同体が立ち上が
るのか』亜紀書房）

鈴木順 (2017).「東日本大震災での経験を通して感じたこと，考えたこと」『心身医学』**57**,
234-241.

立花顕一郎・増井三千代 (2012).「東日本大震災を伝える海外メディアの批判的考察」『総合
政策論集：東北文化学園大学総合政策学部紀要』**11**, 49-64.

高橋哲 (2016).「心のケア」日本災害情報学会編『災害情報学事典』朝倉書店，pp. 308-309.

宅香菜子 (2014).『悲しみから人が成長するとき』風間書房

Valsiner, J. (2003). Culture, development, and methodology in psychology: Beyond alienation through
data. In M. Raudsepp (Ed.) (2017). *Between self and societies: Creating psychology in a new key* (pp.
121-139). TLU Press.

Valsiner, J. (2007). *Culture in minds and societies: Foundations of cultural psychology*. Sage.（照井裕子
訳，2013「文化へのアプローチ —— 文化心理学の記号的基礎」サトウタツヤ監訳『新し
い文化心理学の構築 ——〈心の社会〉の中の文化』新曜社，pp. 1-74）

渡邊芳之 (1995).「心理学における構成概念と説明」『北海道医療大学看護福祉学部紀要』**2**,
81-87.

山本多喜司 (1992).「人生移行とは何か」山本多喜司・S. ワップナー編『人生移行の発達心
理学』北大路書房，pp. 2-24.

矢守克也 (2012).「「津波てんでんこ」の4つの意味」『自然災害科学』**31**, 35-46.

矢守克也 (2013).『巨大災害のリスク・コミュニケーション —— 災害情報の新しいかたち』
ミネルヴァ書房

安田裕子 (2017).「生みだされる分岐点 —— 変容と維持をとらえる道具立て」安田裕子・サ
トウタツヤ編『TEM でひろがる社会実装 —— ライフの充実を支援する』誠信書房，pp.
11-25.

第3部

方　法　論

第3部で学ぶこと

　ここまで読み進めて文化心理学に少しでも関心をもつことができましたか？

　第3部では，文化心理学を使って関心を寄せていることについて調査・研究してみたいという人のためにいくつかの方法論と，調査・研究には欠かすことのできない研究倫理を紹介します。

　調査研究から得たデータをどのように分析するかは，あなた自身が何を，どのように知りたいかという問題と密接に関わります。文化心理学では，「この方法論を使わなければならない」という決まりはとくにありませんが，よく用いられる質的・量的な方法論を紹介します。ここで取り扱っている方法論は，下図の方法論マップの通りです。なお，いずれの方法を採用する場合にも，特定の人や場所を対象とします。そうした対象にアプローチする場合に，対象の権利を守るためにどのような配慮が必要になるのか，また，調査者・研究者として自分自身がどのように振る舞うとよいのか，研究倫理の基本をよく理解したうえで十分に心算を整えて調査・研究に臨んでほしいと思います。

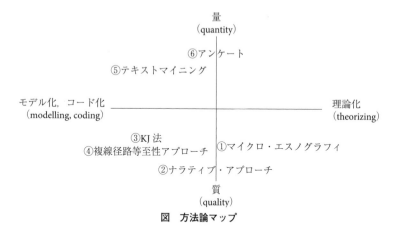

図　方法論マップ

第1章

記述法とまとめ方

①マイクロ・エスノグラフィ —— 私たちが生きる世界を訪ね直す方法

木下寛子

　本稿では「エスノグラフィ」について解説します。エスノグラフィ（ethnography）は，フィールドワークから生み出される，あるフィールドのローカルな文化を記述する方法とその成果です。フィールドワーク（fieldwork）とは，知りたい社会や集団を対象として中に入り込み，出来事が起きる現場（フィールド）での五感を通した体験（参与観察：participant observation）を通じて場の理解を目指す方法です（佐藤，2006）。本稿ではフィールドワークとエスノグラフィを，私たち（人間）が生きる世界を訪ね直し，文化という何か大事なものを知ろうとする方法として素描します。

1 マイクロ・エスノグラフィとは
——「マイクロ」が意味するもの

　本稿が取り上げるのは，エスノグラフィの中でもとくにマイクロ・エスノグラフィと呼ばれるものです。さてこの「マイクロ」という言葉は何を指しているのでしょうか。箕浦（1999）はマイクロ・エスノグラフィ（micro ethnography）を，フィールドワークにおいて見出した「微細（マイクロ）なユニット」を基本的な観察・分析の単位として，そこで得られる「マイクロジェネティック・データ」をもとに，人々が生きている文化の意味体系，あるいは文化を生きる人間の在り方を読み解くレポートと規定しました。以下ではこの

「マイクロ」の語に託された二重の意味，つまり「マイクロ」な分析の単位と，データの「マイクロ」な性質に注目してマイクロ・エスノグラフィの前提を示します。

[1] 「場」「場面」という単位 ── 意味が表出する舞台

　まず「マイクロ」な分析単位を取り上げます。マイクロ・エスノグラフィが扱うのは，「人＋状況」（南, 1997）というまとまりで，具体的には「場」や「場面」（setting）と呼ばれる単位です。

　旧来のエスノグラフィでは，社会・文化を，独自の個性をもつ，閉じた「巨視的（マクロ）」な単位として捉え，当該社会で収集した情報を文化の諸要素として体系的かつ実体的に描こうとしました（浜本, 2008）[1]。これに対してマイクロ・エスノグラフィでは，解釈人類学（Geertz, 1973）などに影響を受け，文化を実体視せず，人間が環境に関わって生きていくなかで（共同的に）みずから紡ぎ出す意味体系と見なそうとしました[2]。またその意味は事物や行為・発話に埋め込まれて相互交渉（物や人との関わり）に表出すると考えました（箕浦, 1999）。そして人間は，そのつどの具体的な相互交渉場面において文化的な意味の一端を受け取ったり表出させたりするものと見なされました（箕浦, 1990）。この枠組みでは，文化は人に対して直接その全容を表すことはありません。ただわずかにその意味の一端が表出するのが場や場面という舞台なのです。

---

1)　旧来のエスノグラフィは，通文化的比較に向けて「人類社会の多様性の総目録」に基礎情報を提供するものでもありました（浜本, 2008）。「総目録」の代表例には HRAF（Human Relations Area Files）と呼ばれるシステムがあります（船曳, 2008）。

2)　文化心理学では，文化を，個人に内在する意味空間と理解する場合と，個人に先行して存在する社会・共同体に埋め込まれた意味連関と見なす場合があります。本稿ではこの相違を，人間が環境を我がものにして生きる様子（注 3 参照）を記述する際の，態度決定の結果として捉えます。また両者の文化理解についても，文化的事象に即した弁証法的記述の途上で示される動的な理解として受け止めます。詳細な議論は高木（2000）などをご参照ください。

[2] 微視発生(マイクロジェネシス)への注目——個人が文化を我がものにする過程

　場の中の人間は，受容した文化的な意味をただそのまま表出させるわけではありません。マイクロ・エスノグラフィに託されたもう1つの「マイクロ」の意味，つまり微視発生(マイクロジェネシス；microgenesis)の概念は，文化的な意味に対する人間の能動性をよく照らし出します。

　微視発生は，ウェルナーとカプランが人間の精神発達を論じるうえで提起した概念です(Werner & Kaplan, 1963)。知覚を典型とするこの概念は，どんな時間単位にせよ(一瞬の間でも，数年間の期間でも)漠然とした状態から何かがゲシュタルトとして把握され，何か明確な意味をもつものとして見出される過程を指します。そしてごく単純な知覚経験でさえ，人間が環境から何かを積極的に汲み取る能動的な志向性なしには成立しないことを強調します。しかもこの断片的な意味の発生は，やがて人間が世界を理解する際の一部となり(Wapner & Demick, 1992)，相互交渉場面での新しい理解や行為を展開させます(箕浦, 1990)。「マイクロジェネティック・データ」とは，ある場面で事物や行為・発話が文化的意味をもつものとして見出されるプロセスや，個々の意味を部分として全体的な意味構造が形成されるプロセス，そして個人がその意味構造を我がものとして生きる[3]様子を明らかにするデータといえそうです。

[3] フィールドワーク(参与観察)と解釈的アプローチ

　ここまで「マイクロ」に託された意味に注目して，マイクロ・エスノグラフィの前提を示してきました。まとめると，文化とは人間が他者や事物と関わって紡ぎ出す意味体系であり，人はそれを我がものにして生きる存在でした。そして環境と人の関わり合いは意味の流れを生み出し，その意味はそのつど，相

---

3)　文化心理学の用語「専有(appropriation)」を背景とした表現です。人は社会から先行的に与えられた文化的道具を使用して対象に働きかけますが，このとき同時に文化的道具と結びついた行為の枠組みと制約も引き受けるため，対象に関わる精神活動はいつも一定の可能性と制約の中で展開することになります(Wertsch, 1998)。ここではこの語が示す両義性——所与のものを自分のものにするとき，自分もまた自己以外の何か(文化や社会)のものになる性格——を踏まえて，文化的意味をめぐって生じる微視発生を「(文化を)我がものとして生きる」ことと述べています。

互交渉場面での事物や行為・発話に表出すると考えられます。マイクロ・エスノグラフィでは，この具体的な場面に照準を合わせた観察を通じて，文化を生きる人間の在り方を記述し，文化的意味体系の全体性を「透かして見せ」（箕浦，1999）ようとします。このアプローチは「解釈的アプローチ」と呼ばれます。

　解釈的アプローチでは，行動も言葉も事物もみな，直接現前する通りのものではなく，何かを表す「シンボル」あるいは「記号」です。そしてそれらが埋め込まれた場や場面は「意味を汲み取られること，解釈されることを待っているテクスト」（箕浦，1999）です。このとき，観察者は客観的な観測者ではなく，相互交渉場面に参与して意味を読み解く「解釈者」になります。観察者は，観察対象となる人々と同様，意味を受け止め解釈できる可能性を与えられ，みずからの生きる世界について「知る」志向性を備えた人間（Werner & Kaplan, 1963）なのです。エスノグラフィは，人間が備える解釈者としての可能性が十分に発揮されるように，あえて新たな場に身をおく仕事（フィールドワーク）から始める試みといえます。

2 「靴」と「靴箱」が語り出す学校という世界

　さてしかし，ある場の事物や行為に注目することで，文化的意味体系や世界はどのように見えてくるのでしょうか。ここでは，ある小学校における「靴」と「靴箱」に注目して「モノが語る意味」（箕浦，1999）を読み解き，日本の学校が示す文化的意味の一端を明らかにしたいと思います。

　周知のとおり日本の多くの学校には，上靴と下足の履き分けがあり，子どもたちや教職員にはめいめいに靴箱の割り当てがあります。機能から見れば，靴箱（昇降口）は大勢の子どもたちと教職員が混乱なく靴を履き替える場所で，履き分けは日本の一般家屋に流通する慣習を取り込んだものです。しかし学校の中では靴も靴箱も，これらの機能や慣習を超えた学校固有の意味を呈し始めます。

　たとえば先生たちの上靴は，色も形もバラバラで一見統一性がありませんが，選ばれているのは，脱ぎ履きが簡単だが脱げにくく，動きやすいが足音の立たない靴ばかりです。その特徴には，授業や屋外活動，遊びや掃除，給食な

ど，めまぐるしく多様に展開する学校の諸場面・諸活動の性質とそれへの気配りや備えが表出しています。子どもたちの靴箱にも，学校という世界の一端が見えてきます。学校のすべての子どもの靴箱の割り当ては氏名・出席番号等のシールで示されます。そしてそれは，各学級の担任によって新年度の始まりに準備されます。シールを準備して貼る単純作業は，学校では1人ひとりに靴箱を割り当てる行為で，そこには子どもたちを学校の毎日を一緒にすごす仲間（成員）として迎え入れる配慮が結実しています。

　ただ，靴や靴箱をめぐるこれらの意味は先生たちや子どもたちに常に自覚されているわけではありません。それでも，つっかけふうのサンダルでペタペタと足音を立てる同僚（の気配りの乏しさ）に眉をひそめる瞬間や，来校した視察者の足元を見て現場に理解のある人か否かを品定めする瞬間，先生たちは，上靴を相手の学校現場の理解と配慮の程度を示す指標として見出しています。また，放課後に子どもたちが友達を探して靴箱を覗き「まだ（学校の）中にいる」と確認するとき，靴箱の中の靴はその子の在・不在を示す指標です。さらには誰かの靴箱から靴を隠す行為にも（規範や道徳に照らせば称賛し難い行為ですが），子どもたちが靴や靴箱を成員性や存在に深く関わる象徴として見出し，それを我がものにして学校の世界を生きる姿が見えてきます。

　日本の学校は，日本で生まれ育った多くの人たちには未知のものではありません。しかしフィールドワークでは未知の場のみならず既知の場をも訪ね直します。そして個々の場面の意味を解いて見せることで，その場を，知る価値のある1つの世界として示す可能性を開くのです。

3 フィールドに出かけよう——フィールドワークの展開

　フィールドへの参与から始める解釈的アプローチは「概念化」を中心に，観察と解釈の循環によって進みます（箕浦，1999）。その展開は大きくは，①事前準備，②フィールド・エントリー，③全体観察と焦点観察，④エスノグラフィの作成という4つの局面で捉えられます（箕浦，1999；澤田・南，2001）。ただその展開は千差万別で，たいていは各段階を往還しつつ進みます。以下では各段階の要領とともに，展開の一例として前節の学校の世界をめぐる解釈が導かれ

る過程にも触れていきます。[4]

[1] 事前準備

　事前準備は，フィールドに直接参入する前段階ですが，この段階でも準備の過程を通じて場の理解が進み始めます。

　なじみのない土地を訪れる場合は，研究計画や現地に関する情報収集はもちろん，調査道具・機材の準備，現地で暮らす準備など，多方面にわたる準備が必要です。一方で，いつもの公園やカフェなどの身近な場に，利用者やお客さんとして訪れて観察する場合や，それまでどおりに店員として働きながら観察する場合は，事前準備はあまり必要ないかもしれません。しかし仮に既知の場でも，新たな役割やポジションを得て参与する場合や，学校を始め保育園，病院，施設等，立ち入りに許可を要する場を訪れる場合には，周到な事前準備が必要です（澤田〔1997〕では，集団保育施設における砂場遊びの観察事例を取り上げ，必要な諸手続きや配慮のポイントが詳述されています）。

[2] フィールド・エントリー

　フィールド・エントリーは，対象フィールドに入るプロセスで，当初よそ者だった参与者がフィールドの中の人に何者かとして受け入れられ，一定の役割やポジションを得て落ち着く過程を指します（澤田・南，2001）。

　エントリーの当初は，その場で出会うものすべてが新鮮です。しかしそれらに親しんでいくと，やがてその場の見え方が変わって他者の振る舞いや事物の意味も明瞭になり，参与者のあり方も大きく変化します。このときフィールドで出会う人たちとは調和的で偏りのない関係（ラポール；raport）形成が目指されます（澤田・南，2001）。この時期は，その場になじんで物事の意味がわかるようになる微視発生の過程が鮮烈に経験される時期ですが，同時に，齟齬や葛藤，緊張や不安を強く孕む出来事や経験も生じがちです（澤田，1994, 2016）。その経験はしばしば，観察者を，意思や意図とは無関係に現場の文脈に深く巻き込み，目にする事柄の意味や観察者のポジションを問わずにいられない状況に

---

4)　マイクロ・エスノグラフィの趣旨に合わせて木下（2017）の一部を再編集したものです。

追い込みますが，一方でフィールドを語るうえでの象徴的な経験となり，場を1つの世界として理解する糸口を与えてくれることも少なくありません。このような経緯からフィールドワークを通じて何かが「知る・わかる」というとき，それはしばしば「身をもって（痛切に）知る」という意味を帯びるようです。

　靴と靴箱から始まった学校の場の解釈も，参与先の小学校で筆者が身をもって経験したことが糸口になりました。筆者のフィールドワークは，学生ボランティアとしての小学校訪問から始まりました。ボランティアの受け入れ経験がなかったこの学校で，最初，筆者は身のおき場のない1カ月をすごしました。しかしその状況は，筆者が学校の中で来客用スリッパを履くのをやめ，室内用スニーカーを持参し始めた途端に一変します。ある先生は筆者の足元を見て満足げな様子を示し，事務の先生が成員同様の靴箱を準備してくれ，やがて子どもたちや先生たちとは遠慮のないおしゃべりが始まりました。この成り行きをきっかけとして筆者は，学校に受け入れてもらうには，目のあたりにする1つひとつの事柄に注意深くなることが大事であることを学びました。そしてこの経験を契機に，靴や靴箱をめぐって起こる出来事に注目して学校の場の意味の一端を見出そうとする視点が生まれました。

[3]　全体観察から焦点観察へ

　焦点観察は，特定の場面の特定の事象に絞った観察で，エスノグラフィの作成につながることを期待して行われます。これに対して全体観察は，フィールドの全体像を描き，緻密な調査や記述を支える理解の素地を織り上げる観察です。これらの観察は，リサーチ・クエスチョンの洗練に向けて，相補的かつ循環的に展開します。

（1）全体観察

　全体観察は，フィールドワークの基幹をなすもので，場のあり方を，乱さず歪めず丸ごと理解しようとする観察です。そのために，予備知識や事前情報，当初の研究関心や計画もいったんは棚上げして（時には変更や破棄も覚悟の上で），その場に身をおき続け，フィールドの全体を見通す努力をします。全体観察を続けると，その場の文化的意味を端的に語るような事象に気づきやすくなり，焦点観察の素地が整います。インタビューを行う際には，それが相手が語る経

験世界をわかち合う可能性の基礎にもなります（石井，2007）。

(2) フィールドノーツ

フィールドワークでは基本的に，目につくことは何でも記録するようにします（箕浦，1999）。ただ，初期の全体観察では記録は断片的になりやすく，その目的も見失われがちです。しかしフィールドの目新しさや驚き，違和感や葛藤などが，観察と記録を後押ししてくれるでしょう。こうして生み出される観察記録はもちろん，メモや調査者の経験の日誌的記録まで，フィールドワークで書き溜めたものをフィールドノーツ（fieldnotes）と総称します。フィールドワークを研究方法とする場合には，これらの記録がそれ以上遡行できない基礎データとなります。そのため記録に際しては必ず，誰が，いつ，どこで観察した記録なのかを特定できるようにし，観察したこと，聞き取ったことはできる限り忠実に文字にして，そのときの取り巻く状況等も広く書き留めるようにします。

(3) 焦点観察 ── リサーチ・クエスチョンと概念化

フィールドノーツは参与のたびに積み上げられます。必然的に随時整理する作業が必要となり，記録を読み直し暫定的な考察・分析を加える作業も同時進行します。この過程によって場全体がより明確に像を結び始め，記録・記述の内容も，対象を的確に描くシャープなものになっていきます（柴山，2013）。文献レビューや分類・類型化の方法（例：KJ法：本章③参照）もその助力になるかもしれません。

焦点観察で目指すのは，フィールドの文化的意味体系を端的に語る事象を見出し，文化的なものとして照らし出す概念をつかむことです。その鍵を握るのがリサーチ・クエスチョン（research question）です。具体的には，特定の見方（パースペクティブ）で特定の観察単位を観察（焦点観察）することを問いの形で宣言し，文化をめぐって何をどう明らかにするか，その方向性を定めるものを指します（箕浦，1999）。

靴と靴箱の例に関していえば，「先生の上靴」に焦点化した記述は，「先生たちが上靴の『適切さの基準』を形成・共有する場・場面と過程」を問うことで見えてくる「教員文化」の一端です。また，靴と靴箱をめぐる子どもたちの行為の記述は，「学校空間において個別に割り当てられた「モノ」（机，ロッカー，

靴箱など）の意味」を問うことで見えてくる「学校の意味体系を生きること」
の一端です。

　フィールドへの参入の過程では，その場を生きる誰にとってもなじんでしま
って自覚されにくく言葉にもなりにくい意味に，調査者もまた親しむことが求
められていました。リサーチ・クエスチョンの設定は，調査者も親しみつつあ
る意味（体系）をあらためて「知るべき対象」と見立て，調査者自身を「知ろ
うとする主体」として仕切り直すことに一役買います。そしてこの態度変更を
通じ，フィールドを文化研究の文脈に位置づけられた言葉・概念で理解（解釈，
翻訳）することを促すのです。

[4]　マイクロ・エスノグラフィを編む

　リサーチ・クエスチョンに導かれつつ，観察事象を概念的に整理・記述し，
文化的意味体系とそれを生きる人々の在り方を言葉で開示しようとしたものが
エスノグラフィです。記述の際には，参与を通じて見出した諸事象を，具体的
な場面，状況，文脈の中に生じた出来事として詳細に記述する「厚い記述」
(thick description；Geertz, 1973) を目指します。

■ おわりに

　マイクロ・エスノグラフィの前提とともに，フィールドワークからエスノグ
ラフィが生まれる過程を素描しました。ただ，エスノグラフィで示す解釈や表
現は，フィールドワークが生み出しうる多数の見方と記述の可能性の1つにす
ぎません（箕浦，1999）。フィールドワークは，姿を現さないまま人の生を支え
る大事な何かに出会う瞬間に向け，場に身を投じ続ける仕事です。その仕事が
エスノグラフィとして実を結ぶとき，私たちには，文化という大概念を現実的
なものとして微視発生的に根底からつかみ，経験や行為を語り直す可能性が生
まれます。エスノグラフィを書くこととは，私たちが生きる世界・文化をつか
み直す行為そのものなのかもしれません。

●ブックガイド
箕浦康子 (1999).『フィールドワークの技法と実際』ミネルヴァ書房

佐藤郁哉 (2006).『フィールドワーク〔増訂版〕』新曜社

　　フィールドワークとエスノグラフィの手引きです。これらの本を手にぜひ実際にフィールドワークに出かけてください。

亀井伸孝 (2010).『森の小さな〈ハンター〉たち』京都大学学術出版会

　　狩猟採集民の子どもたちの生活世界を，参与観察から描き出すマイクロ・エスノグラフィの好例。

●文　　献

船曳建夫 (2008).「通文化的比較研究 —— 文化を比較するときは差異や相似を相対的に見る方法が必要」山下晋司・船曳建夫編『文化人類学キーワード〔改訂版〕』有斐閣，pp. 10-11.

Geertz, C. (1973). *The interpretation of cultures: selected essays*. Basic Books.（吉田禎吾・柳川啓一・中牧弘允・板橋作美訳，1987『文化の解釈学』岩波書店）

浜本満 (2008).「民俗誌 —— 文化的他者を表象することを巡る諸問題」山下晋司・船曳建夫編『文化人類学キーワード〔改訂版〕』有斐閣，pp. 4-5.

石井宏典 (2007).「参与観察とインタビュー」やまだようこ編『質的心理学の方法 —— 語りをきく』新曜社，pp. 72-85.

亀井伸孝 (2010).『森の小さな〈ハンター〉たち —— 狩猟採集民の子どもの民族誌』京都大学学術出版会

木下寛子 (2017).『小学校の日々から始まる雰囲気の解釈学的現象学』平成 28 年度博士論文，九州大学

南博文 (1997).「参加観察法とエスノメソドロジーの理論と技法」中澤潤・大野木裕明・南博文編『心理学マニュアル —— 観察法』北大路書房，pp. 19-62.

箕浦康子 (1990).『文化のなかの子ども』東京大学出版会

箕浦康子 (1999).『フィールドワークの技法と実際 —— マイクロ・エスノグラフィー入門』ミネルヴァ書房

佐藤郁哉 (2006).『フィールドワーク —— 書を持って街へ出よう〔増訂版〕』新曜社

澤田英三 (1994).「フィールドワーク初期に展開する研究者心理の微視発生に関する一考察 —— フィールドが自分らしくあれる場になるまでの過程」『広島大学教育学部紀要（第一部：心理学）』**42**, 161-170.

澤田英三 (1997).「参加観察法とエスノメソドロジーの実践」中澤潤・大野木裕明・南博文編『心理学マニュアル観察法』北大路書房，pp. 75-85.

澤田英三 (2016).「フィールドワーク初期に展開する研究者心理の微視発生に関する一考察 Ⅱ —— 深化の指標と理解の変化」『安田女子大学大学院紀要』**22**, 119-135.

澤田英三・南博文 (2001).「質的調査 —— 観察・面接・フィールドワーク」南風原朝和・市川伸一・下山晴彦編『心理学研究法入門 —— 調査・実験から実践まで』東京大学出版会，pp. 19-62.

柴山真琴 (2013).「フィールドへの参入と参与観察」やまだようこ・麻生武・サトウタツヤ

・能智正博・秋田喜代美・矢守克也編『質的心理学ハンドブック』新曜社, pp. 190-204.

高木光太郎 (2000).「行為・知覚・文化——情況的認知アプローチにおける文化の実体化について」『心理学評論』**43**, 43-51.

Wapner, S., & Demick, J. (鹿嶌達哉訳) (1992).「有機体発達論的システム論的アプローチ」山本多喜司・S. ワップナー編『人生移行の発達心理学』北大路書房, pp. 25-49.

Werner, H., & Kaplan, B. (1963). *Symbol formation*. John Wiley. (鯨岡峻・浜田寿美男訳, 1974『シンボルの形成——言葉と表現への有機・発達論的アプローチ』ミネルヴァ書房)

Wertsch, J. V. (1998). *Mind as action*. Oxford University Press. (佐藤公治・田島信元・黒須俊夫・石橋由美・上村佳世子訳, 2002『行為としての心』北大路書房)

②ナラティブ・アプローチ

土元哲平

1 ナラティブ・アプローチにおける「ナラティブ」の捉え方

[1] ナラティブ・アプローチとは

　本稿で扱う「ナラティブ」(narrative) は，日本語では「語り」や「物語」に相当する用語です。この用語のニュアンスをつかむために，ドキュメンタリー番組の「ナレーション」や，その「ナレーター」などを思い浮かべてみるといいかもしれません。ナラティブは，「語る行為」と「語られたもの」の両方を指す用語であり，「人々が広義の言語によって意味づける行為，つまり経験を有機的に組織化する相互作用と，語られたストーリー」(やまだ，2013, p. 20) と定義されます。ここでいう「広義の言語」というのは，私たちが日常的に，話したり，書いたりしている（狭義の）言語だけでなく，何かを表現しようとする行為や，それによる生成物を指します。つまり，広義の言語には，映像，身体，建築，芸術，パフォーマンス，都市など，記号化されたものすべてが含まれます（やまだ，2007）。

　ナラティブ・アプローチは，ナラティブという形式を手がかりにして何らかの現実に接近していく方法です（野口，2005）。この語は，調査法だけでなく心理療法，キャリア・カウンセリングの領域などでも広く用いられます。調査法としてのナラティブ・アプローチでは，主要な方法としてインタビューが用いられることが多いです。ただし「ナラティブ」自体が広がりをもった用語であるため，観察やビジュアルなどもナラティブの観点から扱われる場合があります（たとえば，ビジュアル・ナラティブ；やまだ，2018）。

　現代の文化心理学の源流となっているヴィゴーツキー (2001) は，水がもつさまざまな性質（たとえば，火を消せること）を説明するのに，酸素と水素という「要素」の性質（酸素は燃焼を維持し，水素はみずから燃えること）に分解して説明することはできないと例示しました。彼は，これと同様に「言語的思考」

や「意味」を，言語と思考という要素に分解して考えるのではなく，1つの分析単位として捉えることを重視しました。ナラティブ・アプローチは，人々にとっての出来事の「意味」や，その生成過程という分析単位を扱う，文化心理学的なアプローチです。

[2] 研究における再帰性の視点

　従来，調査対象者は何らかの情報を蓄える「情報提供者」（informant）と見なされており，研究者はその情報（過去の経験）をできるだけそのままの形で取り出してくることが理想とされてきました。しかし，近年のインタビュー研究においては，インタビュアー（研究者）と研究協力者は，共に能動的にナラティブを構成する側面があることが明らかになっています（能智，2011；Holstein & Gubrium, 1995）。このような側面を，ナラティブ・アプローチの視点からは，どのように扱っていけばよいのでしょうか。

　野口（2009）によれば，ナラティブ・アプローチは「本質主義」と「構成主義」と呼ばれる，ナラティブに対する2つの認識論と接続することができます。本質主義の立場では，ナラティブには内在化されている本質があり，それを明らかにできるという認識があります。一方，構成主義の立場では，ナラティブは研究を実施した際の状況，または社会文化的な状況において構成される状況依存的なものであると考えます。どちらかの立場が正しい，ということはありませんが，ナラティブ・アプローチには構成主義の立場が深く関係しています。

　具体的な場面として，インタビュー調査中のやりとりを考えてみましょう。たとえば，研究者がどのような研究テーマや問題関心のもとでインタビューに臨むかによって，研究協力者の語りは方向づけられます。また，研究者がその語りに対して何も反応をしないということはないでしょう。そのようなあらゆる次元の相互行為がインタビューでの語りを生み出しています。もちろん，研究協力者と研究者との関係性も，語る内容や語り方を構成する重要な側面です。この意味で，ナラティブは現場という時空間において，研究者と研究協力者の間で産み出されるのです。

　さらに，ナラティブは，研究の現場だけでなく，研究者や研究協力者が関係している集団（たとえば，学校，家族，友人関係）や歴史のような，社会文化的

な設定に埋め込まれています。そのため，ある集合的文化における典型的な語りが，ナラティブとして外化される場合もあります（教育学部を出たら教師になるべきだ，など）。このように現在では，ナラティブは，目の前にいる聞き手だけでなく，不在の他者とも共同で構築ないし生成するものだと見なされています（能智，2011；Salmon & Riessman, 2008；やまだ，2021）。

このようにナラティブを「ある状況下で構成（構築）されたもの」だと見なすような構成主義の立場では，研究過程における再帰性（リフレキシビティ；reflexivity）という視点が重要となります。再帰性とは，「行為する状況下においての自己への気づき，およびその状況を構築する，自己の役割への気づき」（Bloor & Wood, 2006）を示す用語です。

研究者は，みずからの観察やインタビューのような研究過程において，何の影響もなくその現場の人々を観察したり，語りを聞いたりすることができるような「無色透明な」存在ではありません。言い換えれば，ナラティブを生成する行為の状況の構築には，研究者の存在が不可避的に含まれています。個々のナラティブが「結果としてどのような現実を構成しているのかに着目」（野口，2009）するナラティブ・アプローチにおいては，ナラティブが社会文化的な状況によって動的に変化する側面を積極的に捉えるため，研究者は可能な限りこの再帰性を深めていく必要があります。

2 ナラティブ・アプローチで目指す人間理解

ここでは，人々の経験を「理解」していくための方法として，ナラティブ・アプローチがどのような役割を果たすのか，ナラティブや意味づけの理解は，文化心理学とどのように関係しているのかについて，考えていきたいと思います。

[1] 理解の様式

ナラティブ・アプローチは，現象の「説明」ではなく，人々の経験を「理解」することを目指しています。以下では，「理解」とはどういうことなのか，ナラティブ・アプローチにおける人間「理解」という観点から，その可能性を

考えていきます。

　「理解」について考えるとき，小説や漫画を読む場面を想像してみるとよい
かもしれません。私たちは物語の中の登場人物に対して，感情移入したり，共
感したり，まるで自分がその人物の経験に入り込むかのように「理解」できる
場合があります。一方で，ある登場人物に対しては，その人の行動や感情の表
面的な経緯・動機は「理解」できるけれど，その人の経験に入り込むことはで
きないような場合があります。これらの2つの「理解」のあり方は，質的に異
なっていると考えられます。

　デンジン（Denzin, 1989）によれば，理解には「人が他者の経験に入り込み，
その視点を取得することができること」が求められます。彼は，このような
プロセスは「共感」「感情移入（empathy）」「想像」「共感的理解」のようなもの
と本質的に同じであると述べています。彼は，理解には感情的理解（emotional
understanding）と認知的理解（cognitive understanding）という2つの基本的形態が
あると述べています。感情的理解は，他者の感情的な経験に関する理解であり，
認知的理解は，合理的，論理的な理解を指します。

　デンジン（Denzin, 1989）は，ジェームズ（James, 1950）を引用しつつ，認知的
理解と感情的理解は，個人の経験の流れの中では曖昧であり分離することが困
難であることを指摘しています。その上で，「理解」は2つの追加のカテゴリ
ーに分割することもできると述べています。第1のカテゴリーは，「疑似的理
解」（spurious understanding）です。これは，個人が他者の経験に表面的に参入す
るような場合の理解で，他者の視点に参入するのが嫌である場合や，自分の
感情を他者の感情と取り違えた場合に生じるといいます。第2のカテゴリーは，
「本物の感情的理解」（authentic emotional understanding）であり，「人が他者の経験
に参入し，他者によって感じられたものと類似する経験を，再生し，あるいは
感じる場合に生じる」とされます。後者の「本物の感情的理解」が，解釈的研
究（意味の解釈に関わる研究）における現象の理解にとっては重要です（Denzin,
1989）。

　なお，「理解」は文化心理学の観点からすれば，「感じ入る」（feeling in,
Einfühlung）プロセスの一種であり，人間同士の関係だけでなく，人が特定の環
境の中に没頭していくような場合（たとえば，美しい庭や夕日を見たとき，更一般

化に関連）にも生じると考えられます（Valsiner, 2014）。

[2] 論理−科学的モードとナラティブモード

さて，「理解」についての対照的なあり方は，人間の思考の様式とも関係していると考えられます。本項では，この点について考えていきましょう。私たちは普段何かを思考するとき，常に論理的に考え，行動しているとは限りません。日常生活においては，物事を論理的な命題としてではなく，物語（ナラティブ）的に理解することがほとんどです。

ブルーナー（Bruner, 1986）は，人間の思考様式には「論理−科学的モード」と「ナラティブモード」があることを指摘しました。この2つの思考モードの特徴を，森岡（2013）は表1のように整理しています。

論理−科学的モードでは，ある事実（出来事）が正しいかどうかを問うのに対して，ナラティブモードは，ある事実（出来事）を人がどのように意味づけているかを問います。

たとえば，インタビュー調査で，ある生徒（タカシくん）が「田中先生のことは好きだけど，嫌い」という回答をしたとしましょう。論理−科学的モードで考えれば，この回答では，「好き」と「嫌い」という要素の矛盾が生じているため，「タカシくんが田中先生を好きかどうか」という命題が論理的に正しいかどうかは判断できません。この場合，タカシくんが実際のところは「好き」か「嫌い」なのか，いずれかを判断する証拠（たとえば，観察結果など）が必要となります。

しかし，タカシくんの語りを論理的に理解することは，「妥当」なことなのでしょうか？ ナラティブモードでは，そもそも「タカシくんが田中先生を好きかどうか」ということは問題にしません。ここで問われるのは，「タカシくんは，田中先生を『好き』であり『嫌い』でもあるという，一見矛盾する事実をどう意味づけしているのか」ということです。タカシくんは田中先生によく叱られており，「嫌い」なのだけれども，いつも気にかけてくれる姿が「好き」でもあるという物語（ナラティブ）も，想定できるでしょう。私たちは常識から逸脱した驚くべき出来事に出会ったとき，意味や理由が知りたいと思うはずです。そのような「意味」を生み出すことがナラティブの機能です。

表1　思考の2つのモード

様式	論理−科学的モード	ナラティブモード
目的	具体的事象に対して一般的な法則を探求することが目的	出来事の体験に意味を与えることが目的
方法の特徴	カテゴリー分類 論理的な証明を追求 事実を知ることが目標 合理的仮説に導かれた検証と周到な考察	出来事と出来事の間をつなぎ筋立てる 説明の真実さ・信憑性（believability）に依拠 体験を秩序立て，意味を与えていく1つの有効な手段 物語としての力はそれが事実かどうかということとは独立して論じられる
記述の形式	単一の確定的な指示的意味（reference）が重視される	対象記述は観察者を含む文脈が重視される 意味はその場でたえず構成され多元的なものとなる
原理	すぐれた論理	すぐれた物語

（出典）　森岡（2013），p. 279 を一部改変。

　ブルーナー（Bruner, 1990）は，物語の特性の1つとして，「ストーリーの機能は，正当とされる文化パターンからの逸脱を緩和し，あるいは少なくとも理解可能にするような意図的な状態を見いだすことである」（p. 71）と述べています。このように，ナラティブモードは，私たちが論理的には理解できない矛盾を物語として結びつけ，他者を理解する可能性を切り拓くものなのです。

[3]　ナラティブ・アプローチと文化心理学

　[1] および [2] において，ナラティブという思考様式による人間理解の可能性について考えてきましたが，「ナラティブ」や「意味づけ」という観点からの人間理解が，なぜ文化心理学において必要なのでしょうか。

　ブルーナー（Bruner, 1990）は，「文化に参加することによって，意味は公共的で，共有されるようになる」（翻訳書 p. 17）と述べ，「意味づけ」は個人の中にだけあるものではなく，文化的にも規定されたものであることを示しました。そして，人々が常識的にもっている信念，あるいは常識と呼ばれるものを「フォークサイコロジー」という用語を用いて表現し，その根本的な原理はナ

ラティブ的であると指摘しました。この「ナラティブ」について，ブルーナー（Bruner, 1990）は，人のコミュニケーションにおいて，最も身近にあり，最も力強い談話形式の1つがナラティブであると指摘しています。つまり，文化として人々に共有されている，日常的な言語や思考の様式がナラティブであり，普段行われているコミュニケーションの場面を理解するためには，ナラティブという単位から分析していくことが重要だといえます。

ワーチ（Wertsch, 1991）は，「媒介された行為」という概念を提示し，「人間の行為は道具や言語といった「媒介手段（mediational means）」を用いているということであり，これらの媒介手段が行為の形成に本質的にかかわっている」（翻訳書 p. 29）と主張しました。ワーチ（Wertsch, 1998）が挙げた「行為者と媒介手段が切り離せない」行為，すなわち「媒介された行為」の例として，棒高跳びにおける「跳ぶ」行為があります。棒高跳びでは，行為者はポールを用いて高く跳びますが，このとき，行為者が高く跳べたことは，行為者だけの要因に切り離して理解することはできないし，ポールの要因だけに切り離すこともできません。

ワーチ（Wertsch, 1998）は，ポールの例と同様に，ナラティブも行為を媒介する手段である「文化的道具」であると見なし，行為者とナラティブは，その使用においてどちらにも還元できない緊張関係にあることに着目しています。私たちは思考する際に，文化的道具であるナラティブという「媒介手段」を用いますが，この思考という行為の過程も，行為者とナラティブとを切り離して考えることはできないのです。

［1］～［3］を通して見てきたように，ナラティブや意味づけは，私たちの日常生活において中心的な役割を果たしています。それらは社会文化的に産み出されたものであり，私たちはそのいくつかを自分のものとして内化し，日常の営為の中で用いています。このような側面を深く理解するためには，ナラティブや意味づけに関わる文化を問うという姿勢が重要になってくるのです。

3 ナラティブ・アプローチをやってみよう！

ナラティブ・アプローチを用いた研究が実際にどのように行われるのか，も

う少し具体的に見てみましょう。ここでは，ナラティブ・アプローチにおける
分析に焦点をあてます。

[1]　データの文字起こし

　インタビューなどで行われる，録音データの文字起こし（＝トランスクリプ
トを作成する）は，分析の第1段階です。それは，文字起こしは，話し言葉と
いう1つのナラティブ様式から，書き言葉という別のナラティブ様式へと翻
訳する作業であり，その過程には一連の判断や意思決定が含まれるからです
（Kvale, 2007）。

　次に示すトランスクリプトは，クヴァール（Kvale, 2007）による，デンマーク
におけるよい成績をめぐる競争に関するインタビューの例です。デンマークで
はそのような競争は好ましくなく，多くの生徒が認めたがらない行動であると
いいます。

　　「インタビュアー：成績の評価があるということは，生徒のみなさんの間の
　　　関係に影響するのでしょうか？
　　生徒：いや，いやいや，悪い成績をもらった人を見下したりなんか，だれも
　　　しませんよ。僕はそう思いませんけどね。まあ少しは，そうするやつもい
　　　るかもしれないですけど，僕はそんなことはしません。
　　インタビュアー：それって，クラスのなかに競争はないという意味でしょう
　　　か？
　　生徒：ええ，そのとおりです。全くありません。」

（Kvale, 2007，翻訳書 p. 148）

　このインタビューを，生徒が語った通りの意味で受け取れば，生徒は「悪い
成績の人を見下すことはなく，クラスのなかに競争はない」という事実を述べ
ていることになります。しかし，このトランスクリプトを批判的に読むと，生
徒が他の生徒を見下すことを何度も否定しているのは，その語りが表面的なも
のであって，実際にはこの語りの真逆を意味しているという解釈も可能です
（Kvale, 2007）。

もし生徒の発言の特徴的な部分（否定を繰り返す発言）が「不要な部分」として研究者によって切り取られていれば，このような解釈の余地が失われてしまうことになります。研究者は，このような恣意的な変更だけでなく，（研究対象者の匿名性との兼ね合いもありますが）方言を標準語に変更したり，話し言葉特有のイントネーションやリズム，沈黙，笑いなどを表現したりするなかで，ある視点からインタビューのプロセスを切り取り，編集しているため，「聴いた言葉をそのままの状態で文字に起こす」ことは不可能です。この意味で，文字起こしは，その全体を通して研究者の判断や意思決定，解釈が関わる作業です。つまり，それ自体が最初の分析作業でもあるのです（Kvale, 2007）。研究目的に照らしてどのような「翻訳」が適切であるかという点に即して，文字起こしを行う必要があります。

[2]　ナラティブの分析の実際

　ナラティブの分析は実際にどのように行われているのか，その具体例を紹介したいと思います。以下に示す例は，北村・能智（2014）による，子どもの「非行」と向き合う親（A さん）のセルフヘルプ・グループにおけるナラティブを分析したものです。

　「他の参加者の話を聞いて，子どもやその行動に対する見方や物語が修正・更新されることもある。A さんは，参加者のコメントを聞いて，自分の娘が家を出ていった気持ちについて新たな気づきを得たと言う。

　　最初はそんな未成年の子がね，他人の家に行って，そんな学校も行かず，生活しているっていうの，どういうことなのっていう，（…）だけどやっぱり例会に来て，いろいろ話をして，そのとき誰かに『それってやっぱり娘さんがそういう選択，そういう方法を選んで，そういう風にしたんだね』っていう風になんか言われたことがあったんですね。で『あっそうかそうなんだ』って思って。『それ以上家族と一緒にいたら，娘はもう，その，なんだろう，もう普通に生きていけない』っていうか，『たぶんもう苦しくて，それでああ出ていったんだ』っていう風に。（A さん）

ここで A さんは娘の行動を，単なる反抗や逸脱ではなく，苦しい状況に
押されたやむを得ない選択と読み替えている。こうした新しい関わり方や
見方は，子どもを指導や矯正の対象ではなく，理解し受容する存在とみる
ような捉え方を内包しており，参加者の子どもについての語りの変化に影
響していると考えられる。」

（北村・能智，2014，p. 125）

　上に挙げた A さんの語りは，〈「非行」を捉え直す語り〉の一例として提示
されたものです。北村・能智（2014）は，グループの中で語られたナラティブ
を詳細に分析し，①〈「非行」に巻き込まれる語り〉，②〈「非行」を捉え直す
語り〉，③〈「非行」を受けとめる語り〉という 3 つの語りの過程として類型
化するとともに，それぞれの特徴や体験の変化について分析しています。そ
して，参加者がグループにとってのナラティブをどのように取り入れるのか
という過程を，ワーチ（Wertsch, 1998）による「習得」（mastery）と「専有」
（appropriation）の概念を用いて分析しています。
　実際にナラティブ・アプローチを行う際には，どのような研究目的で行うの
か，誰を研究対象とするのか，どのような視角からデータを見るのかによって，
分析方法を決定していきます。ナラティブ・アプローチは，1 つの決まった
分析手順があるわけではないという意味で，「方法」というよりも分析の「視
点」といった方がよいかもしれません。ただし，ナラティブという単位で分析
を行うことから，ディスコース分析（鈴木ら，2015）やマイクロアナリシス（や
まだ，2006）のように，ナラティブにおける結びつき（シークエンス）を分析し
ていく方法が親和的です。
　メリアム（Merriam, 1998）によれば，データ分析は，「データの意味を理解す
る（make sense of data）プロセス」であり，「意味づけをする（making meaning）プ
ロセス」です。結果としてのナラティブのみを見るのではなく，過程としての
ナラティブを，研究者としてどのように理解し意味づけるのか。「生きた」ナ
ラティブを理解し描くために，どのような観点から分析を行っていくのか，絶
えず再帰的に対話していくことが，ナラティブ・アプローチにおいて重要でし

ょう。

●ブックガイド

やまだようこ編 (2007).『質的心理学の方法 —— 語りをきく』新曜社

　　ナラティブ研究の実践に必要な理論的背景・方法論・研究デザインなどを，深く学ぶ
　　ことができる本です。

野口裕二編 (2009).『ナラティヴ・アプローチ』勁草書房

　　さまざまな領域におけるナラティブ・アプローチの理論と実践について解説されてい
　　ます。

能智正博 (2011).『質的研究法』東京大学出版会

　　質的研究法やインタビューの方法，ナラティブについてわかりやすく解説された 1 冊
　　です。

●文　　献

Bloor, M., & Wood, F. (2006). *Keywords in qualitative methods: A vocabulary of research concepts.* SAGE.（上淵寿監訳，2009『質的研究法キーワード』金子書房）

Bruner, J. S. (1986). *Actual minds, possible worlds.* Harvard University Press.

Bruner, J. S. (1990). *Acts of meaning.* Harvard University Press.（岡本夏木・仲渡一美・吉村啓子訳，2016『意味の復権 —— フォークサイコロジーに向けて〔新装版〕』ミネルヴァ書房

Denzin, N. K. (1989). *Interpretive interactionism.* Sage.（関西現象学的社会学研究会編訳，1992『エピファニーの社会学 —— 解釈的相互作用論の核心』マグロウヒル出版）

Holstein, J. A., & Gubrium, J. F. (1995). *The active interview.* SAGE.（山田富秋・兼子一・倉石一郎・矢原隆行訳，2004『アクティヴ・インタビュー —— 相互行為としての社会調査』せりか書房）

James, W. (1950). *The principle of psychology.* Dover. [originally published 1890]

北村篤司・能智正博 (2014).「子どもの「非行」と向き合う親たちの語りの拡がり —— セルフヘルプ・グループにおけるオルタナティブ・ストーリーの生成に注目して」『質的心理学研究』**13**, 116-133.

Kvale, S. (2007). *Doing interviews.* SAGE.（能智正博・徳田治子訳，2016『質的研究のための「インタ・ビュー」』新曜社）

Merriam, S. B. (1998). *Qualitative research and case study applications in education: Revised and expanded from "Case Study Research in Education".* Jossey-Bass.（堀薫夫・久保真人・成島美弥訳，2004『質的調査法入門 —— 教育における調査法とケース・スタディ』ミネルヴァ書房）

森岡正芳 (2013).「ナラティヴとは」やまだようこ・麻生武・サトウタツヤ・能智正博・秋田喜代美・矢守克也編『質的心理学ハンドブック』新曜社，pp. 276-293.

野口裕二 (2005).『ナラティヴの臨床社会学』勁草書房

野口裕二 (2009).「ナラティヴ・アプローチの展開」野口裕二編『ナラティヴ・アプローチ』
　勁草書房，pp. 1-25.

能智正博 (2011).『質的研究法』東京大学出版会

Salmon, P., & Riessman, C. K. (2008). Looking back on narrative research: An exchange. In M.
　Andrews, C. Squire & M. Tamboukou (Eds.), *Doing narrative research* (2nd ed, pp. 197-204). Sage.

鈴木聡志・大橋靖史・能智正博編 (2015).『ディスコースの心理学 —— 質的研究の新たな可
　能性のために』ミネルヴァ書房

Valsiner, J. (2014). *An invitation to cultural psychology*. SAGE.

ヴィゴツキー，L. S.（柴田義松訳）(2001).『思考と言語』新読書社

Wertsch, J. V. (1998). *Mind as action*. Oxford University Press.（佐藤公治・田島信元・黒須俊夫・
　石橋由美・上村佳世子訳，2002『行為としての心』北大路書房）

Wertsch, J. V. (1991). *Voices of the mind: A sociocultural approach to mediated action*. Harvard
　University Press.（田島信元・佐藤公治・茂呂雄二・上村佳世子訳，2004『心の声 —— 媒介
　された行為への社会文化的アプローチ』福村出版）

やまだようこ (2006).「非構造化インタビューにおける問う技法 —— 質問と語り直しプロセ
　スのマイクロアナリシス」『質的心理学研究』**5**, 194-216.

やまだようこ (2007).「ナラティヴ研究」やまだようこ編『質的心理学の方法 —— 語りをき
　く』新曜社，pp. 54-71.

やまだようこ (2013).「質的心理学の核心」やまだようこ・麻生武・サトウタツヤ・能智正
　博・秋田喜代美・矢守克也編『質的心理学ハンドブック』新曜社，pp. 4-23.

やまだようこ編 (2018).「ビジュアル・ナラティヴ —— 視覚イメージで語る」(N: ナラティ
　ヴとケア 第 9 号)，遠見書房

やまだようこ (2021).『ナラティヴ研究 —— 語りの共同生成』(やまだようこ著作集 第 5 巻)，
　新曜社

③ KJ 法

1 KJ 法とは

　KJ法とは，質的なデータ（たとえば，インタビューによって得られた逐語データや，自由記述などのテキストデータ）をまとめるための一定の手続きです。この手法は文化人類学者である川喜田二郎によって開発されたことから，彼のイニシャルをとってKJ法と呼ばれています。ここでは，質的なデータをまとめるための手法であるKJ法の概要について，紹介していきたいと思います。

　KJ法は，先に触れたように，質的なデータをまとめるための手法ですが，もとをたどれば，「野外科学」によって得られたデータをまとめるために編み出されたものです（川喜田, 1967）。野外科学とは，実験室などの統制された環境下ではなく，みなさんが日々暮らしている日常のある場面や，ある地域，場所など，ありのままの自然（森や山などといった自然だけではない）について観察し，記述することによって，そこで何が起きているのかを明らかにするものです。ありのままの自然である「野外」の様子を観察して得られたデータは非常に複雑で，多様で，膨大なものになります。KJ法は，そうしたデータをどうまとめるか，という川喜田の文化人類学における実践の中から生まれました。

　このような背景から産み出されたKJ法は，文化人類学にとどまることなく，心理学や看護学，社会学，医学，教育学等，あらゆるところで用いられています。なかでも人が日々の生活を送るなかで立ち現れる一定の現象（＝文化）をとらえることを目的とする研究で多く用いられています。そういう意味では，文化と人との関係について，「文化は人に属する」という視点をもつ文化心理学的アプローチとは非常に相性が良いといえるでしょう。

　また学術分野だけでなく，企業や行政，地域コミュニティにおいて，新たなアイディアを出すためのブレーンストーミングや，グループディスカッションによって得られたさまざまな意見をまとめることにも，活用されています。川

喜田が最初に KJ 法を生み出してからおよそ半世紀が過ぎていますが，KJ 法は
いまやさまざまなところで活用されている手法の 1 つとなっています。

2 KJ 法によるデータのまとめ方

　先に述べたように，KJ 法は「野外」での生きたデータをまとめ上げるのに
とても有用な分析方法です。そしてその手法は一見するとわかりやすく，また
どんなに煩雑で混沌としたデータであってもまとめ上げることができる使い勝
手の良さがあります。では，実際には，どのような手続きで，データをまとめ
上げるのでしょうか。ここでは，川喜田（1967，1986）と田中（2010）に基づき，
KJ 法の実際の分析手続きと，関連する W 字型問題解決法について簡単に紹介
していきたいと思います。

[1]　KJ 法の分析手続き
　まず，KJ 法の分析手続きについて簡単に紹介します。KJ 法は，大きな流れ
として，①ラベルづくり（紙切れづくり），②グループ編成，③ A 型図解化，④
B 型文章化といった手順で行います。「ラベルづくり（紙切れづくり）」は，調査
によって得たデータを意味のまとまりごとにカードに記入していくことを指し
ます。そのデータがインタビューデータであれ，観察データであれ，自由記述
によるデータであれ，それぞれのデータを最も小さな意味のまとまりごとに区
切り，1 つのカードに 1 つの意味をもつデータを記入していく作業を行います。
　次の「グループ編成」ですが，これは先に作ったたくさんの「ラベル」を類
似したものごとにグルーピングし，そのグルーピングしたものに「表札（一行
見出し）」をつけることを指します。ここでのグルーピングは，直感的に行い，
データに根ざしたものであることが重要です。一見簡単そうに見えますが，こ
の過程において，しばしば誤った手続きがとられることがあります。グルーピ
ングの際にやってしまいがちな間違いとして，直感的にまとめていない，つま
り目の前のカードをボトムアップ式にまとめ上げているのではなく，「きっと
○○だろう」という自分の思い込みによるトップダウン式のまとめ方になって
しまっている，といったことが挙げられます。川喜田（1967）は，こうしたト

ップダウン式のまとめ方について強く批判しており，実際に KJ 法を行ううえで最も気をつけなければならない点といえるでしょう。

　さて，先にも述べたように，グルーピングした後には「表札（一行見出し）」をつけなければいけません。「表札（一行見出し）」とは，グルーピングしたまとまりが，どのようなものかを端的に表すものです。ここで「表札（一行見出し）」をつけることが難しいと感じる場合，あるいは表札が一行では収まらず，長文である場合には，グルーピングが，複数の意味から構成されていないかどうかを確認することが必要とされています（川喜田，1967）。「表札（一行見出し）」は，もとのデータのもつ雰囲気や肌触りが残っていることが重要です。川喜田（1967）はこれを「土の香り」と表現し，土の香りが残るような「表札（一行見出し）」であることが重要であると述べています。

　①ラベルづくり（紙切れづくり），②グループ編成と進んでくれば，次は③ A 型図解化，そして④ B 型文章化です。A 型図解化は，②でグルーピングしたものについて，それぞれのグループの関係性や位置関係を図解化するものです。そして B 型文章化は，図解化されたものを一連のストーリー，あるいは説明として文章化することです。川喜田（1967）は，A 型図解化の後，B 型文章化としてもよいし，その逆もありうるとしています。ちなみに KJ 法について，川喜田（1967）では，A 型図解化で分析を終えてもよいと述べていますが，後年の川喜田（1986）では，図解化と文章化（1986 年版では叙述化）はセットであるべきだとしています。これは，図解化したものについて文章化することが，矛盾なく，他者が了解可能な状態で図解化できているのか，あるいは得られたデータからボトムアップ式にまとめ上げられているのかといった，「図解化の妥当性」を検討することにつながるからと言われています。

[2]　W字型問題解決法

　このような手続きによって行われる KJ 法ですが，じつはその中に「W 字型問題解決法」という考え方が取り入れられています。W 字型問題解決法とは，頭の中や資料を読み込むなどの「思考レベル」と実際に現場に出てある事象を観察したり，経験したりする「経験レベル」を行き来しながら，ある事象に関する問題を発見したり，それを解決するための方法を検討するものです（図

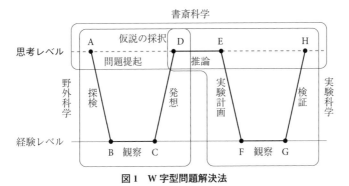

図1　W字型問題解決法

（出典）　川喜田（1967）より。

1）。私たちが日々の生活を送るなかで，あるいは文献を調べるなかでふと浮か
んだ疑問を観察・調査し，そのデータをまとめることで，あらたな発想（アブ
ダクション）に至り，その発想をさらに検証していく，というW字型問題解決
法のプロセスは，ありのままの日常を研究するために産み出されたKJ法の基
礎をなすものといえます。

　以上，簡単ではありますが，KJ法がどのように複雑で，多様で，時に混沌
としたデータをまとめ上げるのかと，そこに内在されているW字型問題解決
法について紹介しました。ここではKJ法の手続きについて，みなさんに具体
的なイメージをもっていただくために一連の流れを示しましたが，実際にKJ
法を実施する際には，さらに詳細な手続きを学ぶことが必要になります。

3　KJ法を使ってみよう！

　ここまで，KJ法とは何か，どのようにデータをまとめることができるのか，
ということについて見てきましたが，概要や手続きの話であったために，KJ
法がどのように実践されるのかについて具体的にイメージすることが難しいか
もしれません。そこで，みなさんに少しでもKJ法の実践についての具体的な
イメージ（それこそ土の香りがするような）をもっていただくために，筆者があ
る学校の先生方と行った実践例を紹介したいと思います。

[1]　KJ 法を実施する背景 —— 学内での携帯使用に関わる学則を作りたいという，A校

　A校は，医療系の資格取得を目指す専門学校です。A校では，医療系の資格を取得するために，カリキュラム内に病院等の学外実習が必須となっていることから，日頃の学内でのすごし方も，実習中にきちんとした振る舞いができるよう，学科ごとに独自の指導が行われていました。そうしたなかで，教職員は学生の携帯電話の使用に関して，とても悩ましく思っていました。いわく，「授業中に黒板を携帯のカメラで撮影し板書しない」「LINE を四六時中やっている」「手元に携帯がないと不安で仕方ない」「夜遅くまで SNS をやっているせいで朝起きられない」といった問題が生じているというのです。教職員たちは，学生の携帯使用に対してどのような決まりを設けるべきか，学校として共通の規則を作る必要性を感じていました。

　しかし，ここで大きな問題が生じました。そもそも A校は，これまで学校としての共通した規則や方針といったものを準備せず，各学科が独自にそうした方針や取り組みを行ってきたために，学科間で，共通して何かをするという文化がまったくなかったのです。ある学科内でのやり方や考え方は，他の学科からは不可侵のように扱われているといった状況でした。そうした，学校としてのまとまりが薄かった A校にとって，共通の「規制」を決めることはとても難しいことでした。

　そこで筆者は，この件をとりまとめている委員会の教職員と議論を重ねるなかで，教職員が学生の携帯使用を通して，学校全体で学生に対する教育目標を考える機会を作ってはどうか，と提案しました。学科間で指導が違う，ということは，もしかすると学科ごとに学生の振る舞いに対する捉え方や，学生にどうあってほしいか，という教職員が期待する学生像が異なるのではないかと考えたからです。

　そうした筆者の問題意識から，「携帯使用」を，A校の教職員が期待する理想の学生像（＝価値）を映し出す媒介物（＝記号）と捉え，学生の携帯使用を通して，教職員が求める理想の学生像を見える化し，共有しようと考えました。そしてそのために，学科を超えて，教職員が意見を率直に言い合い，さまざまな意見をまとめるための作業を行うための場を設定しました。

[2] 実践の様子

　委員会の先生たちとグループワークによるブレーンストーミングを企画し，そこで得られたデータを KJ 法によってまとめる作業を行いました。これまで学科の垣根が超えられず，それぞれに独自の対策をとってきたという背景を踏まえ，グループには異なる学科の教員や職員が偏りなく入ってもらえるよう，工夫を行いました。

　6 人（うち 1 人はファシリテーター役，1 人は書記役）× 6 グループでブレーンストーミングを実施し，2 つの課題（①学生の携帯使用について危惧していること，②学生の主体性をもった使用を促すためには）について，ブレーンストーミングを行うとともに，先に示したような KJ 法の手続きに則って図解化まで行ってもらいました。以下，KJ 法によるデータのまとめ方で示した流れにできるだけ沿いながら，紹介します。

(1) ラベルづくり

　ラベルづくりは，課題（①学生の携帯使用について危惧していること，②学生の主体性をもった使用を促すためには）ごとに，教職員が日頃目にしていること，感じていること，考えていることを率直に書き出してもらいました。書き出す際には，「1 枚のふせんに書く内容は 1 つだけ」という決まりをつけて，どんどん書き溜めてもらうという形式で行いました。

(2) グループ編成（「表札（一行見出し）の作成」）

　ラベルづくりが終わったら，グループのファシリテーターが司会をしながら，教職員 1 人ひとりが，自分の作ったラベルをグループメンバーに説明しながら，作業机に置いていきました。グループメンバー全員が作ったラベルが作業机一面に広がっているような状況になった後，グループメンバー間で自由に，似た者同士のラベルをまとめていく，という作業が行われました。途中で自分たちの思い込みにあてはめるようなグループ編成（トップダウン式）が行われそうになったときには，ファシリテーターがフォローを行い，できるだけ，ボトムアップ式のグループ編成となるよう，工夫しながら進めました。そしてある程度のまとまりができたところで，表札（一行見出し）を作成していきました。

(3) A 型図解化

　グループ編成，表札（一行見出し）ができた後，位置関係や，それぞれの関

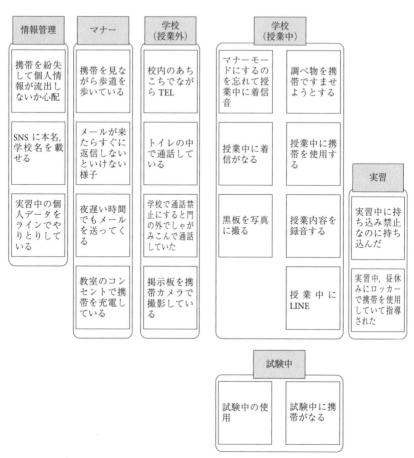

図2 あるグループの「学生の携帯使用について危惧していること」についての図解化（一部修正）

係性を示すために，A型図解化の作業を行いました。図2は，実際にKJ法の手続きによって作られたあるグループの図解化です。図2では，「情報管理」や「マナー」といった内容から，学校生活の場面である「学校（授業外）」「学校（授業中）」「試験中」「実習」といったことについて，携帯電話の使用を危惧していることがわかります。A型図解化では，通常はそれぞれの関係性について，→を用いて記述したり，空間配置によって関係性を表したりするものです。図2は，そうした作業の途中でグループワークの時間が終了してしまい，それ

ぞれのグループ間の関係性については十分に検討することができていない点が課題として残っています。これをより精緻化していくためには，今後，図2をもとに，グループ内でさらなる検討をしながら，図解化とB型文章化の両方を丁寧に進めていくことが必要になります。

(4) 実践を終えて

上記で紹介した図解化は，限られた時間の中で行ったものであり，川喜田(1967, 1986) が示すものとしては不十分な点，検討不足な点も多く残っています。しかし，これまで互いの問題意識や対応策を共有することがなかった教職員たちがそれぞれの考えをありのままに出し，それを現場に還元できるレベルで，まとめられているといえるでしょう。

後日談ではありますが，ブレーンストーミングとKJ法の実践を終えた教職員から，「こうした場ははじめてだったが，とてもよい機会だった。学科を超えて，教職員が協働できる機会がこれを機に続くとよい」といったコメントをいただきました。A校の教職員が，いまもこうした機会を継続しているかは不明ですが，いまも継続しているとすれば，今回の実践が，A校における学科間連携の「促進的記号」として機能したのかもしれません。

4 まとめられたデータから文化を見る

さて，A校の実践で得られた図解化から，携帯使用を記号としたとき，教職員が期待する学生像（価値）について，どのようなことが読み取れるでしょうか。図2を例に見てみましょう。

先にも述べましたが，図2はA校で教職員が学生の携帯使用について危惧していることが示されています。そこでは「マナー」や「情報管理」といった，一般に危惧されうることが扱われている一方で，「学校（授業外）」「学校（授業中）」「試験中」「実習」という，学校ならではといった表札（一行見出し）も見受けられます。とりわけ「実習」という表札（一行見出し）からは，医療系の資格取得を目指すA校の教職員だからこそ抱く懸念が伝わってきます。

そこには，医療系の専門学校の教職員が内在化している規範意識，つまり学生は「こうあるべきだ」という価値観が表れているといえます。「携帯使用」

を記号と見なして，そうした規範意識について考察してみると，図2で学校（授業外）や学校（授業中），試験中，実習，といった場面ごとにまとめ上げられていることから，図2を作成したグループの教職員は，A校の学生はTPO（時と所と場所）に付随するルールやマナーを大切にし，適切な対応をするべきという，価値観をもっているように読み取れます。

ところで，「携帯の使用に関する危惧」というテーマでのブレーンストーミングについて，職業や生活環境が異なる人が参加すれば，結果はまったく異なったものになります。当たり前のことをいっているように思われるかもしれませんが，じつは見逃されがちな点でもあります。こうした点に注意を払うことで，目の前に広がるデータがどのような文化的背景をもつ人（たち）によって生み出されたものなのか，考えを深めることができるでしょう。

KJ法は，それ自体は多様で複雑な情報をまとめるための方法論ですが，KJ法の手続きに則って情報をまとめ上げていくなかで，その情報の背景にある社会や文化を読み取ることが可能です。今回紹介した実践例は，精巧なものにするための時間と作業がさらに必要ではありますが，丁寧にKJ法を行うことによって，医療系の専門学校の教職員が内在化している文化はもちろん，教職員自身がもつ専門性や職業文化を浮かび上がらせることもできるでしょう。

KJ法によってデータがもつ文化を浮かび上がらせることは，川喜田（1986）が言う「データをして語らしめる」ということと，深く関係していると考えます。複雑で多様なデータを，「きっと○○だろう」という自分の思い込みではなく，ボトムアップ式にまとめ上げることで，多様で複雑な現代社会を生きる私たちの「文化」が見えてくるのです。

●ブックガイド

川喜田二郎 (1967). 『発想法 —— 創造性開発のために』中央公論社
　　「野外活動」で蓄積された複雑かつ混沌としているデータから新たなアイディアを創造するための理論と方法が記された，KJ法の基礎となる1冊です。
川喜田二郎 (1986). 『KJ法 —— 混沌をして語らしめる』中央公論社
　　『発想法』の続編であり，KJ法について，より具体的で詳細な説明が加えられています。『発想法』と重ねて読むことで，実際に分析するなかで浮かんでくるさまざまな疑問が解消するでしょう。

●文　献

川喜田二郎 (1967).『発想法 —— 創造性開発のために』中央公論社

川喜田二郎 (1986).『KJ 法 —— 混沌をして語らしめる』中央公論社

田中博晃 (2010).「KJ 法入門 —— 質的データ分析法として KJ 法を行う前に」『よりよい外国
　　語教育研究のための方法』（外国語教育メディア学会（LET）関西支部メソドロジー研究
　　部会 2010 年度報告論集），pp. 17-29. http://www.mizumot.com/method/tanaka.pdf

④複線径路等至性アプローチ (TEA)

福田茉莉

　複線径路等至性アプローチ (Trajectory Equifinality Approach；TEA) とは，個人が生活環境や社会（他者を含む），文化的価値観などと相互に影響し合いながら，人生として発達するプロセスを理解し，社会的要請や臨床実践につなげるための質的研究法です。私たちは，意識する／しないにかかわらず，日常生活の中でたくさんの選択をしています。「今日は何を着て出かけようか？」「今日の昼食は何を食べようか？」などは日常における選択の１つです。この選択は，法律や制度，生活環境，社会的規範，あるいは家族や友人からの助言などの影響を受けるなかで構成された個人の意思決定といえるでしょう。

　TEA は，生活環境や文化，社会が発する情報が意味に変換され，人々の価値観や行為の中に組み込まれる／組み込まれないプロセスを時間の流れに沿って記述することで，人々の心理状態や行動，（文化を含めた）社会全体を理解しようとしています。したがって，人種や国籍など集団や個人の差に力点をおく比較文化心理学とは異なり，個人の行動や心理的葛藤，総体として人生プロセスに内在する文化的意味に着目します。本稿では，まず TEA の基本概念とそれに基づく手続きについて説明します。後半では，TEA を用いて，具体的な事例を分析をしてみます。

1　TEA の根幹をなす基本概念 ——等至点，径路，非可逆的時間

　TEA を実践するうえで根幹をなす概念は，等至性 (Equifinality) です。等至性とは，異なった初期条件，異なった方法からでも同一の最終状態に達することを意味する概念です。サトウ (2009；Sato, 2017) は，等至性概念の由来を生物学者かつ生気論者であるドリーシュに求めており，ベルタランフィが一般システム理論で議論した「開放系システム（オープン・システム）は等至性をもつ」とするテーゼを引用しています。オープン・システムとは，システム内部で完結するのではなく，常に外界との関わりの中でシステムを維持・調整するとい

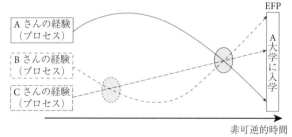

図1　A大学に入学するまでの径路のバリエーション

う特徴がありますが，TEAでも人々の営みをオープン・システムで捉えよう
と試みています。TEAもまた，ある個人（集団）の人生プロセスを非可逆的時
間で示し，そこに生じる等至性がある時点（等至点；Equifinality Point；EFP）を記
述します。このEFPは，研究の目のつけどころであり，研究テーマを明確に
してくれるものであり（サトウ，2015），つまりは研究対象となる現象です。

　たとえば，「なぜA大学に入学したのか」を知りたいと考え，A大学の学生
を対象に，A大学に入学するまでのライフストーリー・インタビューを実施し
たと仮定しましょう。このとき，調査協力者となった学生たちは，それぞれの
興味や関心，受験時の得意科目，これまでの生活環境などを話します。する
と，あなたはそれぞれの学生がまったく異なる進学動機をもち，さまざまな勉
強方法や学習環境を経験していることに気づくでしょう。ある目標を達成する
（ここではA大学入学という等至点）までの道筋は1つとは限りません。TEAでは
このさまざまな方法や経験，意思決定のプロセスを径路（Trajectory）で表現し，
大学に入学するというプロセスに多様なバリエーションがあることを示すこと
ができます（図1）。

2　TEAを構成する3つの手続き

　TEAの基本概念から研究実践に応用するための枠組みとして，重要な3つ
の手続きがあります。それは，①歴史的構造化ご招待（Historically Structured

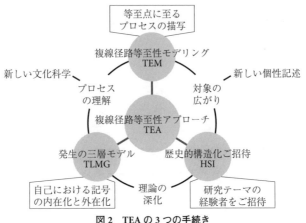

図2　TEAの3つの手続き

（出典）　サトウ（2015）。

Inviting；HSI），②複線径路等至性モデリング（Trajectory Equifinality Modeling；TEM），③発生の三層モデル（Three Layers Model of Genesis；TLMG）です（サトウ，2015；図2）。

[1]　歴史的構造化ご招待（HSI）

　歴史的構造化ご招待（HSI）は，TEAを用いて研究を実践する際のサンプリング手法です。心理学におけるサンプリングとは，研究対象となる母集団から標本を抽出することを指します。多くの心理学研究では，研究協力者を選定する際にランダムサンプリング（無作為抽出法）を用いて，協力者の偏りを可能な限り最小にしたり，研究結果を母集団全体に一般化したりするための工夫が行われます。それに対し，TEAでは研究対象となる現象（等至点）を基準に調査協力者を選定します。このとき研究者は，人生の主人公である協力者をTEAによって記述される人生プロセスへと招待することになります。HSIはサンプリング手法でありながら，研究という文脈に協力者を誘い，主人公たる協力者の視点から現象を捉えようとする，研究者の姿勢ともいえるでしょう。

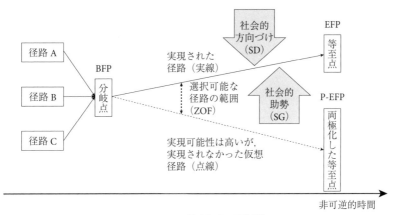

図3　TEMの基本概念の関係性

[2]　複線径路等至性モデリング（TEM）

　複線径路等至性モデリング（TEM）は，研究対象となる現象（等至点）に到達するまでの人々の人生径路を非可逆的時間の中で記述し，モデル化することを目的とした一連の研究手続きを指します。過去，現在，そして未来へと継続する人生という発達プロセスにおいて，等至点に至る径路には分岐があります。もし実現可能性が高い径路が複数想定できるなら，私たちは選択の分岐に立ち，いずれかの径路を選ぶことになります。このように複数の径路を発生させながらも人々を等至点へと導く点のことを分岐点（Bifurcation Point；BFP）といいます（サトウ，2009；福田，2015）。分岐点では，複数ある径路を選択しようとする心理的な緊張関係を記述することができます。等至点へと個人を後押しする力を社会的助勢（Social Guidance；SG），その逆方向に作用する力を社会的方向づけ（Social Direction；SD）と仮定し，これらの力関係間の対話によって1つの径路が選択されると捉えます（図3）。また，等至点との対極を意味する両極化した等至点（Polarized Equifinality Point；P-EFP）を設定することで，選択可能な径路の範囲（Zone of Finality；ZOF）を示し，等至点にたどり着く人とそうでない人の径路の差異を見ることができます。調査協力者が複数名存在する場合には，人々の径路の異同を示すことも可能です。図3は，TEMの基本概念の関係性を示しています。複数の径路（A，B，C）がBFPを通り，EFPへ至るプロセス

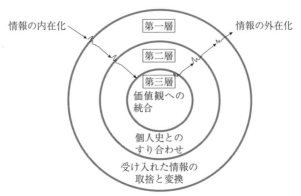

図4　発生の三層モデル（TLMG）俯瞰図

（出典）　サトウ（2015）。

を描いています。ヴァルシナー（Valsiner, 2017）は，時間軸を用いてプロセスを
記述する分析手法の中でも，TEM の特徴は，実現された径路だけでなく，現
実には起こりえたが実現しなかった径路をもモデルに組み込むことができるこ
とであると述べています。

[3]　発生の三層モデル（TLMG）

　発生の三層モデル（TLMG）は，外界からの情報が自己の価値観や信念に組
み込まれ，個人の価値や行動を変容させるまでのプロセスを記述することを目
的とした分析ツールです。外界から受け取った情報を，何らかの意味をもつ記
号に変換し，個人の価値観や信念と照らし合わせ，新しい価値観を創造するま
での段階を 3 つの層に暫定的に区別しています。それが，第一層である「行為
（アクティビティ）の発生する行為レベル」，第二層の「サインが発生する記号
レベル」，第三層の「ビリーフが発生する価値レベル」です（安田, 2015）。異
なる三層のレベルでの移行とこれらの相互作用を記述することにより，分岐点
と等至点とを結ぶ径路へと個人を導く促進的記号（Promotor Sign；PS）を明らか
にします（図 4, 図 5）。

　TEA は，もともと TEM に関わる技術論的，方法論的議論から発展してきた
研究アプローチです。TEA をより深く理解してもらうために，次節では TEM
図と TLMG 図の記述方法を紹介したいと思います。なお，これらの 3 つの手

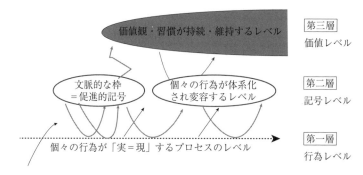

図5　発生の三層モデル（TLMG）側面図

（出典）　安田・サトウ（2012）。

続きは，必ずしもすべてを採用する必要はなく，研究目的に沿って研究者自身が自由にカスタマイズすることが推奨されています。

3 TEA を使ってみよう！① ── TEM 図を描く前に

　TEA を用いた研究実践は，人々へのインタビューに基づくナラティブ・データだけでなく，質問紙調査における自由記述，歴史や制度の変遷を描いた史書，新聞記事など，多種多様なデータに活用することができます。重要なことは，研究者が明らかにしたい研究目的が，TEA の基本概念や TEM，TLMG を用いて，記述することができるかどうか，そして調査協力者を含む等至点となる現象を経験する多くの人々にとっての新しい発見につながるかどうかです。

　たとえば，ある現象（等至点）に遭遇するまでの人々の径路の異同が知りたい場合は，人々の径路上にある共通の出来事を見てみましょう。TEM では，多くの人々に共通する出来事を必須通過点（Obligatory Passage Point；OPP）で示します。必須通過点には，法律や条例のように制度上共通して経験する点（制度的必須通過点），初詣などのように慣習的に実施されている点（慣習的必須通過点）があります（表1）。さらに，TEM 図を作成するなかで大多数が共通の経験をしていたことが発見されるかもしれません（結果的必須通過点）。すると，ある現象を経験する人には，その前後にも共通する経験（必須通過点）があると

表1　必須通過点の種類

必須通過点の種類	内容	具体例
制度的必須通過点	制度的に存在しているもの	法律や条例，義務教育など
慣習的必須通過点	慣習的に実施している，実施した方が良いとされているもの	七五三，初詣など
結果的必須通過点	（制度的／慣習的必須通過点を除く）多くの人に共通して生じる経験や状態	（研究者がTEM図を記述する中で任意に設定）

いうことがわかります。ポジティブな現象を等至点としていれば，この共通経験ができるような関わりを促進する必要があり，ネガティブな現象であれば，必須通過点を回避するための働きかけが重要となります。

　たとえば，分岐点における選択に関わる心理的な緊張関係を明らかにしたい場合は，SD と SG がもたらす心理的葛藤を詳細に記述するとよいでしょう。無数ある外界との関わりのうち，何が個人に支配的な言説として語られ，どのような葛藤の中で何が選択されるのかを解釈し，記述することも人間の営みを理解するうえで重要なファクターの1つといえるでしょう（図3）。

4　TEA を使ってみよう！②──TEM図を描く

　ここでは，先の疑問「なぜ A 大学に入学したのか」を用いて，TEM の具体的なまとめ方について説明していきましょう。以下の会話は，A 大学心理学部の1年生であるみさきさんにインタビューをしたときの内容です。みさきさんには，A 大学入学までの人生を振り返ってもらい，「なぜ A 大学に入学したのか」を話してもらいました。

【みさきさんへのインタビュー】

インタビュアー（聞き手）：なぜ A 大学心理学部に進学したのですか？

みさき：中学生だった頃，スクールカウンセラーの先生にたくさん相談して。いつも真剣に聞いてくれて。とても感謝しています。私もそういう職業に就きたいと思って。それで A 大学の心理学部を選択しました。

インタビュアー：他の大学への進学は考えませんでしたか？

みさき：一応，実家から通える B 大学も受験しました。

インタビュアー：B 大学には（行かなかった）？

みさき：B 大学の方が先に合格の通知が来たんですが，心理学部ではなくて。結局は両方受かったので，よかったですけど。

インタビュアー：A 大学への進学は心理学の勉強がしたいから，だったんですね。

みさき：はい。でも親は一人暮らしを反対してましたね，B 大学だったら，家から通えるって。でもどうしてもスクールカウンセラーになりたいと言って，A 大学を受けさせてもらいました。

インタビュアー：B 大学に入学していれば，それはそれで（スクールカウンセラー以外の）地元で自分のやりたい仕事が見つかるかもしれませんよ。

みさき：はい，それも考えました。でも，スクールカウンセラーになりたいという夢は変わらないので。2 つの大学のどちらかってなったら，心理学を勉強した方がよいと思いました。

インタビュアー：親元を離れるのに不安はなかったですか？

みさき：いや，むしろ離れたいなって（笑）。最終的には親も（A 大学に進学しても）いいよって言ってくれて。

インタビュアー：よかったですね。

みさき：卒業したらそのまま，大学院に進学して公認心理士の資格をとりたいと思っています。

　みさきさんの語りを人生プロセスとして捉え，TEM 図に置き換えるためには，まず語りを分節化し，出来事の順番に並べる必要があります。「中学生の頃，スクールカウンセラーの先生に相談していた」「そういう職業に就きたいと思っていた」「実家から通える B 大学も受験した」のように，みさきさんの語りを区切って，実際に出来事が生じた順番（非可逆的時間軸上）に並べ替えます。このとき，等至点（EFP）は研究者の関心がある現象ですので，ここでは「A 大学に入学」です。もし両端化した等至点（P-EFP）を設定するならば，「A 大学に入学しない」となります。

　次に注目したいのは，必須通過点（OPP）です。みさきさんの語りには，A

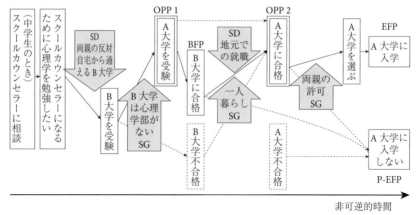

図6　みさきさんがA大学に入学するまでのプロセス（TEM図）

大学の学生が入学前に共通して経験する事柄が言及されています。それは，「A大学を受験する（OPP 1）」こと，「A大学に合格する（OPP 2）」ことです。みさきさんの両親は，みさきさんの一人暮らしを反対していたため，実家から通えるB大学への進学を勧めていました。しかし，みさきさんは，スクールカウンセラーになるために心理学を学びたかったため，A大学への進学を希望します。結果的にみさきさんは，A大学とB大学との両方を受験しました。先にB大学から合格通知が届いたことで，A大学に入学しないという実現可能な複数の径路，つまり分岐点（BFP）が発生します。B大学に心理学部がない（大学で心理学を学びたい），一人暮らしがしたいという気持ち（社会的助勢；SG）と実家から通える大学に進学してほしいという両親の思いや地元でもよい就職ができるかもしれないという期待（社会的方向づけ；SD）との間に心理的な葛藤が生じてしまいます。最終的に，A大学からも合格通知が届いたことで，みさきさんは両親を説得し，A大学に入学しました（図6）。

5　TEAを使ってみよう！③——TLMG図を描く

　みさきさんのインタビュー・データを用いて，次はTLMG図を書いてみましょう。みさきさんはA大学とB大学の両方の大学に合格しましたが，A大

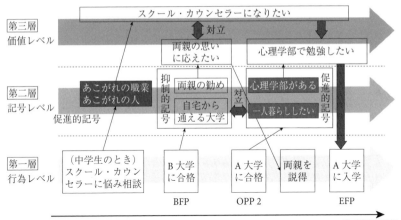

図7　みさきさんがA大学入学を促進・抑制する記号と価値・記号・行為の三層（TLMG図）

学に入学しました。図6では，A大学だけでなく，B大学に合格したことで，どちらの大学に進学するかという分岐点（BFP）が生じています。

　しかし，TLMGでそのプロセスを描くと，その様相は異なります。以前からスクールカウンセラーになりたいという将来展望をもっていたみさきさんは，自宅から通える大学に進学してほしいという両親の意向を知り，B大学を受験，合格します。TLMGで示すとすれば，それは第三層の価値レベルで生じる「スクールカウンセラーになりたい」と「両親の思いに応えたい」の間での葛藤です。その後，「A大学に合格する（OPP 2）」ことでその対立関係は変容します。みさきさんはA大学で心理学を勉強したいという強い気持ちをもち，両親の思いに背くことがないよう，両親を説得しようと試みます。最終的に，みさきさんは両親の理解を得ることができ，A大学に入学しました（EFP）。この一連のプロセスにおいて，みさきさんを等至点へと導く促進的記号の役割を果たしたのは，中学生の頃から憧れていたスクールカウンセラーの存在であり，また，A大学に心理学部がある（心理学の勉強ができる）こと，一人暮らしがしたいという気持ちでした。他方，A大学入学に対して抑制するように働いた記号は，自宅から通える大学に進学してほしいという両親の意向でした。とくにみさきさんは，両親の思いに応えたいという価値観をもっていたため，B大学に進学

してほしいという両親の気持ちは抑制的記号として機能したと考えられます。

6 未来を志向する TEA

みさきさんのインタビューを例として，TEA の研究手続きを説明したため，TEA は過去を可視化するものと思う人がいるかもしれません。しかし TEA における時間概念は，現在を軸に，過去，現在，未来を持続的な時間として捉えることを重視しています。したがって，回顧的な過去と現在，その先には未確定の未来展望が設定されています。現在から眺める過去は，1 本の径路に沿って展開されますが，それは無数の径路のうちの 1 つを選択した結果でしかありません。みさきさんを例とするならば，A 大学の学生であるという現在は，スクールカウンセラーになりたいという将来展望が，A 大学への入学を決定づけた過去の結果とつながっていることがわかります。またこれから続く未来には無数の選択肢が広がっています。

TEA では，将来の振れ幅や揺らぎのようなものを仮定し，選択可能な径路の範囲（ZOF）や多重等至性（multi finality）によって示すことも可能です。これらが示すことは，常に人々は揺らぎの中で日々を過ごしており，外界から与えられる情報の意味を汲み取り，自己への内在化と外在化を繰り返すなかで行動や価値を変容させているということです。加えていうならば，人々が現在を現在として規定しているのであり，表面上は変化していないように見えるものでさえ，「現状を維持する」ということを選択し続けているということです。

人々をオープン・システムとして捉え，TEA の中核をなす基本概念を軸に人生というプロセスを記述する。さらに，未来を志向した複数の選択肢があるという前提をもとにそのプロセスを促進（あるいは抑制）する記号を見つけ，人々と外界との関わりの相互性から人々の営みを理解していく。それが TEA の大きな特徴であるといえるでしょう。

●ブックガイド
安田裕子・サトウタツヤ編 (2022). 『TEA による対人援助プロセスと分岐の記述 ── 保育，看護，臨床，障害分野の実践的研究』誠信書房

TEA は，さまざまな概念や理論を組み込みながら現在進行形で発展し続けている方法論です。TEA に関する最新の知見を理解するためには，最新の文献や書籍に触れるのがよいでしょう。新しい応用研究や研究実践の例を知ることができるでしょう。

Sato, T., Mori, N., & Valsiner, J. (Eds.) (2016). *Making of the future: The Trajectory Equifinality Approach in cultural psychology.* Information Age Publishing.

TEA に関する英語の書籍です。英語で読みたい方にお勧めです。日本で開発され，カスタマイズされてきた TEA は世界中の研究者にも注目されています。

安田裕子・サトウタツヤ編 (2017).『TEM でひろがる社会実装 ―― ライフの充実を支援する』誠信書房

社会実装をテーマに TEM を用いた多彩な研究が紹介されています。各執筆者が TEA の実践例を挙げるだけでなく等至点の設定や修正，分岐点の意義なども解説しています。

サトウタツヤ・安田裕子監修 (2023).『カタログ TEA（複線径路等至性アプローチ）―― 図で響きあう』新曜社

さまざまな図がカタログのように載っている本です。お気に入りの図が見つかるかもしれません。そして，さまざまな図を見ることで TEA 自体がもつ複線性を楽しんでください。

●文　　献

福田茉莉 (2015).「分岐点」安田裕子・滑田明暢・福田茉莉・サトウタツヤ編『TEA 実践編 ―― 複線径路等至性アプローチを活用する』新曜社，pp. 13-20.

サトウタツヤ (2009).「TEM を構成する基本概念」サトウタツヤ編『TEM ではじめる質的研究 ―― 時間とプロセスを扱う研究をめざして』誠信書房，pp. 39-54.

サトウタツヤ (2015).「複線径路等至性アプローチ」安田裕子・滑田明暢・福田茉莉・サトウタツヤ編『TEA 理論編 ―― 複線径路等至性アプローチの基礎を学ぶ』新曜社，pp. 4-8.

Sato, T. (2017). *Collected papers on Trajectory Equifinality Approach.* ちとせプレス

Valsiner, J. (2017). *Between self and societies: Creating psychology in a new key.* TLU Press.

安田裕子 (2015).「促進的記号と文化」安田裕子・滑田明暢・福田茉莉・サトウタツヤ編『TEA 実践編 ―― 複線径路等至性アプローチを活用する』新曜社，pp. 27-32.

安田裕子・サトウタツヤ編 (2012).『TEM でわかる人生径路 ―― 質的研究の展開』誠信書房

⑤テキストマイニング

上村晃弘

1 テキストマイニングとは

　TBS 系列で放送している「ひるおび」では,「ニュースの特徴的な言葉が一目でわかる 今日放送のニュース・情報番組が扱う話題を AI が先取り分析」として, 24 番組の内容（おそらく電子番組表の記述）をテキストマイニングによって分析し, その結果をワードクラウドで図示しています[1]。

[1]　テキストマイニングの仕組み

　このように,「テキストマイニング」(text mining) という技法は一般にも知られるようになってきました。マイニングとは地下資源を採掘することで, 転じて情報などの資源を取り出す, 利用するという意味があります。すなわち, テキストマイニングとは, 文章から有用な情報を取り出すことです。

　JISC（Joint Information Systems Committee；英国情報システム合同委員会）によると, テキストマイニングは, 情報検索, 自然言語処理, 情報抽出とデータマイニングなどの技術を応用したものです（JISC, 2006）。

　情報検索とは, 研究の目的に合った文書を収集することです。新聞や雑誌の記事, アンケートの自由記述, インターネット上の文書などが挙げられます。文書は電子化されて, コンピュータが文字として認識できる形式（テキスト形式）でなければなりませんが, そのような文書の増加により, テキストマイニングが容易になってきています。

　自然言語処理とは, 人間が日常生活で使用している言語をコンピュータで扱う処理技術のことです。言語の意味をもった最小の単位を形態素といいます。

---

1)　ユーザーローカル社のツールを使用。https://textmining.userlocal.jp/
　　ワードクラウドとは, 文書内の単語の出現回数に重要度を加味した値を算出し, その値に応じた大きさで単語を表示した図です。

辞書データなどを用いて文章を形態素に区切り，品詞や活用などを判別することを形態素解析といいます。日本語は形式的に単語間の区切りが明確でないために，その判別が困難でした。このために日本では欧米よりテキストマイニングの技術が遅れました。また，主語と述語の関係や修飾語と被修飾語の関係などを係り受けといいます。このような文法的な構造と機能を分析することを構文解析と呼びます。

情報抽出とは，構造化されていない（何も処理をされていない）自然言語から，構造化されたデータを自動的に得る処理です。たとえば，語の出現頻度や共起関係（同時出現）を算出します。

データマイニングは，しばしば知識発見の方法として知られています。大量のデータにおけるパターンを明らかにして，それまでわからなかった有用な知識を発見します。都市伝説的に語られている「ビールとおむつ」の話が有名です。これは事実と異なるところがあるようですが，一般に以下のような内容で知られています（@IT情報マネジメント編集部，2005）。

　「米国の大手スーパーマーケット・チェーンで販売データを分析した結果，顧客はおむつとビールを一緒に買う傾向があることがわかった。調査の結果，子供のいる家庭では母親はかさばる紙おむつを買うように父親に頼み，店に来た父親はついでに缶ビールを購入していた。そこでこの2つを並べて陳列したところ，売り上げが上昇した」

テキストマイニングは，テキストを用いたデータマイニングで，情報抽出の段階で生成された事実に基づいて新たな発見をします。

まとめると，テキストマイニングとは，自然言語をコンピュータによって単語やフレーズに分割し，それらの出現頻度や共起関係などを分析して新しい情報を発見することです。この手法によって，もともと質的なデータである文章を数量的に扱えるようになります。

[2]　計量文体学

テキストマイニングは，インターネットやPCの普及に伴い電子化テキスト

が急激に増加し始めた 1990 年代後半になってから研究開発が盛んになるとともに本格的な実用化が始まりました（那須川，2009）。しかし，歴史的には 19 世紀後半から発展してきた計量文体学がルーツです。文体とは，その筆者に特有な文章表現のことです。統計的方法による文体研究を計量文体学（stylometry）といいます。おもな研究課題は，書き手不明である文章の著者の識別，文章の性格分類，特定の作品の文体分析，言語使用の変異などです（金，2016）。

　古くは，19 世紀のイギリスの数学者ド・モルガンが，文書で使用されている単語の平均文字数を比較すれば，筆者の識別ができるのではないかと提案しました（De Morgan, 1882）。

　この文書を計量的に分析するというアイディアを実行したのが，アメリカの物理学者メンデンホールです（Mendenhall, 1887）。シェークスピアとベーコンの文書を比較したところ（前者 40 万語，後者 20 万語），前者が最も使用していた単語の文字数は 4 文字で，後者は 3 文字でした。これによって「シェークスピア＝ベーコン説」を否定しました（Mendenhall, 1901）。

　金（2009）は，「テキストマイニングは，従来の計量的文体分析の手法にコンピュータを有効に活用して自然言語処理の理論と技術を適用し，その応用範囲を広げた産物と考えてもよいであろう」と述べています。

2 テキストマイニングの活用事例

[1]　新聞を用いたテキストマイニング

　データベース化された新聞記事を用いた研究です。樋口（2011）は，マスメディアないし新聞記事の報道内容と社会意識について関連性があるかどうかを自身が開発したソフトである KH Coder で分析しました。調査対象は「インターネット」「情報技術（IT）」についての意識でした。ある期間に発行された『朝日新聞』『読売新聞』『毎日新聞』から「インターネット」「情報技術」「IT」という言葉のいずれかを含む記事を収集しました。それらと「情報化社会に関する全国調査（JIS2004）」における次の質問への自由回答との類似性を検討しました。

「最近,「インターネット」や「情報技術 (IT)」という言葉を耳にすることが増えたと思います。情報技術 (IT) やインターネットについてあなたが考えるとき,どんなことを思い浮かべますか。思いつくものから順に三つまで,何でもご自由にお答え下さい」

その結果,一部を除いて新聞紙面に多く現れる主題や用語ほど,人々の念頭に浮かびやすいという相関関係が見出されました。

[2]　アンケートのテキストマイニング

　川上ら (2010) は,不思議現象 (血液型性格判断,宇宙人の存在,超能力の存在など) を信奉するかしないかを尋ね,その理由を自由記述させました。分析の結果,血液型では,信奉群に「当てはまる」「周り」「友達」「自分」,非信奉者には,「当てはまる」「友達」「自分」「当てはまらない」の語句が認められました。これは,信奉する・しないのいずれの立場でも,周囲の友人や自分の性格が血液型性格判断に当てはまっているか否かという具体的な事例がベースになっていることを示唆しています。また,非信奉者においては「環境」「形成」の語から,性格が環境等の他の要因によって決定されるはずだという考え方が見て取れました。また,「誰にでも」「一般的」という語句から,血液型性格判断における典型的な性格は,そもそも一般的で誰にでも当てはまると認識されているようでした。さらに,「先生」という語から,教育によって信奉しないようになったことがうかがわれました。

　増田ら (2015) は,イヌ,ネコを亡くした飼育経験者から「もう一度,亡くしたペットに会えるなら,何をしてあげたいか?」という自由記述のアンケートを収集しました。その結果,ネコの飼育経験者の回答文は文字数,単語数ともにイヌの飼育経験者よりも有意に多くなりました。また,イヌの飼育経験者は懐かしむ内容を,ネコの飼育経験者は別れを惜しむ内容を記述すると考えられました。また,大型および中型犬の飼育経験者は小型犬の飼育経験者よりも有意に多い文字,単語数を記述していました。

　ビジネスの世界には,VOC (Voice Of Customer) すなわち顧客の声という用語があります。顧客の声をアンケートや苦情,インタビュー,市場調査結果など

から収集・分析して，顧客の満足を獲得できるような商品を開発するのが目的です。このためにテキストマイニングが用いられています。

[3] ウェブマイニング

　データマイニングの技術を用いて，ウェブ上の文書やサービスから自動的に情報を発見，抽出することをウェブマイニングといいます（Etzioni, 1996）。とくにソーシャルメディアにおけるテキストマイニングをソーシャルメディアマイニング，またはソーシャルデータマイニングといいます。

　上村・サトウ（2010）は，刑事事件の報道で人々がどのような意見をもったかを知るために，いわゆる「東金女児遺棄事件」について書かれたブログ記事を収集しました。事件の被害者が5歳の女児で，被疑者（当時）が軽度の知的障害をもった青年であったことや報道のされ方から議論を呼びました。それらの記事を分析し，法と心理の立場から刑罰，知的障害，刑事訴訟，証拠，他の刑事事件，メディアと報道といった点から検討しました。

　図1は，そのデータを KH Coder Ver. 3.Beta.06 [2] で再分析した共起ネットワークです [3]。共起ネットワークとは，語の共起関係をネットワーク図で表したものです。テキストマイニングでよく用いられる統計技法としては，他に対応分析（コレスポンデンス分析），クラスター分析などがあります。

　　「ネット書き込みのビッグデータ解析をすれば，破滅願望の強いエリアを
　　特定できる。問題ない」（アニメ『キャプテン・アース』第16話）

　架空の話ですが，地球への侵攻を企む生命体が人間のリビドーを集めるためにこの方法を用いました。ビッグデータとは，常に蓄積されている膨大で多様なデジタルデータのことです。また，文章から執筆者の感情がポジティブかネガティブかを分析することを感情分析といいます。なお，商品やサービスに対する評価の分析は評判分析と呼ばれます。感情分析と位置情報を用いれば，そのようなエリアの特定は理論的には可能です。松村・三浦（2006）は，ブログ

---

2)　KH Coder http://khcoder.net/

3)　Y は被害児で，K は被疑者。

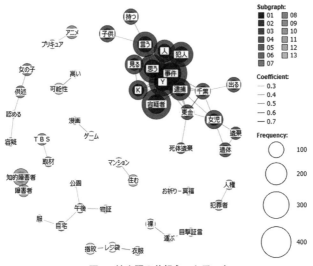

図 1　抽出語の共起ネットワーク

から抽出した「幸せ語」「不幸せ語」とアンケートによる住所区分から，地域別の幸せ・不幸せの言及度を調べました。関東，中部・甲信越，中国・四国で幸せ言及度が高く，九州・沖縄の不幸せ言及度が低くなりました。

3　テキストマイニングの応用

[1]　文章の指紋

　計量文体学の手法を用いた「文章の指紋」の研究があります（Li et al., 2006；村上，2004；財津・金，2015）。英語では writeprint（write-print）と呼ばれます。リら（Li et al., 2006）によると，文章の指紋は語彙の豊かさ，文の長さ，機能語の使用，段落の配置，キーワードなどの特徴で構成され，筆者の文体を表します。通常，個人で一貫性があり，筆者を特定する根拠になるとしています。そのため，指紋という証拠を採取できないサイバー空間における犯罪捜査での利用を提案しています。

　日本にも筆者識別を犯罪捜査に役立てるための研究があります（財津・金，2015, 2017）。実際の事件の解決に貢献した事例として，2001 年に東京都で起き

たひき逃げ事件があります（金，2009；村上，2004）。捜査中に警察に目撃者と犯人を名乗る2通の手紙が届きました。一方，被害者の兄が執拗に保険金の支払いを請求していました。そこで先の2通と被害者の兄の文章に，その他の4人の文章を加えて分析したところ，2通の手紙は兄が書いた可能性が高いという結果になりました。その後，兄は犯行を認めて事件は解決しました。

日本語においては，読点（「、」や「，」）も文章の指紋になりえます。金（1996）は，井上靖，三島由紀夫，中島敦の3人について，読点をどの文字の後にどのぐらいの比率でつけているかを分析しました。その結果，違いが認められました。また，谷崎潤一郎は句読点のつけ方で作品の文体を変えようと試みていましたが，分析の結果，他の3人と区別されました。

[2] フェイクニュースの検出

2022年2月に始まったロシアによるウクライナ侵攻では，直接的な軍事作戦だけでなく，フェイクニュース（偽情報）による「認知戦」も行われています。これに危機感をもった日本の防衛省は，2023年度より陸，海，空，宇宙，サイバー，電磁波についで，「認知領域」を安全保障の領域に加えることにしました。

シューら（Shu et al., 2017）は，フェイクニュースの複数の検出方法を挙げています。ニュース内容ベースのアプローチでは，外部ソースを用いてニュースコンテンツ内の主張の真実性をチェックします。また，元のニュースにはない，偽情報を信じさせるための独特な文体から発信者を特定してフェイクニュースを検出しようとします。

[3] デジタル・ヒューマニティーズ

文学，歴史学，考古学，芸術学，人文地理学などの人文科学の研究・教育において，デジタル技術が不可欠な役割を果たすという学際的なアプローチをデジタル・ヒューマニティーズ（digital humanities；人文情報学）と呼びます。たとえば，古典資料，絵画，芸術品，建築物，工芸品などをコンピュータ上でデジタルデータとして表現し，それらを分析して新たな情報を見出します。

大崎ら（2010）は，平安時代に書かれた『兵範記』を電子テキストにしてテ

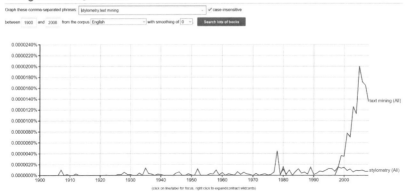

図 2　Google Books Ngram Viewer における"stylometry"と"text mining"の使用頻度の推移

キストマイニングを行いました。ただ，漢文体であるので通常の形態素解析は行えないため，人名と地名に絞って情報を抽出してそれらの関係性を図示しました。

　Google トレンドで，2004 年以降のキーワードやトピックの検索回数の推移を調べることができます。これもテキストマイニングの応用です。さらに壮大なツールが Google Books Ngram Viewer [4] です。

　Google Labs の研究者たちは，これまで出版されたすべての書籍の 6% にあたる 800 万冊以上をデジタル化してコーパスを作成しました。コーパスとは言語研究のための資料で，とくにコンピュータを利用してデータベース化された大規模な言語資料です。このコーパスの分析により，文化の動向を定量的に調べることができます（Michel et al., 2011；エイデンとミシェル，2016）。このようなコンピュータで大量のデータを収集・分析するという文化の新しい研究方法は，カルチャロミクス（culturomics）と名づけられました。

　西暦 1500 年から 2008 年の間に出版された書籍にある単語，フレーズの使用頻度の推移をグラフで表示します。たとえば，"stylometry"と"text mining"を入力します。"stylometry"は 1907 年には現れており，使用頻度は一部を除いてほぼ横ばいです。"text mining"は 1979 年には現れていましたが，1997 年

---

4)　Google Books Ngram Viewer（日本語には未対応）https://books.google.com/ngrams

から急激に増加しました。しかし，2005 年を頂点として減少してきています（図 2）。

　小木（2015）によれば，近年，「テキストマイニング」という語を含んだ論文，特許の数が一時より減少しているといいます。しかし，書籍は継続的に発行されているために社会的な興味が薄れたとは考えにくいと述べています。内容はテキストマイニングであるが，タイトルにも要旨にも「テキストマイニング」が使われなくなっているのではないかと推測しています。

　別の角度から考えると，テキストマイニングは「当たり前」の技術になってきているのではないでしょうか。現在はユーザーローカル社のツールや KH Coder などを用いて手軽にテキストマイニングが行えます。ぜひ，試してもらえればと思います。

●ブックガイド

樋口耕一・中村康則・周景龍 (2022).『動かして学ぶ！はじめてのテキストマイニング —— フリー・ソフトウェアを用いた自由記述の計量テキスト分析』ナカニシヤ出版
　　はじめて KH Coder を使ってテキストマイニングをする人のための入門書。

樋口耕一 (2020).『社会調査のための計量テキスト分析 —— 内容分析の継承と発展を目指して〔第 2 版〕』ナカニシヤ出版
　　分析の考え方，研究事例，KH Coder 3 のマニュアルを掲載したテキストマイニングをより深く知るための解説書の第 2 版。

エイデン，W.・ミシェル，J.-B.（阪本芳久訳）(2016).『カルチャロミクス —— 文化をビッグデータで計測する』草思社
　　Google Books Ngram Viewer を用いて文化の歴史的変化を定量的に表すことで明らかになった，さまざまな事例を紹介しています。

●文　　献

@IT 情報マネジメント編集部 (2005).『情報マネジメント用語辞典 —— おむつとビール』http://www.itmedia.co.jp/im/articles/0504/18/news086.html

De Morgan, S. E. (1882). *Memoir of Augustus de Morgan by his wife Sofia Elizabeth de Morgan with selection from his letters*. Green and Co.

エイデン，W.・ミシェル，J.-B.（阪本芳久訳）(2016).『カルチャロミクス —— 文化をビッグデータで計測する』草思社

Etzioni, O. (1996). The World-Wide Web: Quagmire or gold mine? *Communications of the ACM*, November 1996.

樋口耕一 (2011).「現代における全国紙の内容分析の有効性 —— 社会意識の探索はどこまで可能か」『行動計量学』**38**(1), 1-12.

JISC (2006). *Text Mining*. http://nactem.ac.uk/files/papers/JISC-BP-TextMining-v1-final.pdf

川上正浩・小城英子・坂田浩之 (2010).「不思議現象を信じる理由（1）」『大阪樟蔭女子大学人間科学研究紀要』**9**, 15-25.

金明哲 (1996).「読点から現代作家のクセを検証する（〔統計数理研究所〕公開講演会要旨）」『統計数理』**44**(1), 121-125.

金明哲 (2009).『テキストデータの統計科学入門』岩波書店

金明哲 (2016).「計量文献学の基礎研究とその応用」村上征勝・金明哲・土山玄・上阪彩香『計量文献学の射程』勉誠出版, pp. 57-114.

Li, J., Zheng, R., & Chen, H. (2006). From fingerprint to writeprint. *Communications of the ACM*, **49**, 76-82.

増田宏司・田所理紗・土田あさみ・内山秀彦 (2015).「犬と猫の飼育経験者では，亡くしたペットに対して「もう一度会えるなら，してあげたいこと」の内容が異なる」『東京農業大学農学集報』**60**(3), 151-155.

松村真宏・三浦麻子 (2006).「Doblog の利用に関するアンケート調査からみたユーザ像」『人工知能学会全国大会論文集』**JSAI06**(0), 234-234.

Mendenhall, T. C. (1887). The characteristic curves of composition. *Science*, **9**, 213-249.

Mendenhall, T. C. (1901). A mechanical solution of a literary problem. *Popular Science Monthly*, **60**(2), 97-105.

Michel, J.-B., Shen, Y. K., Aiden, A. P., Veres, A., Gray, M. K., The Google Books Team, Pickett, J. P., Hoiberg, D., Clancy, D., Norvig, P., Orwant, J., Pinker, S., Nowak, M. A., & Aiden, E. L. (2011). Quantitative analysis of culture using millions of digitized books. *Science*, **331**, 176-182.

村上征勝 (2004).『シェークスピアは誰ですか？ —— 計量文献学の世界』文藝春秋

那須川哲也 (2009).「テキストマイニングの普及に向けて —— 研究を実用化につなぐ課題への取組み」『人工知能学会誌』**24**(2), 275-282.

小木しのぶ (2015).「テキストマイニングの技術と動向」『計算機統計学』**28**(1), 31-40.

大崎隆比古・井坪将・木村文則・手塚太郎・前田亮 (2010).「古典史料における人名・地名を用いたテキストマイニング」『ディジタル図書館』**39**, 9-16.

Shu, K., Sliva, A., Wang, S., Tang, J., & Liu, H. (2017). Fake news detection on social media: A data mining perspective. *ACM SIGKDD Explorations Newsletter*, **19**(1), 22-36.

上村晃弘・サトウタツヤ (2010).「東金女児遺棄事件に関するブログ記事の分析」『立命館人間科学研究』**21**, 173-183.

財津亘・金明哲 (2015).「テキストマイニングを用いた犯罪に関わる文書の筆者識別」『日本法科学技術学会誌』**20**(1), 1-14.

財津亘・金明哲 (2017).「テキストマイニングを用いた筆者識別へのスコアリング導入 —— 文字数やテキスト数，文体的特徴が得点分布に及ぼす影響」『日本法科学技術学会誌』**22**(2), 91-108.

⑥アンケート

春日秀朗

1 アンケートとは

　心理学では，物理的にあるわけではない，目には見えない「人の心」を測定し，理解しようとするためにさまざまな方法が用いられます。心理学においてアンケートは，観察法や実験法などと並んで広く使われる主要な方法の１つです。アンケートでは，言語を使って調査対象者に質問や依頼をし，それに対する応答を対象者自身によって記入してもらうことで「こころの内面に生起する主観的なできごと」（宮下，1998）を捉えることができます。観察法では調査者が客観的に観察して行動の生起を測定したり，実験法では図形がどのように見えるのか，音がどのように聞こえるのかなどを客観的に評価したりしますが，アンケートでは，調査対象者自身がもつ意見や態度，パーソナリティや特定の場面における感情などについて，対象者が主観的にもつ，言語化できる情報を測定します。とくに文化心理学においては対象者の回答から，その人が生きる文化を浮き彫りにし，文化がどのように人々の行動の背後にある準拠枠として機能しているのか記述したり，文化から影響を受けた結果として，どのような特徴が現れるのかを測定したりするために用いられます。

　本稿では，アンケートを用いた研究論文を読み解く際に，また自分でアンケートを用いた研究を行う際に参考になるよう，アンケートについての基本的な概念とともに，アンケートによってどのようなデータの収集，分析が可能なのかについて説明していきます。

2 アンケートにおける基本的な概念

[1] 構成概念
　研究を行ううえで初期に決めなくてはいけないことは，「何を測定するの

か」です。先に述べたように，人の心は目には見えず，直接測定することはできません。そのため，目には見えないが理論的に存在すると仮定できる概念を立て，それから影響を受けると考えられる行動などを測定することにより，間接的に把握します。このような概念を「構成概念」と呼びます。

　たとえば，大学生の性格を調べるとします。私たちは人の性格を知ろうとするとき，「あの人は笑顔が多いから陽気な性格であると感じる」「あの人はいつも人の顔を見ることができないから，人見知りなのであろう」など，目に見えない人の性格というものがあり，目に見える行動と関連するのであろうと仮定して推測します。このとき，性格と一口にいっても，陽気さや社交性，人見知りや緊張のしやすさなど，さまざまなものが思い浮かぶでしょう。「性格」という概念は，細分化したさまざまな性格の集合体であると考えられます。このように，より大きな構成概念に内包される概念を「下位概念」と呼びます。研究を行うにあたって，どの概念の，どの下位概念を測定するのかを十分に検討することが重要です。

[2]　信頼性と妥当性

　アンケートでは，「以下の質問について，あなたにはどの程度あてはまりますか」と尋ねたり，「あなたのことを記述してください」と依頼したりすることによって目的とする構成概念を測定します。アンケートによって調査を行う際には，信頼性と妥当性というとくに気をつけるべき2つのポイントがあります。

　信頼性とはおもに，同じ人が同じ条件で，同じテストを行った場合，同じ結果が出るかどうかという「安定性」と，同じ特性を尋ねる異なる質問に対して同じような答えをするか，言い換えれば，同じような答えをする質問項目を揃えられているのかどうかという「一貫性（等質性）」という2つの性質を表します。たとえば同じ人が同じ身長計で測定したとき，一度目には165cm，二度目には168cm，三度目には167cmと結果が安定しないようでは，その身長計は信頼できないと考えられるでしょう。また性格を尋ねる尺度を用いたとき，「話好きである」という項目と「悩みがちである」という項目は，ともに人の性格特性という大きな概念を測定するという点では同一です。しかし，話好き

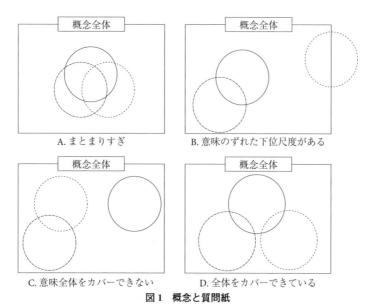

A. まとまりすぎ

B. 意味のずれた下位尺度がある

C. 意味全体をカバーできない

D. 全体をカバーできている

図1　概念と質問紙

（出典）　小塩（2011）。

な人が必ずしも悩みがちではないとはいえず，逆もまたしかりです。このような場合，「話好き」と「悩みがち」の2つの項目に対する回答は方向がばらばらになり，1つの小さな下位概念を測定する項目としては一貫性がなく，適切ではありません。

　妥当性とは，用いた尺度が本当に目的の概念を測定できているのかどうかという問題です。測定したい構成概念に対し，質問項目がどの程度，またはどの位置の下位概念を測定するために作成されているのか，考える必要があります。図1のAでは，概念全体に対して測定できている部分がまとまりすぎており，概念全体をカバーできていません。Bについては，目的とする概念から外れた部分を測定してしまっています。Cでは，右下の位置にある下位概念をまったく測定できていません。概念全体を測定できているDが望ましい尺度構成であるといえます。妥当性が確保できているのかどうかを確認するためには，理論（仮説）通りの結果が観察されるのか，その結果が他の集団に対してもあてはまる一般的なものであると考えられるのかという点を検討する必要がありま

す。

　どのような概念であれ，全体を網羅することは簡単ではありませんが，狭い
概念では意味がないというわけでは必ずしもありません。研究が何を目的とし
て行われているのか，方法がその目的と対応しているのか，自分で研究を行う
際にも他者の研究に触れる際にも注意することが重要です。

3 アンケートの種類

[1]　量的データを収集するためのアンケート

　人の心を数字に変換したデータは，一般的に量的データと呼ばれます。量的
データを収集するためのアンケートにもいくつか種類がありますが，代表的な
ものとしては「自分自身にどの程度あてはまるのか」を3〜7段階ほどで回答
するリッカート尺度法があります。5段階の場合は「1. あてはまらない」〜「5.
あてはまる」という選択肢を設け，回答者自身にどの程度あてはまるのかを数
字で回答してもらいます。

　目的の概念を測定するためには，「尺度」が用いられます。同じ概念を測定
する尺度の中にも，文化や時代の違いを反映して変更・修正されたものや，測
定する下位概念の違いにより，さまざまな尺度が作成されていることがありま
す。図2は和田（1996）が人の性格を「開放性」「誠実性」「外向性」「協調性」
「神経症傾向」という5つの特性で表すビッグファイブ（Goldberg, 1982）に基づ
き作成したものを一部抜粋したものです。和田の尺度では，各特性をそれぞれ
12項目の計60項目で測定しています。「開放性」では「話し好き」「無口な」
「陽気な」など，「神経症傾向」では「悩みがち」「不安になりやすい」「心配
性」といった，性格特性を表す言葉が用いられています。それらについて，図
2では簡易的に示していますが，実際に研究を行う際にはどのようなことを回
答してほしいのか（自分についてなのか，他者についてなのか等）を説明する教示
文を入れたり，同じような項目が連続しないように順番を入れ替えたりといっ
た工夫が必要になります。

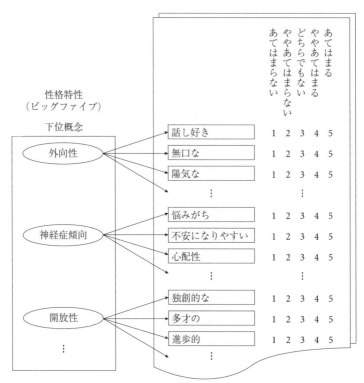

性格特性
（ビッグファイブ）

下位概念

	あてはまる	ややあてはまる	どちらでもない	ややあてはまらない	あてはまらない
話し好き	1	2	3	4	5
無口な	1	2	3	4	5
陽気な	1	2	3	4	5
悩みがち	1	2	3	4	5
不安になりやすい	1	2	3	4	5
心配性	1	2	3	4	5
独創的な	1	2	3	4	5
多才の	1	2	3	4	5
進歩的	1	2	3	4	5

外向性　神経症傾向　開放性

図2　ビッグファイブ尺度（和田，1996）を用いたアンケート例

[2]　質的データを収集するためのアンケート

　アンケートによって人の心を質的に研究する際，多くの場合は対象者によって記述された文章が分析対象となります。データとして文章を収集するためには，研究者が回答の選択肢を用意せずに「○○のことを，どのように思いますか」など抽象度の高い質問をし，対象者が完全に自由な様式で回答する自由記述法が代表的です。自由記述の場合，設定したスペースに収まるならば，複数の文で記述したり，逆に単語のみで回答したりすることも認められます。別の方法としては，「私は○○のことを＿＿＿＿＿＿だと思う」のように文頭と文末に設定し空欄を埋めるようガイドし，回答の方向性をある程度統制する文章完成法テスト（SCT）などがあります。

文化心理学においては，クーンとマクパーランド（Kuhn & Mcpartland, 1954）が作成した「私は＿＿＿＿＿」のみを設定した回答欄に自由に記述させる「20の私」テストが代表的です（増田・山岸，2010）。このテストでは調査者が「〇〇について回答してください」という教示を与えることはなく，正解もありません。「私は」に続く文章を回答者が自由に記述します。回答は「私は△△町出身だ」といった社会的属性を書くこともできますし，「私は賑やかなことが好きだ」など自分の内面に関する主観的な情報を書くこともできます。自由に記述してよいこのテストですが，異なる文化でこのテストを実施したとき，回答の仕方に文化差があることが見えてきます。トリアンデスら（Triandis et al., 1990）や他の多くの研究で，アジア圏の人間は欧米圏の人間よりも社会的属性を記述することが多く，欧米圏の人間は個人的な情報を記述することが多いことが指摘されています。これは「20の私」テストに限ったことではなく，アジア圏の場合は自分の説明をするときに社会の中での自分から説明しようとする文化であるのに対し，欧米圏の場合はまず「私」という個人がどのような人間なのかから説明する文化であることがうかがえます。

4　分析方法——量的データと質的データ

　本章では人の心を量的に研究するアンケートと，質的に研究するアンケートを紹介してきました。最後にそれぞれのデータの分析について紹介したいと思います。

　調査によって得られた量的データは，数字の大小を比べたり，ある数値と別の数値がどのような関連をもっているのかを検討したりすることに用いられます。図3は個人的な達成を思考する傾向と友人の数，主観的幸福感について日米の大学生を対象に比較文化心理学的に検討した研究になります（内田・荻原，2012）。この結果からは，日本人の場合は個人的な達成の追求が友人の数，幸福感を低めるのに対し，アメリカ人の場合はそれらが関連していないことが示されており，日米間で個人達成志向性の質や意味が異なることが読み取れます。

　質的データは，複線径路等至性アプローチ（TEA；本章④参照）やグラウンテッド・セオリー・アプローチ（GTA）などにより，テキストがもつ質を重視し

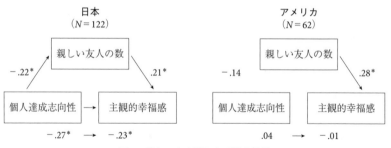

日本
(*N* = 122)

親しい友人の数

− .22*   .21*

個人達成志向性 → 主観的幸福感

− .27* → − .23*

アメリカ
(*N* = 62)

親しい友人の数

− .14   .28*

個人達成志向性   主観的幸福感

.04 → − .01

図3 親しい友人数による媒介効果

（出典）　内田・荻原（2012）。

（注）　個人達成志向性から主観的幸福感へのパスにおいては，矢印の左側が個人達成志向性のみを
　　説明変数としたときの，矢印の右側が個人達成志向性に加えて親しい友人の数を説明変数とした
　　ときの標準化偏回帰係数を示す。* *p* < .05，** *p* < .01。

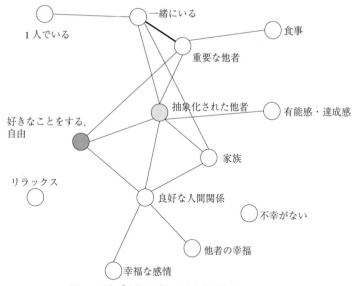

図4 日本「幸福と感じるとき」共起ネットワーク

（出典）　大山（2012）。

て分析する方法と，カテゴライズしてそれぞれの度数を計算し，数量化Ⅲ類や
対応分析などの量的分析にかける方法があります。最終的な結果はそれぞれの
分析方法により異なりますが，データを要約して図示し，それぞれの概念がど

のような位置関係にあり，つながっているのかを示すことがおおむね共通しています。図4は，「私は＿＿＿＿＿ とき幸福を感じる」という文章完成法によってデータを収集し，それぞれのカテゴリーと出現度数により分析したものです（大山，2012）。この図では中心にあるほど，また塗りつぶされた色が濃く線が太いほど重要であり，強いつながりであると考えることができます。この結果から，日本人にとって幸福を感じるときの記号としては，自由があり，他者と，とくに重要な他者と一緒にいることが重視されることが読み取れます。

　心理学の研究方法にはさまざまなものがあり，新しい分析方法や調査方法も開発されています。以上に述べたように，同じアンケート調査であっても，得られるデータや結果は異なり，分析方法の違いによっても得られる情報は異なります。自分自身の関心と照らし合わせ，研究目的を達成するためにはどのような方法が適切であるのか，データを収集する前にしっかりと検討することが重要です。

●ブックガイド

宮本聡介・宇井美代子編 (2014).『質問紙調査と心理測定尺度 —— 計画から実施・解析まで』サイエンス社
　　はじめてアンケート調査を行ううえで必要となる知識や実施方法，分析方法についての基礎的な情報とともに，ウェブ調査の利用などについて説明しています。
堀洋道監修 (2001-2011).『心理測定尺度集 Ⅰ〜Ⅵ』サイエンス社
　　心理学の研究で用いられた尺度が幅広く掲載されています。どの尺度を使えばよいかわからないときは，まずはこの尺度集から選ぶことも有効です。
村上宣寛 (2006).『心理尺度のつくり方』北大路書房
　　目的に合った既存の尺度がない場合には，自分で新たに尺度をつくることもあります。その方法や手順とともに，アンケート調査の歴史や背景など，よりくわしく学ぶことができます。

●文　　献

Cousins, S. D. (1989). Culture and selfhood in Japan and the US. *Journal of Personality and Social Psychology*, **56**, 124-131.

Goldberg, L. R. (1982). From ace to zombie: Some explorations in the language of personality. In C. D. Spielberger & J. N. Butcher (Eds.), *Advances in personality assessment* (Vol. 1, pp. 201-234). Erlbaum.

小塩真司 (2011).「アンケートの基礎知識」小塩真司・西口利文編『心理学基礎演習 Vol. 2

質問紙調査の手順』ナカニシヤ出版，pp. 5-9.

Kuhn, M. H., & Mcpartland, T. S. (1954). An empirical investigation of self-attitudes. *American Sociological Review*, **19**, 68-76.

増田貴彦・山岸俊男 (2010).『文化心理学 —— 心がつくる文化，文化がつくる心』上，培風館

宮下一博 (1998).「質問紙法による人間理解」鎌原雅彦・宮下一博・大野木裕明・中澤潤編『心理学マニュアル質問紙法』北大路書房，pp. 1-8.

大山泰宏 (2012).「何が広を幸福にし何が人を不幸にするか —— 国際比較調査の自由記述分析」『心理学評論』**55**, 90-106.

Triandis, H. C., McCusker, C., & Hui, C. H. (1990). Multimethod proves of individualism and collectivism. *Journal of Personality and social psychology*, **59**, 1006-1020.

内田由紀子・荻原祐二 (2012).「文化的幸福観 —— 文化心理学的知見と将来への展望」『心理学評論』**55**, 26-42.

和田さゆり (1996).「性格特性用語を用いた Big Five 尺度の作成」『心理学研究』**67**, 61-67.

第2章

研究倫理

渡邉卓也

1 研究倫理の基本的なポイント

　本章では，文化心理学の実践の際に重要になる研究倫理について考えてみます。文化心理学のターゲット，すなわち研究対象者になるのは，さまざまに社会生活を営んでいる人たちです。人を対象とする研究は，研究対象者の善意の協力があってこそ成立するものであり，けっして研究者の都合のみで実施できるものではありません。したがって，その善意には特段の配慮をもって応える必要があります。それでは，研究を行ううえで具体的にどのような配慮が必要になるか，研究活動のプロセスに沿って考えてみることにしましょう。

　まずは研究計画を立案する段階です。研究をとおして研究対象者に何らかの働きかけを行う場合，それが研究対象者にどのような影響を与えるかを考えなければなりません。もしもネガティブな影響が予想されるならば，そうしたリスクを最小限に抑える工夫が必要になりますし，リスクの大きさを上まわる利益が得られる研究であるか，十分に吟味する必要があります（第2節「リスク・ベネフィット評価」参照）。また，この段階では研究対象者の設定も重要なポイントになります。研究者にとって都合のよい選択にならないよう，公正に研究対象者を選ぶことが求められます。たとえば，子どもや患者といった社会的に弱い立場にある人たちを研究対象者にしようとする場合，その理由が恣意的なものではないことを説明できなければなりません。

　研究の実施段階となれば，研究対象者に協力依頼をすることになります。研究協力のお願いをするときには，研究内容について丁寧に説明を行い，内容を

しっかりと理解してもらったうえで，自発的に研究協力に同意してもらうことが原則になります。これは，たとえ親しい間柄の人に研究協力をお願いする場合であっても同様です（第3節「インフォームド・コンセント」参照）。個人情報・データの保護も欠かせません。人を対象とする研究では，研究対象者に関するさまざまな個人情報・データを取得することになります。研究によって知りえた個人情報・データについては，当然のことながら，秘密を守らなければなりません。これは，不用意に他者へ口外しないということだけでなく，それらが漏えいしない管理のあり方も問われるということです（第4節「個人情報・データの管理」参照）。

　一言に研究倫理といっても，こうした多岐にわたる倫理的配慮が必要とされます。また，研究倫理の遵守は，なにも研究を生業とする研究者にだけ求められるものではありません。学生のみなさんが授業の一環として行う調査や卒業研究などでも，しっかりと遵守することが求められます。そこで本章では，上記に代表されるような研究倫理の基本的なポイントを押さえながら，みなさんが実際に研究を行う際に役立つ実践的な知識について見ていきます。

2　リスク・ベネフィット評価

　研究計画を立案する段階では，研究者は，研究上のリスクについて検討しておく必要があると述べました。しかしながら，研究上のリスクといわれても，なかなかピンとこないかもしれません。心理学の研究においては，医学の研究に見られるような研究対象者への針刺しや身体の切開，薬物投与といった働きかけが行われることはないでしょう。そういった意味では，研究対象者への身体的な侵襲はないので，研究上のリスクを検討する必要はないと感じてしまうかもしれません。ただし，身体的な侵襲はなくとも，心理的な侵襲についてはどうでしょうか。たとえば，研究対象者にインタビューを行う場合を考えてみましょう。インタビューの内容によって，研究対象者が不快感や心理的な傷つきを受けたり，思い出したくないことを想起したりするようなリスクはないでしょうか。また，研究対象者への影響ということであれば，研究に参加することで，研究対象者が負担を負うことはないでしょうか。たとえば，研究協力す

ること自体，研究対象者にとってみれば特別に時間を割くことになりますし，人によっては大きな疲労を感じるかもしれません。これらは研究対象者が負う負担といえるでしょう。

　次に利益（ベネフィット）について考えてみます。研究によって得られる利益には，たとえば，研究対象者の生活の質（quality of life；QOL）の向上や健康上の問題の解決といった研究対象者への直接的な利益ばかりでなく，研究をとおして新たな知見を得ることで，人間理解の深化を目指すといった社会的な利益が含まれます。とりわけ文化心理学の研究では，前者よりも後者のような利益の獲得を目指すケースが多いように思います。研究上のリスク・負担は，その研究によって得られる利益とのバランスのうえで許容されるものです。研究対象者にとってリスク・負担が大きいばかりで利益が小さい研究であると，当然のことながら，許容されることはありません。

　研究計画を立案する段階では，リスク・ベネフィット評価以外にも，さまざまな検討が必要になってきます。研究上の不測の事態に備えることもその1つです。たとえば，研究を進めるなかで，たまたま研究対象者（やその家族）についての虐待の事実を知ってしまった場合，どのように対応することが適切でしょうか。現在の法律では，児童虐待や高齢者虐待を発見した場合，国民には通告・通報義務が定められています。もしも研究計画の特性上そうした問題に直面する可能性があるならば，事前に通告・通報手順を調べておくことも大切でしょう。ただし，実際にそうした問題に直面した際には，非常に難しい判断を求められます。学生のみなさんにおいては，まずは指導教員に相談することをお勧めします。

3 インフォームド・コンセント

　冒頭でも述べたように，研究対象者に研究協力のお願いをするときには，①研究内容について丁寧に説明を行い，②内容をしっかりと理解してもらったうえで，③自発的に研究協力に同意してもらうことが原則になります。このようにして同意を得る手続きをインフォームド・コンセントといいます。インフォームド・コンセントの成立には，この「①情報の提供」「②情報の理解」「③自

律性」の3つの要素が欠けることなくそろっている必要があります。たんに研究対象者へ研究内容を説明しただけでは，インフォームド・コンセントは成立しないので注意が必要です。

　インフォームド・コンセントの手続きは，通常，文書によって行われます。研究者は，研究内容をまとめた説明文書を作成し，研究対象者に研究内容の説明を行います。内容をしっかりと理解してもらうことが重要ですので，当然のことながら，専門的な用語や表現を多用することなく，わかりやすい文章で構成することが求められます。説明する内容についても，研究の目的や意義，研究の方法，研究対象者に生じるリスク・負担，研究に関する情報公開の方法，個人情報の取り扱いなどの項目について詳述することが望ましいでしょう（図1）。

　また，インフォームド・コンセントは，「「研究への参加ならびにその継続」を決定するための継続したプロセス」といわれています（山内，2010）。したがって，研究への参加の自由はもちろん，いったん研究協力した後でも研究協力をやめるという選択が可能で，そのような選択をした場合でも，不利益はいっさい受けないということを説明することも大切です。これらの内容について丁寧に説明を行い，研究対象者から応諾が得られたら，同意書に署名をもらうことになります。その後，同意書は研究者と研究対象者のそれぞれで1部ずつ厳重に保管しておきます。

　研究対象者が通常の説明では研究内容の理解が難しいような場合，インフォームド・コンセントの手続きには，とくに倫理的配慮が必要になります。そうしたときには，研究対象者の保護者や配偶者，その他の親族などの代諾者から研究協力に同意してもらうといったことがあります。ただし，そのような場合でも，研究対象者の理解力に応じて研究内容の説明を行い，研究協力についての前向きな賛意を得るインフォームド・アセントが大切になります。当然のことながら，たとえ代諾者から研究協力の同意を得ても，研究対象者本人の意思をないがしろにしてよいわけではありません。このインフォームド・アセントによって，研究対象者の意思をきちんと確認し，研究対象者本人による自己決定を尊重するような配慮が求められます。

インタビューへのご協力のお願い

　私たち XX 大学 XX 学部 XX ゼミでは，XX に関する研究を行っています。その一環として，XX に関するインタビューへのご協力を広くお願いしています。下記の内容をお読みいただき，研究にご協力いただける場合は，末尾の同意書にご署名をお願いいたします。

【研究課題名】
　XX に関する探索的研究

【研究目的】
　近年，XX という現象が注目を集めています。XX は日々の生活の中でさまざまに解釈できるものですが，その多様性はまだまだ十分にわかっていません。そこで，本研究では，XX についての理解を深め，日常の生活への影響のあり方を明らかにすることを目的とします。

【研究方法】
　ご希望の日時に 1 時間程度の個別インタビューをさせていただきます。インタビュー内容は録音し，逐語録を作成させていただきます。インタビューは 1 回のみの予定です。お聞きする内容は，XX や XX，XX などです。

【研究期間】
　研究期間は，20XX 年 XX 月 XX 日までを予定しています。

【研究対象者】
　この研究は XX の経験のある方を対象とさせていただきます。ただし，経験があっても未成年者の方にはご参加いただけません。

【研究によるリスク・負担と利益】
　この研究に身体的な危険は伴いません。しかし，インタビューを進める中で，お話しになることがつらい話題にふれることがあるかもしれません。その場合は，無理にお話しいただく必要はありません。この研究が直接的にあなたの利益となることはありません。しかし，この研究によって XX の理解が進み，将来的に XX のような問題の解決に寄与する可能性があります。

【研究への協力と撤回】
　研究にご協力されるかどうかは，ご自身で決定してください。研究にご協力いただけなくても，不利益を受けることはありません。また，研究の途中で協力をやめることも可能です。その場合にも不利益を受けることはありません。

【研究結果の公表】

　研究結果は，学会発表や学術雑誌での公表を予定しています。その際には，お名前やお住まいなどの情報は，個人が特定できない表記にいたします。また，ご希望があれば研究結果について個別にお伝えいたします。

【個人情報・データの管理】

　お話しいただいた内容は慎重に取り扱い，研究以外の目的に用いることはありません。研究データは，個人を特定できる情報を取り除き，代わりに研究用のID番号を付けて管理いたします。また，個別のお問い合わせにお応えできるよう，お名前とID番号を突合するための対応表を作成します。これらは，XX大学内のパスワードをかけたパソコンでXX年間厳重に保管し，その後，廃棄いたします。

【その他】

　この研究は，XX研究費補助金の補助を受けて実施いたします。研究にご協力いただいた方には，謝礼として500円分のギフトカードをお渡しいたします。

【連絡先】

　研究責任者　〇〇〇〇

　XX大学XX学部

　TEL：03-XXXX-XXXX

　FAX：03-XXXX-XXXX

　E-mail：XXX@XXX.ac.jp

同意書

XX大学XX学部　〇〇〇〇　殿

　私は「XXに関する探索的研究」に関する上記内容について説明を受けました。説明を受けた内容を十分に理解し，自らの意思で本研究に参加します。

参加者（署名）＿＿＿＿＿＿＿＿＿＿＿＿＿＿＿＿＿＿＿＿＿＿＿

日付：　　　年　　月　　日

図1　説明文書および同意書の例

4 個人情報・データの管理

　研究をとおして，研究者は，研究対象者からさまざまな個人情報・データを取得することになります。当然のことながら，研究者が取得できる個人情報・データは，研究と関係するものに限られます。その中には，研究対象者の氏名や住所，連絡先などが含まれることもあれば，たとえ個人を特定できるような情報でなくとも，研究対象者にとって他者に知られたくない内容が含まれることがあります。こうした個人情報・データは，厳重な管理が求められることになります。

　個人情報・データを保管する際には，取得したそのままの形にしておくのでなく，個人情報とデータを簡単に紐づけできない状態に加工することが一般的です。これを匿名化といいます。具体的には，取得したデータから個人を識別できる情報を取り除いて，代わりに符号や番号などの管理情報をつけます。そして，研究対象者の実名と管理情報の対応表を作成して，個人情報とデータを別々に分けて保管します（図2）。一方，対応表を作成しない匿名化の方法もありますが，なるべく作成することをお勧めします。対応表があれば，どのデータが誰のデータであるのか後から照合することができるので，たとえば，研究対象者からの個別の問い合わせに対応することが可能になります。

　保管の方法については，たとえば，紙媒体の保管であれば，施錠できる安全な場所を利用したり，電子媒体の保管であれば，外部のネットワークと接続していないスタンドアローンのパソコンやイントラネット上のサーバを利用し，パスワードをかけて保存するといった対応が望ましいでしょう。また，個人情報・データの漏えいを防ぐために，厳密な取り扱いのルールを策定してもよいでしょう。たとえ研究者本人であっても，それらを外部帯出することはしないというルールであったり，もしも外部帯出することがあれば，必ず記録を残すといったルールを設けることで，個人情報・データの保護に努めることも有効です。

　個人情報の保護に関しては，その物理的な管理だけでなく，研究結果の公表

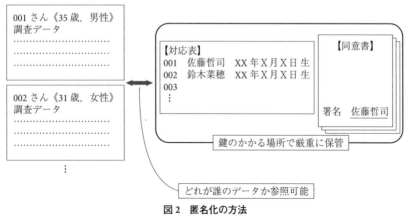

001 さん《35 歳，男性》
調査データ
………………………………
………………………………
………………………………

002 さん《31 歳，女性》
調査データ
………………………………
………………………………
………………………………

【対応表】
001　佐藤哲司　　XX 年 X 月 X 日 生
002　鈴木菜穂　　XX 年 X 月 X 日 生
003
⋮

【同意書】

署名　佐藤哲司

鍵のかかる場所で厳重に保管

どれが誰のデータか参照可能

図2　匿名化の方法

（出典）　渡邉（2017）。

によって研究対象者が特定されないよう配慮することも必要になります。研究結果を公表する際，通常，研究対象者個人に言及する箇所については，アルファベットや番号などで匿名表記することが一般的です。しかしながら，研究対象者個人の氏名は匿名化してあっても，公表する内容から研究対象者個人を類推できてしまう可能性はゼロではありません。そうした可能性があることにも十分に注意し，研究対象者への不利益が予想されるようであれば，事前に研究対象者に公表する内容を知らせ，必要に応じてその内容を再検討するといった対応が必要になります。

5　倫理審査

　ここまで，研究倫理を遵守するうえで役立つ実践的な知識について見てきました。しかしながら，実際問題として，これらを学生のみなさんが個人的な努力だけで完遂するのは難しいことでもあります。研究者が最良と考える倫理的配慮が，必ずしも研究対象者にとっても最良であるかどうかはわかりません。そこで，第三者の目でチェックしてもらうことが有効になります。たとえば，指導教員に相談することでもよいですが，その他の選択肢として，必要に応じて倫理審査を受けることを考えてみてもよいでしょう。

倫理審査は，施設内審査委員会（institutional review board；IRB）や研究倫理委員会（research ethics committee；REC）と呼ばれる組織で行われます。こうした倫理審査を行う委員会は，研究対象者の権利，安全，福利を守る責任を負い，申請された研究を科学的側面と倫理的側面の両面から検討する組織と定義されます（CIOMS, 2002）。研究を実施する立場からすると，なかなか大きな関門のように聞こえますが，別の見方をすれば，みなさんの研究計画を客観的に評価し，さまざまな倫理的問題を未然に防いでくれるチェック機関ともいえます。

倫理審査においては，研究の目的や意義，研究の方法，実施場所・期間，研究対象者に生じるリスク・負担とその対応，協力依頼の方法やその際の説明内容，個人情報・データの管理，研究に関する情報公開の方法などがチェックされます。審査を通じて委員会から指摘を受けることで，研究計画を見直す必要が出てくることもありますが，そうした手順を踏むことによって，自分自身の研究計画を客観視し，倫理的問題への認識を深めることにもつながります。最近では，多くの大学で倫理審査を受けられるようになってきていますので，大学の規程や委員会の規程などを確認してみることをお勧めします。

▌ おわりに

文化心理学の研究のみならず，人を対象とする研究の実施にあたっては，研究倫理の重要性を認識し，研究対象者への倫理的配慮を的確に行うことが求められます。それを実践するうえで大切なのは，研究対象者の立場になって考えるということです。そもそも倫理的問題の解決には，唯一無二の正解があるわけではありません。つまり，研究対象者の数だけ倫理的配慮のあり方も多様にあるといえます。したがって，研究者には，研究対象者に誠意をもって共感し，よりよい倫理的配慮のあり方について問い続けるような姿勢が必要になってくるのです。

●ブックガイド

公益社団法人日本心理学会監修，サトウタツヤ・鈴木直人編 (2017).『心理調査の基礎――心理学方法論を社会で活用するために』有斐閣
　心理調査の基本的な考え方，調査・研究の方法論を初学者にもわかりやすく体系的にまとめています。第9章「実践と倫理」では，心理学の方法論を社会の中で活用する

際の倫理について幅広く解説しています。

やまだようこ編 (2007).『質的心理学の方法 —— 語りをきく』新曜社

　　質的心理学の研究法と教育法を実践に即した形で具体的にまとめています。第 1 部 2
　　「研究デザインと倫理」では，研究計画の立案方法を研究倫理と結びつけて解説してい
　　ます。とくに質的研究の研究倫理を考える際に参考になります。

●文　　献

Council for International Organizations of Medical Sciences (CIOMS) (2002). *International ethical
　　guidelines for biomedical research involving human subjects.*（国際医学団体協議会・光石忠敬監
　　訳，栗原千絵子・内山雄一・齊尾武郎訳，2007「人を対象とする生物医学研究の国際的
　　倫理指針」『臨床評価』**34**(1), 7-74）

サトウタツヤ (2007).「研究デザインと倫理」やまだようこ編『質的心理学の方法 —— 語り
　　をきく』新曜社，pp. 16-37.

渡邉卓也 (2017).「実践と倫理」公益社団法人日本心理学会監修，サトウタツヤ・鈴木直人
　　編『心理調査の基礎 —— 心理学方法論を社会で活用するために』有斐閣，pp. 165-177.

山内繁 (2010).「バイオメカニズム研究と倫理問題Ⅱ」『バイオメカニズム学会誌』**34**, 344-
　　350.

改訂版あとがき

　早いもので,『文化心理学』の初版が出版された 2019 年 3 月から 4 年が経ちました。私たち編者の 2 人は 4 年間にわたってこの本を講義に用いて多くの大学生のみなさんと一緒に文化について思考を紡いできました。そうした中で,私たちの考えの足りないところや今後目指すべきことが見えてきました。また,法の問題や震災の問題など, 4 年間で状況が変化したこともありました。そこで, この機会に改訂版として新しくすることにしたのです。

　初版を執筆していたときにはコロナ禍による行動制限などはまったく想像もしていませんでした。対面授業／オンライン授業などという言葉のない時代に創られた本でしたから, 大学の講義でごく普通に使われるものと思っていました。しかし, 実際には, 初版はコロナ禍のオンライン授業で用いられることになりました。ツイキャスでラジオ的にやってみたり, 大学が提供するオンデマンド方式でやってみたり, いろいろなことを試行錯誤しながら講義をしたのも懐かしい思い出です。

　私個人が授業をするなかで芽生えてきたのは,「多様性は古い, これからは複線性」という考えです。授業の中で「多様性という考えは古い!」などと言うものですから, 一部の学生さんからは, 言い過ぎではないか!とたしなめられたこともあります。SDGs などで多様性が重要だと (やっと) 言い始められている時代に, 多様性は古い, は過激かもしれません。しかし, 文化心理学の考え方を突き詰めていけば, 多様性の一歩先を行くのは複線性という概念だということが見えてきます。若い学生のみなさんは, 本書を学ぶことを通じて時代の一歩先を行くという気概をもってほしいと思います。

　多様性は複数のカテゴリーの存在を前提としています。つまり, 多様性は数えることができる何かの多様性に他ならないのですから, その前提には「何か」についてのカテゴリーが存在せざるをえないのです。たとえば種の多様性を考えると, サル, イヌ, ネコなど, カテゴリーを定めなければ多様性ということを考えることもできません。そして一度こうしたカテゴリーを定めたら,

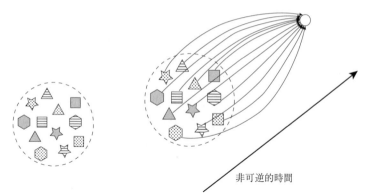

非可逆的時間

図　多様性＋時間＝複線性（作画・福山未智）

そのカテゴリーの中に小さなカテゴリーを作っていきたくなるのです。たとえばイヌであれば，柴犬や秋田犬などというカテゴリーが必要になります。多様性にはキリがありません。話を少し変えて，性的指向性の多様性も，ある指向性，それとは違う指向性，またそれとも違う指向性，というようにカテゴリー化が行われることになります。カテゴリーが増えると個人の認知能力を超えてしまいかねません。なにかたくさんあるけれど把握しきれない，というような状態になれば多様性は大事だといいつつも表層的な理解になってしまいかねません。

　では，どうすればいいのでしょうか。多様性という概念に時間という概念を付け加えることが重要です。物理の世界には，エントロピー増大の法則というものがあり，時間経過とともに無秩序性が増大すると言われています。しかし，心理はそれとは異なるはずです。同じ目的や理念に対して異なる径路で到達しようとしているのだと考えることが重要なのです。そして，それは複線性という言葉で表すことができます。多様性に時間を加えたら複線性になるのです（図）。多様に見えるけれども，同じ目標に向かっている複数の径路のうちの1つをたどっているのだ，と考えることこそが，包摂的な社会を作る切り札になるような気がしています。

　この本を手にとるみなさん！　この『文化心理学』のテキストを使って思考を進めていきましょう。テキストはテストやレポートで良い点をとるためのも

のではなく，自分の思考を鍛えたり，社会をよりよくするための考えを進めるためのスキャフォールディング（足場かけ）なのです。この本で学んだみなさんが，社会において複線性の思考の意義を生かしてくれたり，研究者になって新しい文化心理学のテキストを書いてくれたなら，編者としてこれに勝る喜びはありません。

　今回，私が新しく執筆した第 1 部第 5 章ではディスコミュニケーションの問題を取り上げました。自分と違う行為をする人のことを価値が異なる得体の知れない人として遠ざけるのではなく，同じ価値，同じ目標をもつけれどそのやり方が異なる人かもしれないと考えるべきだということを書きました。このことも，複線性と同じことを表しています。ある目標に至る道筋は複数あり，自分と違うやり方の人もいる，これこそが（排他的ではなく）包摂的な考え方なのではないでしょうか？

　　2023 年 2 月 23 日

編者を代表して　サトウタツヤ

事項索引

人名索引

文化心理学〔改訂版〕
—— 理論・各論・方法論

文化心理学〔改訂版〕
—— 理論・各論・方法論

文化心理学〔改訂版〕
—— 理論・各論・方法論

文化心理学〔改訂版〕
—— 理論・各論・方法論

2019 年 3 月 31 日　初　版第 1 刷発行
2023 年 4 月 1 日　改訂版第 1 刷発行

編　者　　木戸彩恵
　　　　　サトウタツヤ
発行者　　櫻井堂雄
発行所　　株式会社ちとせプレス
　　　　　〒157-0062
　　　　　東京都世田谷区南烏山 5-20-9-203
　　　　　電話　03-4285-0214
　　　　　http://chitosepress.com
装　幀　　野田和浩
印刷・製本　大日本法令印刷株式会社

© 2023, Ayae Kido, Tatsuya Sato. Printed in Japan
ISBN 978-4-908736-31-5　C1011

価格はカバーに表示してあります。
乱丁，落丁の場合はお取り替えいたします。

関連書籍

日本の部活(BUKATSU)
文化と心理・行動を読み解く

尾見康博 著

日本の部活を取り巻く文化的側面と，関係する人々の
心理・行動を読み解く。日本の部活への文化心理学
的観点からのアプローチ。

Collected Papers on Trajectory Equifinality Approach

Tatsuya Sato 著

時間とプロセスを扱う新しい研究アプローチ，TEA（複線
径路等至性アプローチ）。心理学の新機軸を切り拓く，
珠玉の英語論文集！